# 完全攻略！
# 英検1級

中西哲彦 著

アルク

# 実用英語技能検定（英検）
# 問題形式リニューアルについて

## リニューアル内容

| 級 | 一次試験 | | | | 二次試験 |
| | 筆記試験 | | | Listening | Speaking |
| | Reading | Writing | 試験時間 | | |
|---|---|---|---|---|---|
| 1級 | 41問→35問<br>・大問1：短文の語句空所補充<br>　→3問削除<br>・大問3：長文の内容一致選択<br>　→3問削除 | | 変更なし<br>100分 | 変更なし | 変更なし |
| 準1級 | 41問→31問<br>・大問1：短文の語句空所補充<br>　→7問削除<br>・大問3：長文の内容一致選択<br>　→3問削除 | 英作文問題の出題を<br>1題から2題に増加<br><br>既存の「意見論述」<br>の出題に加え、<br>「要約」問題を出題 | 変更なし<br>90分 | 変更なし | 受験者自身<br>の意見を<br>問う質問に<br>話題導入文<br>を追加 |
| 2級 | 38問→31問<br>・大問1：短文の語句空所補充<br>　→3問削除<br>・大問3B：長文の内容一致選択<br>　→4問削除 | | 変更なし<br>85分 | 変更なし | 変更なし |
| 準2級 | 37問→29問<br>・大問1：短文の語句空所補充<br>　→5問削除<br>・大問3B：長文の語句空所補充<br>　→3問削除 | 英作文問題の出題を<br>1題から2題に増加<br><br>既存の「意見論述」<br>の出題に加え、<br>「Eメール」<br>問題を出題 | 時間延長<br>75→80分 | 変更なし | 変更なし |
| 3級 | 変更なし | | 時間延長<br>50→65分 | 変更なし | 変更なし |

※
※アルクより（2024年3月）

最新情報は「実用英検 問題形式リニューアル 特設サイト」をご確認ください。

https://www.eiken.or.jp/eiken/2024renewal/

## 初めての「英検」1級合格者

　40年近くも前のことだった。私は、愛知県内にまだ2校（名古屋市中村区椿町と今池の2箇所）しかなかった英語学校に勤務し始めた。三重県立高校の教諭という身分から民間の英語学校へという、当時は珍しい転身であった。新幹線が行き来する名古屋駅のホームを見下ろしながら、英語の授業を通して、社会人の皆さんの世界への雄飛を手助けをする毎日は、高校とはまた違った、英語教授者としての醍醐味を味わえる世界だった。

　ある日、勤務する名古屋校に、愛知県内の工業高校の先生が訪ねて来て、たまたま私が応対することになった。聞けば担当教科は英語科ではなく電気だが、工業高校の卒業生たちが、世界で活躍する日が来ることを予見し、ご自身も1級合格を目指したいとのこと。すでに英語力の維持向上に務めていらっしゃったが、社会性の高い話題についての受信（聞く、読む）活動と、発信（書く、話す）への備えが足りないように見えたので、時事的なトピックを扱った例文集を紹介した。また、私自身が担当している、身近な社会問題についての英文を読み、内容理解のクイズとディスカッションを行う授業を受講してもらった。当時、この学校には「英検一級受験」と冠した講座もあり、英検の過去問や語彙集を教材に教えていたが、私にはそのやり方が効率のよいものには映らなかったのだ。

　勧めた責任を感じながら、私自身も真剣勝負の授業であった。その電気科の先生は、1年半か2年たった後、1級に合格された。

　今や愛知県に、この英語学校はたくさんある。東海エリア4県から、すでにたくさん1級合格者が出ていると思うが、実はこの方が、同校の東海エリアでの「英検」1級合格者第一号であった。私自身にとっても、初めての1級合格者輩出であった。

　その後も、私はいろいろな学校や塾で教壇に立ち、生徒が1級に合格する度に喜びを分かちあってきた。と同時に、確信に至ったことがある。1級合格を目指す多くの方に欠けていることは、①論理的思考力を鍛えること、②受信活動（読む、聞く）と発信活動（理解した内容を語る、意見を述べる・書く）のバランスをとること、この二つである。

　本書の各Chapterの「実践トレーニング！」にある問題にチャレンジし、音声や別冊の解答・解説も十分活用しながら復習し、さらに「キソトレ！」にある学習のヒントを参考にしながら、「英検」1級と四つに組むための基礎体力を身に付けていただきたい。そして、繰り返しになるが、①論理的思考力を鍛え、②受信活動と発信活動をバランスよく取り入れて学習を進める、とはどういうことかを会得し、日々努力を重ねて1級合格を勝ち取ってください。

2020年4月　中西哲彦

# Contents

# Contents

## Chapter 6 二次試験 スピーキング

## Chapter 7 模擬試験

# Chapter 1

# 「英検」1級とは

# ・1級 完全ガイド

試験の概要について、基本情報をおさえておきましょう。

## テストの概要

### 1. 出題レベル

「英検」1級の出題レベルは、「大学上級程度」です。

「広く社会生活で求められる英語を十分理解し、また使用できる」レベルの力が求められます。

### 2. 求められる力

1級で求められる力は以下の通りです。

読む：社会性の高い幅広い分野の文章を理解することができる。

聞く：社会性の高い幅広い内容を理解することができる。

話す：社会性の高い幅広い話題についてやりとりすることができる。

書く：社会性の高い幅広い話題についてまとまりのある文章を書くことができる。

### 3. テストの構成

一次試験（筆記とリスニング）と二次試験（面接形式のスピーキングテスト）があります。二次試験は一次試験合格者のみが受験できます。一次試験はライティングを除きマークシート方式です。

### 4. 一次試験の免除

一次試験に合格し二次試験が不合格、または棄権した人に対して、一次試験が免除される制度があります。免除可能な期間は1年間です。

### 5. テストの実施頻度

年に3回実施されます。だいたいの目安として、一次試験は6月（第1回）、10月（第2回）、1月（第3回）に行われます。二次試験は、7月（第1回）、11月（第2回）、2月（第3回）に行われます。（年ごとの試験日程の詳細は、「英検」ウェブサイトでご確認ください）

### 6. 申し込み方法

団体申込（学校や塾などを通じて）と個人申込（インターネット・書店・コンビニ申し込み）の二通りがあります。団体受験の場合は申し込み責任者に詳細を問い合わせてください。

### 7. 英語でできること

1級合格者のCan-doリスト（できることリスト）は次のページの通りです。これは英検合格者の実際の英語使用に対する自信の度合いを示すものです。

# 1級 Can-do リスト

| | |
|---|---|
| **読む** | **社会性の高い幅広い分野の文章を理解することができる。** |
| | ● 雑誌の社会的、経済的、文化的な記事を理解することができる。(TIME/ Newsweek など) |
| | ● 文学作品を理解することができる。(小説など) |
| | ● 資料や年鑑などを読んで、必要な情報を得ることができる。(報告書、統計的な資料など) |
| | ● 留学や海外滞在などの手続きに必要な書類を理解することができる。 |
| **聞く** | **社会性の高い幅広い内容を理解することができる。** |
| | ● 幅広い話題に関するまとまりのある話を理解することができる。(一般教養的な講演や講義など) |
| | ● 社会的な話題に関する話を理解することができる。(環境問題に関する講演など) |
| | ● 会議に参加して、その内容を理解することができる。(イベントの打合せ、会社のミーティングなど) |
| | ● テレビやラジオの政治・経済的なニュースを理解することができる。 |
| | ● いろいろな種類のドラマや映画の内容を理解することができる。 |
| **話す** | **社会性の高い幅広い話題についてやりとりすることができる。** |
| | ● 社会的な話題や時事問題について、質問したり自分の考えを述べたりすることができる。 |
| | ● 会議に参加してやりとりすることができる。(イベントの打ち合わせ、会社のミーティングなど) |
| | ● 幅広い内容について、電話で交渉することができる。(予定の変更、値段の交渉など) |
| | ● 相手や状況に応じて、丁寧な表現やくだけた表現を使い分けることができる。 |
| **書く** | **社会性の高い幅広い話題についてまとまりのある文章を書くことができる。** |
| | ● 社会的な話題について自分の意見をまとまりのある文章で書くことができる。(環境問題に関してなど) |
| | ● 自分の仕事や調査について、まとまりのある文章を書くことができる。(レポート、報告書、仕事のマニュアルなど) |
| | ● 商品やサービスについて、苦情を申し立てる文章を書くことができる。(商品の故障、サービスの内容など) |
| | ● 社会的な話題に関する雑誌記事や新聞記事の要約を書くことができる。(社説や論文など) |
| | ● 講義や会議の要点のメモをとることができる。 |

出典:「英検」ウェブサイト

# テストの構成

1級の構成は次のとおりです。

● 一次試験

| 形式 | 大問/部 | 問題数 | 解答時間 |
|---|---|---|---|
| 筆記 | 大問1〜4 | 42問 | 100分 |
| リスニング | Part 1〜4 | 27問 | 約35分 |

● 二次試験

| 形式 | 構成 | 所要時間 |
|---|---|---|
| 面接 | 自由会話＋スピーチ＋スピーチ内容へのQ&A | 約10分 |

# テストの内容

● 筆記

| 大問 | 内容 |
|---|---|
| 大問1 | 短文の空所に適切な語句を補う問題：25問。短い文や会話文内の空所に入る適切な語句を選択肢から選ぶ問題です。語彙力、熟語力が問われます。 |
| 大問2 | 長文の空所に文脈に合う適切な語句を補う問題：6問。長文内の空所に入る適切な語句を選ぶ問題です。読解力、文脈を把握する力が問われます。 |
| 大問3 | 長文の内容に関する質問に答える問題：10問。長文を読み、その内容についての質問に答えます。読解力が問われます。 |
| 大問4 | 英作文：指定されたトピックについて200語〜240語程度の英作文を書きます。 |

● リスニング

| 問題 | 内容 |
|---|---|
| Part 1 | 会話を聞き、その内容に関する質問に答える問題：10問。会話を聞き、それに関する質問の答えを選択肢から選ぶ問題です。選択肢は印刷されています。 |
| Part 2 | 英文を聞き、その内容に関する質問に答える問題：10問。歴史的事実や社会問題などに関する説明文を聞き、その内容に関する質問の答えを選択肢から選ぶ問題です。選択肢は印刷されています。 |
| Part 3 | Real-Life形式の放送内容に関する質問に答える問題：5問。実生活にありそうな状況設定の下でアナウンスなどの音声を聞き、その内容に関する質問の答えを選択肢から選ぶ問題です。質問と選択肢は印刷されています。 |
| Part 4 | インタビューの内容に関する質問に答える問題：2問。インタビューを聞き、それに関する質問の答えを選択肢から選ぶ問題です。選択肢は印刷されています。 |

● 面接

| 構成 | 内容 |
|---|---|
| 自由会話 | 面接委員と簡単な日常会話を行う。 |
| スピーチ | 与えられた5つのトピックの中から1つ選び、スピーチを行う。（2分間） |
| Q&A | スピーチの内容やトピックに関連した質問に答える。 |

● 合格点

| 試験名 | 技能 | 満点 | 合格点 |
|---|---|---|---|
| 一次試験 | Reading<br>Writing<br>Listening | 850<br>850<br>850 | 2028 |
| 二次試験 | Speaking | 850 | 602 |

（※スコアの算出については英検のサイト「英検CSEスコア」などを参照のこと）

# テスト全体の流れ

1. 個人で申し込みを行う
2. 一次受験票兼本人確認証が到着する（写真を貼付する）
3. 一次試験当日（持ち物は下記参照）
4. 一次試験の結果（「一次試験　個人成績表」）および二次受験票が到着する
5. 二次試験当日
6. 二次試験の結果（「二次試験　個人成績表」と「合格証書」）が到着
　　※団体申込の場合、詳しいことは団体の先生や申し込み責任者に確認のこと。

# 一次試験当日の持ち物

1. 一次受験票・本人確認票
2. 身分証明書（学生証・健康保険証・パスポート・運転免許証など）
3. HBの黒鉛筆（シャープペンシルも可）
4. 消しゴム
5. 上履き・くつ袋（要・不要は受験票で通知）
6. 腕時計（携帯電話・スマートフォン・ウェアラブル端末等の時計としての使用禁止）

# 本書の構成と使い方

　本書は、「英検」1級についての解説ページ（Chapter 1）と学習ページ（Chapter 2 ～ Chapter 6）、模擬試験（Chapter 7）の大きく3つの部分から構成されています。
学習ページは「英検」1級のテストに出題される順番と同じ順序で学びます。その内容はさらに「Warm-up」、「実践トレーニング！」、「キソトレ！」の3つに分かれます。

- **Warm-up**：その設問の出題数や形式、測られる力、ジャンルについての情報と、心がまえを押さえましょう。

- **実践トレーニング！**：本番と同じ形式の問題に対してQ＆Aや要約、音声も使って多角的にアプローチし、最後に問題を解きます。

- **キソトレ！**：日々どういう学習をしておくべきかを、丁寧に解説します。

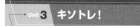

---

| **Chapter 1** | |
|---|---|
| **1級完全ガイド** | ● テストの概要<br>● Can-do リスト<br>● テストの構成<br>● 本書の使い方　など |

---

| **Chapter 2** | |
|---|---|
| **【リーディング】**<br>短文の語句空所補充 | 【リーディング】大問1　短文の語句空所補充<br>**Warm-up →実践トレーニング！→キソトレ！** |

---

| **Chapter 3** | |
|---|---|
| **【リーディング】**<br>長文の語句空所補充と<br>内容一致選択 | 【リーディング】大問2、3の **Warm-up**<br>【リーディング】大問2　長文の語句空所補充　**実践トレーニング！**<br>【リーディング】大問3　長文の内容一致選択　**実践トレーニング！**<br>【リーディング】大問2、3の**キソトレ！** |

## Chapter 4

【ライティング】
【ライティング】
Warm-up→実践トレーニング！→**キソトレ！**

## Chapter 5

【リスニング】
Dialogues
【リスニング】Part 1 Dialogues
Warm-up→実践トレーニング！

【リスニング】
Passages
【リスニング】Part 2 Passages
Warm-up→実践トレーニング！

【リスニング】
Real-Life
【リスニング】Part 3 Real-Life
Warm-up→実践トレーニング！

【リスニング】
Interview
【リスニング】Part 4 Interview
Warm-up→実践トレーニング！

リスニング全体の**キソトレ！**

## Chapter 6

【二次試験・
スピーキング】
【スピーキング】
Warm-up→実践トレーニング！→**キソトレ！**

## Chapter 7

模擬試験

# ダウンロード付録のご案内

本書掲載の「実践トレーニング！」中の学習用音声、模擬試験のリスニング問題、面接の解答例など（約200分。mp3ファイル形式／zip圧縮済）が収録されています。いずれも以下の方法で、無料でダウンロードできます。

## パソコンをご利用の場合

「アルク・ダウンロードセンター」**https://www.alc.co.jp/dl/** から音声がダウンロードできます。「アルク・ダウンロードセンター」で本書を探す際、書籍名または商品コード（7020035）を利用すると便利です。

## スマートフォンをご利用の場合

アプリ「語学のオトモ ALCO」**https://www.alc.co.jp/alco/** をご利用ください。音声の秒数指定での巻き戻し、早送り、話速変換、AB間リピートなど、英語学習に最適な機能を装備しています。

※「語学のオトモ ALCO」のインストール方法は表紙カバー袖でご案内しています。書籍名または商品コード（7020035）で検索してください。ALCO インストール済みの方は、以下の QR コードを利用すると便利です。

本サービスの内容は、予告なく変更する場合がございます。あらかじめご了承ください。

### ● 学習用音声の使い方

本書内の音声マーク（ 🎧 *Track 00* ）の箇所で音声を使用します。

| トラック番号 | 内容 | | |
|---|---|---|---|
| Track 1-30 | Chapter 2 | | Step 1 |
| Track 31-51 | Chapter 2 | | Step 2 |
| Track 52-61 | Chapter 2 | | Step 5 |
| Track 62 | Chapter 3 | | Step 3 |
| Track 63 | Chapter 3 | | Step 3 |
| Track 64 | Chapter 3 | | Step 4 |
| Track 65 | Chapter 3 | | Step 4 |

| トラック番号 | 内容 | | | |
|---|---|---|---|---|
| Track 66-68 | Chapter 5 | Part 1 | Question 1 | Step 1、2、3 |
| Track 69-71 | Chapter 5 | Part 1 | Question 2 | Step 1、2、3 |
| Track 72-74 | Chapter 5 | Part 1 | Question 3 | Step 1、2、3 |
| Track 75-77 | Chapter 5 | Part 1 | Question 4 | Step 1、2、3 |
| Track 78-80 | Chapter 5 | Part 1 | Question 5 | Step 1、2、3 |
| Track 81-83 | Chapter 5 | Part 1 | Question 6 | Step 1、2、3 |
| Track 84-86 | Chapter 5 | Part 1 | Question 7 | Step 1、2、3 |
| Track 87-93 | Chapter 5 | Part 1 | Questions 1-7 | Step 5 |
| Track 94-95 | Chapter 5 | Part 2 | A | Step 1、2 |
| Track 96-97 | Chapter 5 | Part 2 | B | Step 1、2 |
| Track 98-99 | Chapter 5 | Part 2 | C | Step 1、2 |
| Track 100-102 | Chapter 5 | Part 2 | Questions 8-13 | Step 5 |
| Track 103-105 | Chapter 5 | Part 3 | Question 14 | Step 1、2、3 |
| Track 106-108 | Chapter 5 | Part 3 | Question 15 | Step 1、2、3 |
| Track 109-111 | Chapter 5 | Part 3 | Question 16 | Step 1、2、3 |
| Track 112-114 | Chapter 5 | Part 3 | Questions 14-16 | Step 5 |
| Track 115 | Chapter 5 | Part 4 | | Step 1 |
| Track 116 | Chapter 5 | Part 4 | | Step 2 |
| Track 117 | Chapter 5 | Part 4 | Questions 17-19 | Step 5 |
| Track 118-124 | Chapter 6 | | 1-7 | Step 3 |
| Track 125-135 | Chapter 7 | Part 1 | | |
| Track 136-141 | Chapter 7 | Part 2 | | |
| Track 142-147 | Chapter 7 | Part 3 | | |
| Track 148-149 | Chapter 7 | Part 4 | | |

＊Chapter 2は大問1、Chapter 3は大問2、3、Chapter 4はライティング、Chapter 5はリスニング、Chapter 6は二次試験（スピーキング）、Chapter 7は模擬試験に対応します。

# Chapter 2

# リーディング

## 大問1

大問1「短文の語句空所補充」は、
文脈に合う適切な語句を補う問題だ。
1級受験者がぶつかる最初の壁、ともいえるだろう。
ここでは①コロケーション（単語数語のかたまり）、
②接頭辞・接尾辞・語幹、③句動詞の3方向からの
重層アプローチで、単語とフレーズを攻略しよう。

## ① 問題の概要

| 大問1 | 短文の語句空所補充 |

**出題数** ：25問

**形式** ：25問中のほとんどが、短い英文の空所に入る適切な語句を4つの選択肢から選び、英文を完成させる形式である。25問中、毎回2〜4問程度は会話文が出題される。

**測られる力** ：文脈に合う適切な語句を選ぶ形式で、幅広い分野の語句の知識を問う。動詞、名詞、形容詞が各6〜7問、句動詞が4〜5問、副詞が1〜2問という割合で出題されている。

**ジャンル** ：社会問題、政治、経済、ビジネス、国際問題、日常的な話題など、幅広い分野から出題される。難易度は1万〜1万5千語レベルと言われている。よく見かけるわけではないが、大人のネイティブスピーカーが日常的に読んだり聞いたりするメディアの中では、使われているものばかりである。

## ② 実践トレーニング！ の前に

### こんな単語、本当に使うの?!

準1級に合格し、今度は1級！と、張り切る皆さんの出鼻をくじくのが、大問1の語彙問題のようだ。「準1級の語彙問題でも苦しかったのに」と嘆く方が多いと思うが、出題される語句は、教養あるネイティブスピーカーが日ごろから親しんでいる英文中で使われている語句ばかりである。「自分は、まだ未熟者だ！」と気持ちを奮い立たせよう。

例えば、2019年度第一回の問題（1）の選択肢2のepitomize（〜の典型である、〜の良い例となる）は、"epitomized the paradoxical nature of Trump's closest relationship with a foreign leader" のように使われる（安倍首相とトランプ大統領の会談について。2018年8月の the Washington Post の記事）。（6）の選択肢1のdrabは、ヘアメイクのコツや、部屋に置く家具の選び方などを伝える記事の見出しに 'drab to fab'（あるいは 'drab 2 fab'）で「地味なあなたから、素敵なあなたに変身！」と使われていたりする。試しに、drab to fab で検索すると、ヒット件数は何百万とあるはずだ。

語彙問題をやっていて、本当に使われているのか？と、腹立たしくなってきたら、その語句と、信頼できるメディア（例えば the Japan Times や the Washington Post など）をキーワードにしてインターネットで検索してみるとよい。ヒット件数の多さに、

知らなくてはいけない語彙だと納得すると思う。

　「世界中で使われている語句であるにもかかわらず、自分が知らないものがたくさんある。その宝庫が、1級の語彙問題。これぐらいは知っておこう」という前向きな姿勢で受け止め、「怯（ひる）む気持ち」を学ぶ意欲や喜びにかえてしまおう。こうした気持ちの転換が、このあとのリーディング、ライティング、リスニング、スピーキングに取り組むときも、大切だ。「社会性の高い、幅広い分野で、世界を相手に堂々とやりとりができる英語力を獲得しよう」と、自分に言い聞かせ、学習に取り組もう。

## ③ 実践トレーニング！ の概要

　本書では、以下の5つのステップで大問1を攻略する。

 **Step 1** 　実力試し！

自分の英単語のレベルがどれくらいか、重要語句が3つ登場する問題形式で試そう。

 **Step 2** 　ジャンル×コロケーションで学ぶ！

知っておきたい英単語を、9つのジャンルに分け、定着しやすいようにコロケーション（2個以上の単語の組み合わせ）で学ぶ。音声も使うと、さらに定着が高まるだろう。

 **Step 3** 　単語の成り立ちで学ぶ！

接尾辞、接頭辞、語幹といった単語を構成するパーツに注目して学ぼう。

 **Step 4** 　句動詞を学ぶ！

前置詞と副詞から想起されるイメージで学ぼう。

 **Step 5** 　問題を解く！

時間制限を設けて、本番を想定した問題を解いてみよう。

# Unit 2 実践トレーニング！

## リーディング 短文の語句空所補充

### Step 1 実力試し！

次の英文のカッコに入る単語をa.〜d.の4つから選び、解答欄（p. 23）に記入しよう。設問中の赤字も、併せて覚えておきたい（解答と選択肢の訳はpp. 24-25に）。

**1.** The San Francisco earthquake of 1906 turned brick buildings into (r          ), and the ensuing conflagration destroyed many wooden structures.

1906年のサンフランシスコ地震では、レンガ造りの建物は瓦礫となり、それに続く大火が多くの木造建築を破壊した。

**a.** ransom   **b.** ripple   **c.** rubble   **d.** retaliation

**2.** The (a          ) of our insurance business indicates that low revenue from premiums caused a deficit.

わが社の保険事業の監査の結果、保険料収入の低さが赤字をもたらしたことがわかった。

**a.** audacity   **b.** allegiance   **c.** anemia   **d.** audit

**3.** When the governing party failed to resuscitate their majority in Parliament, they sought allies to form a (c          ) government.

与党が議会で過半数を回復できなかったとき、彼らは連立政権を作るために同盟相手を求めた。

**a.** coalition   **b.** caucus   **c.** chasm   **d.** clamor

**4.** I tried to mollify Brenda after Roy's (o          ) behavior caused a squabble between them.

ロイの不快な行動が彼らの間で口論を引き起こしたため、私はブレンダをなだめようとした。

**a.** obscure   **b.** obnoxious   **c.** obsolete   **d.** obese

**5.** Despite buoyant business activity, net profits have been scanty because of (e          ) production costs.

好調な景気にもかかわらず、過剰な生産コストのため、純利益はわずかだ。

**a.** evocative   **b.** embryonic   **c.** endemic   **d.** exorbitant

**6.** Unprecedented economic growth has brought affluence to the middle class, and even (d          ) people are better off.

前例のない経済成長は中産階級に豊かさをもたらし、貧困層ですら暮らしが向上している。

**a.** devious   **b.** devout   **c.** destitute   **d.** diminutive

**7.** The (a          ) of email led to the demise of handwritten letters, which now seem an archaic form of communication.

電子メールの出現は、手書きの手紙の終焉をもたらし、今では（手書きの手紙は）古めか

しい形の通信手段のように見える。
**a.** affidavit **b.** advent **c.** allotment **d.** artery

8. Novels like this invariably include a few twists and turns before the solution to the mystery is (d ).
このような小説には、謎の解決策が明かされるまでに、必ずいくつかの紆余曲折がある。
**a.** disgruntled **b.** divulged **c.** deceased **d.** deported

9. Dean concocted a story so unlikely and so (s ) in detail that everyone balked at believing it to be true.
ディーンはあまりにもありそうにない、あまりにも細部描写に乏しい話をでっち上げたがために、誰もがそれを真実だと信じるのをためらった。
**a.** sparse **b.** sham **c.** savior **d.** sloppy

10. A brutally honest attitude will often (r ) people, who may interpret it as antagonistic, or at least arrogant.
並外れて正直な態度は、しばしば人を不快な気持ちにさせる。彼らはそういう態度を敵対的、あるいは少なくとも傲慢だと解釈するかもしれないからだ。
**a.** revoke **b.** relapse **c.** reclaim **d.** repulse

11. Although a (n ) supervisor in a position subordinate to most managers, Jerry could become a manager of top caliber.
ほとんどのマネジャーの下に位置する新人のスーパーバイザーだが、ジェリーは最高の能力を持つマネジャーになるかもしれない。
**a.** nasal **b.** narcotic **c.** novice **d.** neural

12. This can be a (l ) business, but only if inventory and freight costs are kept low.
これは儲かる事業になるかもしれないが、それは在庫費用と運送費が低く保たれる場合だけだ。
**a.** lucrative **b.** latent **c.** lewd **d.** lurid

13. It was never proven that Mr. Teller had defrauded anyone or (e ) from his company, only that he had evaded taxes.
テラー氏が誰かをだましたり、会社の金を横領したりしたことは証明されず、わかったのは脱税したことだけだった。
**a.** engrossed **b.** evaded **c.** embezzled **d.** enacted

14. I had (i ) when I lived a sedentary lifestyle, but I found regular exercise to be a great antidote.
座りがちの生活を送っていた頃は不眠症だったが、定期的な運動がとても効果的な解毒剤だとわかった。
**a.** inauguration **b.** insomnia **c.** impetus **d.** irrigation

15. Thanks to the advanced filtration of (e ), air in the vicinity of the incineration plant was cleaner than elsewhere.
排出物の高度なろ過技術のおかげで、焼却場周辺の空気は他の場所よりもきれいだった。
**a.** efficacies **b.** excerpts **c.** ethos **d.** emissions

**16.** The trade talks were at a standstill when they adjourned last week, but now an agreement seems (i        ).

貿易交渉は、先週一時中断したときには行き詰まっていたが、今は合意が目前に迫っているようだ。

**a.** imminent  **b.** intangible  **c.** impervious  **d.** indigenous

**17.** A wedding is a (m        ) occasion that requires opulent attire and decoration as well as copious amounts of good food and drink.

結婚式は大量のおいしい飲食物と、豪華な服装、装飾を必要とする重要な行事だ。

**a.** myriad  **b.** malignant  **c.** momentous  **d.** meager

**18.** Amid the (m        ) of a gigantic storm, the stores were overrun with shoppers stocking up on food.

巨大な嵐の脅威の中で、店は食料品をまとめ買いする買い物客であふれていた。

**a.** menace  **b.** microbe  **c.** molestation  **d.** martyr

**19.** Although polio was (e        ) as a public health threat, the virus isn't totally extinct since specimens have been kept for research.

ポリオは公衆衛生上の脅威としては根絶されたが、検体が研究用に保管されているため、このウイルスは完全には絶滅していない。

**a.** exulted  **b.** exhorted  **c.** embellished  **d.** eradicated

**20.** Our whole-year (p        ) of returns on equity investment assumes that dividends on owned shares will remain unchanged from last year.

当社の株式投資利益率の通年予測では、所有する株式の配当は前年と変わらないとしている。

**a.** payoff  **b.** protagonist  **c.** peer  **d.** projection

**21.** In hopes of (b        ) its sagging public credibility, ABC Corp. launched an advertising campaign emphasizing fiscal responsibility.

ABC 社は、低迷する世間からの信用を回復することを狙って、財政責任を強調する広告キャンペーンを始めた。

**a.** bidding  **b.** bolstering  **c.** breeding  **d.** browsing

**22.** Contamination with unwanted bacteria or other microbes can give beer a (p        ) smell similar to that of rotting fruit.

不要な細菌や他の微生物に汚染されると、ビールは腐りかけの果物のような刺激臭がすることがある。

**a.** phenomenal  **b.** pervasive  **c.** pungent  **d.** paramount

**23.** Our cat was diagnosed by the (v        ) with a stomach parasite common to pets that roam outdoors.

うちの猫は獣医に、外をうろつくペットに共通して見られる胃の寄生虫がいると診断された。

**a.** venue  **b.** vegetation  **c.** veterinarian  **d.** vault

**24.** The pesticide interferes with the neural functions of insects that (i        ) vegetable crops.

この殺虫剤は、野菜の作物に群がる昆虫の神経機能を阻害する。

**a.** infer **b.** implicate **c.** indict **d.** infest

25. Fluoridated tap water strengthens tooth enamel that is corroded by acids in the (s  ) resulting from sugary diets.

フッ素添加水道水は、甘い食べ物から生じる唾液中の酸によって腐食される歯のエナメル質を強化する。

**a.** saliva **b.** snarl **c.** sprout **d.** sewer

26. Increasing fertility will help mitigate the effects of the current (d  ) of young people in the population.

出生率の上昇は、人口における現在の若年層不足の影響を緩和するのに役立つだろう。

**a.** deposition **b.** dearth **c.** diabetes **d.** dictum

27. His (a  ) toward my company confused me until I gleaned from his comments that he was a disgruntled former employee.

私の会社に対する彼の敵意は、彼が不満を持った元従業員だったということを彼のコメントから探り出すまでは、私を混乱させた。

**a.** animosity **b.** atrocity **c.** amnesty **d.** affliction

28. Our burgeoning high-tech industry provides a ray of hope in a (s  ) economy plagued by slow growth.

躍進中のハイテク産業は、低成長に悩まされ、停滞している経済にいちるの望みを与えてくれる。

**a.** stalwart **b.** subordinate **c.** stuffy **d.** sluggish

29. Under tax law (o  ), legitimate outlays for business expenses can be claimed as deductions.

税法の慣習の下では、正当な事業経費の支出は控除の対象となる。

**a.** oddities **b.** ordeals **c.** ordinances **d.** ornaments

30. The new nation strengthened its autonomy by (f  ) new alliances and reinforcing ties with existing allies.

その新国家は、新たな同盟を築き、既存の同盟国との関係を強固なものにすることによって、自らの自治を強化した。

**a.** fabricating **b.** forging **c.** fetching **d.** floundering

● 解答欄

| 1 | 2 | 3 | 4 | 5 | 6 | 7 | 8 | 9 | 10 |
|---|---|---|---|---|---|---|---|---|----|
|   |   |   |   |   |   |   |   |   |    |

| 11 | 12 | 13 | 14 | 15 | 16 | 17 | 18 | 19 | 20 |
|----|----|----|----|----|----|----|----|----|----|
|    |    |    |    |    |    |    |    |    |    |

| 21 | 22 | 23 | 24 | 25 | 26 | 27 | 28 | 29 | 30 |
|----|----|----|----|----|----|----|----|----|----|
|    |    |    |    |    |    |    |    |    |    |

# Step 1 (pp. 20-23) の解答と選択肢の訳

| 1 | 2 | 3 | 4 | 5 | 6 | 7 | 8 | 9 | 10 |
|---|---|---|---|---|---|---|---|---|---|
| c. | d. | a. | b. | d. | c. | b. | b. | a. | d. |

| 11 | 12 | 13 | 14 | 15 | 16 | 17 | 18 | 19 | 20 |
|---|---|---|---|---|---|---|---|---|---|
| c. | a. | c. | b. | d. | a. | c. | a. | d. | d. |

| 21 | 22 | 23 | 24 | 25 | 26 | 27 | 28 | 29 | 30 |
|---|---|---|---|---|---|---|---|---|---|
| b. | c. | c. | d. | a. | b. | a. | d. | c. | b. |

1. a. ransom 身代金　b. ripple さざ波　c. rubble 瓦礫　d. retaliation 報復
2. a. audacity 大胆さ　b. allegiance 忠誠　c. anemia 貧血、無気力　d. audit（会計）監査
3. a. coalition 連立、連合　b. caucus 党員集会　c. chasm 亀裂、食い違い　d. clamor 抗議の声
4. a. obscure ぼんやりした　b. obnoxious 不快な　c. obsolete 廃れた　d. obese 太りすぎの
5. a. evocative 刺激的な　b. embryonic 胎児の　c. endemic 地域特有の　d. exorbitant 過剰な
6. a. devious 遠回りの　b. devout 敬けんな　c. destitute 貧困の　d. diminutive ちっぽけな
7. a. affidavit 宣誓供述書　b. advent 出現　c. allotment 割り当て　d. artery 動脈
8. a. disgruntled 不満な　b. divulged 明かされた　c. deceased 死去した　d. deported 追放された
9. a. sparse 乏しい、まばらな　b. sham 偽の　c. savior 救世主　d. sloppy 不注意な
10. a. revoke 無効にする　b. relapse ぶり返す　c. reclaim 再生する　d. repulse 不快にさせる
11. a. nasal 鼻音の　b. narcotic 麻酔性の　c. novice 新人の　d. neural 神経の
12. a. lucrative 儲かる　b. latent 潜在的な　c. lewd みだらな　d. lurid ぞっとするような
13. a. engrossed 没頭した　b. evaded 避けた　c. embezzled 横領した　d. enacted（法律が）成立した
14. a. inauguration 就任式　b. insomnia 不眠症　c. impetus 推進力　d. irrigation 灌漑
15. a. efficacies 効き目　b. excerpts 抜粋　c. ethos 精神　d. emissions 排出物
16. a. imminent 目前に迫った　b. intangible 無形の　c. impervious 浸透させない　d. indigenous 土着の
17. a. myriad 無数の　b. malignant 悪性の　c. momentous 重要な　d. meager わずかばかりの
18. a. menace 脅威となるもの　b. microbe 細菌　c. molestation 性的虐待　d. martyr 殉教者
19. a. exulted 大喜びした　b. exhorted 熱心に勧めた　c. embellished 装飾した　d. eradicated 根絶される
20. a. payoff 支払い、報復　b. protagonist 主人公　c. peer 仲間　d. projection 予測
21. a. bidding 入札する　b. bolstering 回復する　c. breeding 繁殖させる　d. browsing ざっと見る

22. a. phenomenal　驚くべき　b. pervasive　蔓延する　c. pungent　刺激が強い、ツンとくる
　　d. paramount　最重要の
23. a. venue　開催地、会場　b. vegetation　植物、草木　c. veterinarian　獣医
　　d. vault　金庫室
24. a. infer　推測する、察する　b. implicate　ほのめかす　c. indict　〜を非難する
　　d. infest　〜に群がる
25. a. saliva　唾液　b. snarl　もつれ、からまり　c. sprout　芽　d. sewer　下水管
26. a. deposition　退位、宣誓証言　b. dearth　不足　c. diabetes　糖尿病　d. dictum　名言
27. a. animosity　敵意　b. atrocity　残虐行為　c. amnesty　恩赦　d. affliction　苦悩
28. a. stalwart　熱烈な　b. subordinate　従属的な　c. stuffy　風通しの悪い
　　d. sluggish　停滞している
29. a. oddities　奇妙なこと　b. ordeals　つらい体験　c. ordinances　慣習
　　d. ornaments　装飾品
30. a. fabricating　でっち上げる　b. forging　強固にする　c. fetching　連れてくる
　　d. floundering　じたばたする

※答え合わせをした後に、完成した英文を音声で聞いて、リピートしてみましょう。

 *Track 01-30*

## Step 2 ▷ ジャンル×コロケーションで学ぶ！

覚えておきたい単語やフレーズ（文中の赤字）を、ジャンルごとに分け、コロケーションの形で学びます。音声も活用しながら学習しましょう。

### ① 経済・労働

 Track 31

1. a protracted discussion　だらだらとした議論
2. a distribution quota　配給割り当て
3. a man of top caliber　最高に優秀な人
4. boost morale　士気を高める　※ demoralize（士気を低下させる）も覚えておこう
5. a perk offered to loyal customers　上顧客に提供される特典
6. a niche product　隙間商品
7. deal with a backlog of work　未処理の仕事を片付ける
8. unjustly demote on account of pregnancy　妊娠を理由に不当に降格させる
9. the proprietor of a company　会社の所有者
10. a novice programmer　新米のプログラマー
11. a subordinate position　従属的な地位
12. peer pressure　仲間からのプレッシャー
13. pay a 6 percent yearly dividend　年6パーセントの配当を支払う
14. an equity investment　株式投資
15. a premium for life insurance　生命保険料
16. a chronic deficit　慢性的な赤字
17. the findings of an audit　監査の結果
18. a capital outlay　設備投資
19. an income tax deduction　所得税控除
20. maintained by a subsidy　補助金によって維持される
　　※動詞 subsidize は「〜に補助金を与える」
21. a lucrative industry　儲かる産業
22. a destitute country　貧困国
23. embezzle money from a company　会社の金を横領する
24. defraud the cardholder　カード保有者から金をだましとる
25. pawn my treasures　宝物を質に入れる

*Track 32*

26. evade a tax　税を逃れる

27. an inventory of possessions　所有物の一覧表

28. a freight train operator　貨物列車の運転士　※ freight [fréit] の発音に注意

29. the conveyance of water from a distance　遠隔地からの水の運搬

30. the embargo on U.S. beef　アメリカ産牛肉の輸入禁止

31. a consignment of arms and ammunition　武器と弾薬の委託貨物

32. a tongue-in-cheek speculation　皮肉まじりの憶測

33. a reasonable conjecture　合理的な推測

34. a fiscal crisis　財政危機

35. a 10-year projection from the statistics　統計資料に基づいた10年予測

36. lift sanctions on Iran　イランに対する制裁を解く

37. restore credibility　信用を取り戻す

38. stabilize the tumbling price of crude oil　変動の激しい原油価格を安定させる

39. resuscitate ailing firms　経営難の企業を蘇生する

40. a tax haven crackdown　避税地区［税金避難地］の手入れ［取り締まり］

41. dent business sentiment　企業の景況感を激しく落ち込ませる
　　※名詞 dent は「へこみ、くぼみ」

42. hamper economic growth　経済成長を妨げる

43. Japan's anemic stock markets　日本の沈滞した株式市場
　　※ anemic は「貧血症（の）」の意味もある

# ② 政治

Track 33

Chapter 2

1. be sworn in as mayor　市長として就任宣誓する

2. a Brexit hard-liner　ブレグジット強硬派（英国のEU離脱推進派）

3. a non-partisan agreement　超党派協定

4. repatriate prisoners of war　戦争捕虜を本国に送還する

5. provoke a massive public backlash　国民の大反発を誘発する

6. an ordinance barring LGBT discrimination　性的少数者の差別を禁止する条例

7. a proponent of free trade　自由貿易の擁護者

8. a Tea Party adherent　ティーパーティー（茶会党）の支持者

9. advocate ethnic solidarity　民族の結束を支持する

10. a security ally　防衛同盟国

11. a coalition government　連立政権

12. round up dissidents　反体制派を一斉検挙する

13. an offshoot of Judaism　ユダヤ教の分派

14. undermine the international order　国際秩序を揺るがす

15. subvert conventional teaching techniques　従来型の教授法を覆す
　　※subvertは「（政府など）を転覆させる」という意味でも使う

16. a conspiracy theory　陰謀説

17. an asylum-seeker　亡命希望者

18. an exodus from Egypt　出エジプト
　　※exodusは「大移動」。Exodusで旧約聖書の「出エジプト記」

19. oppress the unarmed　非武装者を迫害する

20. a clause that stipulates equality among the sexes　性の平等を規定する条項

21. solitary confinement　独房監禁

22. nullify the deportation order　国外追放命令を無効にする

23. a barbaric atrocity　野蛮な残虐行為

24. a rout of separatists　分離派の完敗

25. stifle agitation　反対運動（扇動）を抑える

26. deploy forces　軍隊を配備する

27. detonate explosives　爆弾を爆発させる

28. a valiant warrior　勇敢な兵士

29. the deceased's family　遺族

30. taken captive in battle　戦争で捕虜になる

31. clear out debris　がれきを取り除く ※debris の発音は [dəbríː]

32. subjugate the Iberian peninsula　イベリア半島を征服する

33. issued an ultimatum to Iraq　イラクに最後通牒を突き付けた

34. a publicity gimmick　広報戦略

35. a buffer zone　緩衝地帯

36. a mutual concession　相互の譲歩

37. a charge of bribery　贈賄容疑

38. manipulate the minds of others　他人の心を操る

39. embellish a story　話に尾ひれをつける

40. bolster security　警備を強化する

41. reinforce the allies　同盟関係を補強する

42. adjourn a meeting　会議を一時休止する

43. suppress a revolt　反乱を鎮圧する

44. forge a friendship　友好関係を結ぶ

45. inaugurate a new era　新しい時代の幕を開ける

46. the autonomy of Rome　ローマの自治

47. grant amnesty　恩赦を与える

48. nullify a bilateral treaty　二国間条約を破棄する

49. an armored car rumbling down a street　轟音をたてながら通りを進む装甲車

50. acrid tear gas smoke　催涙ガスの刺激性の強い煙

51. a porous border with Ukraine　ウクライナに接した隙の多い国境
　　※形容詞 porous は「多孔性の、透過性の」という意味から、比喩的に「警備が甘い、隙がある」という意味でも使われる

52. a rigged bid　談合 ※動詞 rig は「（価格・取引・入札・選挙など）を不正操作する」

53. an embassy besieged by activists　活動家たちに包囲された大使館

54. circumvent the international ban　国際禁止令を巧みに逃れる
　　※動詞 circumvent は「…を巧みに逃れる、…を挫折させる」

## ③ 自然科学・環境

 *Track 35*

1. a light-emitting diode　発光ダイオード　※略語はLED

2. nitrogen oxide emissions　窒素酸化物排出

3. fermented soybeans　納豆　※直訳すると「発酵させた大豆」

4. a genetic trait　遺伝形質

5. a total solar eclipse　皆既日食
　※動詞 wane（月が欠ける、徐々に弱まる）も覚えておこう

6. an endangered primate　絶滅寸前の霊長類

7. deep-ocean microbes　深海微生物

8. radioactive contamination　放射能汚染

9. eradicate invasive predators　侵略的捕食動物を根絶する

10. an alien fungus　外来菌

11. a mutation of the Bengal Tiger　ベンガルトラの突然変異

12. a small marine organism specimen　微小海洋生物の標本

13. excavate an ancient burial mound　古墳を発掘する

14. a bamboo sprout　タケノコ

15. a submerged region　冠水した地区

16. indigenous people of the Amazon　アマゾン地域の先住民

17. an extinct species　絶滅種

18. impervious forest foliage　光を通さない森の木々の枝葉

19. a descendant of Irish immigrants　アイルランド移民の子孫

20. a snowy gorge　雪渓

21. a zero percent chance of precipitation　降水確率ゼロパーセント

22. two ancient tumulus clusters　2つの古代古墳群

23. a chemical fertilizer　化学肥料

24. tighten radiation checks　放射線チェックを強化する

25. Six confirmed dead in the deluge.　洪水で6人の死亡が確認された。

26. the pest invasion of a crop　作物への害虫侵入

27. pristine rain forest　原生雨林

28. huddle together for warmth　暖かさを求めて身を寄せ合う

29. protect the island from erosion　島を浸食から守る

Track 36

30. purify the air　空気を浄化する

31. a forensic analysis　法医学的な分析

32. a terrestrial digital TV broadcast　地上波デジタルテレビ放送

33. a pungent chemical smell　刺激の強い薬品臭

34. Koshu grapes endemic to Japan　日本固有の甲州ブドウ

35. a binocular telescope　双眼鏡

36. soggy and gloomy weather　湿っぽくどんよりした天気

37. a stuffy storeroom　風通しの悪い貯蔵室

38. an insipid sweet sake　風味のない甘口の酒

39. a ruddy-cheeked bear mascot of Kumamoto　頬の赤い熊本のマスコットのクマ

40. nitrogen oxide　窒素酸化物

41. a phosphorus-free detergent　無リン洗剤

42. a low-potassium lettuce　低カリウムレタス

43. a biofuel made from algae　藻（類）から作られたバイオ燃料

44. a chlorine bleach　塩素系漂白剤

45. combustion engine　燃焼機関

46. a lava flow　溶岩流

47. an amphibian and reptile house　両生類・は虫類館

48. plumage changes with the season　羽毛の季節ごとの生え変わり

49. frogs and toads　カエルとヒキガエル

50. an avian veterinarian　鳥類専門の獣医師

51. arable land suitable for grass-feeding cows　牛の牧草飼育に適した耕作地

1. be diagnosed with leukemia　白血病と診断される

2. contract tuberculosis　結核にかかる

3. a malignant tumor　悪性腫瘍　※malignant の反意語は benign（良性の）

4. give patients too much anesthesia　患者に過度の麻酔薬を与える

5. an antidote for natsu bate (summer exhaustion)　夏バテ対策

6. an induced pluripotent stem cell　iPS 細胞

7. be given a grim prognosis　厳しい予後を診断された

8. a new strain of an antibiotic-resistant bacteria　新しい型（菌種）の抗生物質耐性菌

9. recurrence of a lingering lung infection　長引く肺感染症の再発

10. receive a blood transfusion　輸血を受ける

11. a low fertility rate　低い出生率

12. provide nutritious and palatable foods　栄養価が高く味の良い食べ物を供する

13. an increasingly sedentary lifestyle　ますます座りっぱなしになる生活様式

14. a Swiss-based pharmaceutical giant　スイスを本拠とする巨大製薬会社

15. attack the immune system　免疫システムを攻撃する

16. hereditary breast cancer　遺伝性の乳がん

17. a respiratory organ　呼吸器官

18. sterile medical equipment　無菌の医療器具

19. Stress can be detrimental to your health.　ストレスは健康にとって有害になりうる。

20. a generic medication　ジェネリック医薬品

21. elevation of one's body temperature　体温の上昇

22. develop a blister on the toe　足指に水ぶくれができる

23. implant a pacemaker　ペースメーカーを埋め込む

24. prefrontal cortex activity　前頭前野活動

25. a foot cramp　足のけいれん

26. a cancer-causing pesticide　発がん性のある農薬

27. mercury poisoning malady, Minamata disease　水銀中毒症である水俣病

28. a DNA molecule　DNA 分子

29. hygiene-obsessed people　潔癖症の人々

*Track 38*

30. improve one's health and longevity　健康と寿命を促進する

31. corrode tooth enamel　歯のエナメル質を腐食する

32. synthesize vitamins and micronutrients　ビタミンと微量栄養素を合成する

33. dissect the gall bladder　胆嚢を切除する

34. a neural stem cell　神経幹細胞

35. bovine spongiform encephalopathy 狂牛病／BSE　※bovine は「ウシ科の」

36. be bitten by a venomous snake　有毒ヘビにかまれる

37. in the embryonic stage　胎芽期に　※「初期の段階で」の意味もある

38. posthumous fame　死後の名声

39. recuperate from an operation　手術から回復する

40. a pathological lust for power　病的なまでの権力への渇望

41. abdominal pain　腹部の痛み

42. increasing infirmity　どんどん虚弱になる

43. suffer from insomnia　不眠症に悩む

44. spit saliva　つばを吐く

45. a neurotic obsession　神経症的な妄想

46. a claustrophobic corridor　閉所恐怖症になりそうな（狭い）廊下
　　※接尾辞の名詞形 -phobia は「恐怖症」。acrophobia（高所恐怖症）、xenophobia（外国［人］
　　恐怖症）なども覚えておこう

47. a swine flu pandemic　豚インフルエンザの世界的流行

48. chronic bronchitis　慢性気管支炎

49. an aesthetic dermatologist　美容皮膚科専門医

50. immunize children from chicken pox　子供たちに水疱瘡の予防接種をする

51. measles, mumps and rubella　はしかとおたふく風邪と風疹

52. a form of autism　自閉症の一種

53. a containment to stop contagion　感染を防ぐための封じ込め

54. fluoridated tap water　フッ素添加水道水

1. Chiba Prefecture, adjacent to Tokyo　東京に隣接する千葉県
   ※ adjacent to ... は「…に隣接する」

2. an aseismic region　地震のない地域

3. demolish an abandoned house　廃屋を解体する

4. a tangible cultural structure　有形文化財建造物

5. a garbage incineration plant　ごみ焼却施設

6. the school premises　学校の敷地

7. Tokyo and its vicinity　東京とその周辺

8. look into the abyss　深淵をのぞき込む

9. tectonic subsidence　地殻変動による陥没

10. a barely insulated home　ほとんど断熱[防音]が効いていない家

11. move into a refurbished apartment　改装ずみのアパートに入居する
    ※ renovate（修理する）も覚えておこう

12. a venue for ice-skating　アイススケート会場

13. an intangible cultural asset　無形文化財

14. social recluses known as hikikomori　「引きこもり」で知られる社会的隠遁者

15. Salt preserves perishable food.　塩は生鮮食料品を保存する。

16. receive an eviction notice　立ち退き通知を受け取る

17. the onset of puberty　思春期の始まり

18. an inscription on a tombstone　墓石の碑文

19. watch out for splinters of glass　ガラスの破片に気を付ける

20. a sophisticated palate　洗練された味覚

21. a second-generation Japanese descendant in the Philippines　フィリピンの日系二世

22. a furlough for revitalization and study　リフレッシュと勉強のための休暇

23. an earthen jug　陶器の水差し

24. a concave lens　凹型レンズ　※反意語 convex（凸型）も覚えておこう

25. fluffy Japanese bread　ふわふわの日本のパン

26. an incandescent light bulb　白熱球

27. impervious to radiation　放射線を通さない

28. an innate talent　生まれつきの才能

**Track** 40

29. middle-aged parasite singles  中高年のパラサイト（独立せずに親と同居している）シングル

30. a verdict of acquittal  無罪判決

31. a death row inmate  死刑囚

32. be released on bail  保釈される  ※ bail は「保釈（金）」

33. a full-blown conflagration  本格的な大火災

34. reduce a house to rubble  家を解体してがれきにする

35. be engulfed in flames  炎に飲み込まれる

36. evacuate a building  建物から退去する

37. child molestation  子供への性的虐待

38. an omnivorous reader  何でも読む読書家  ※ omnivorous は「雑食の」

39. an ideologically homogenous neighborhood  思想的に均質の地区

40. eradicate illiteracy among children  子供の非識字を根絶する

41. grapple with the problems of an aging society  高齢化社会の問題に取り組む
    ※ grapple は「つかみ合う、問題に取り組む」

42. incite the soldiers to revolt  暴動を起こすよう軍人たちをあおった

43. a stalwart supporter of the party  その党の熱烈な支持者

# ⑥ 動作・行為・思考

 Track 41

1. The air bag may not inflate. エアバッグが膨らまないかもしれない。

2. gut-wrenching 断腸の思いの　※動詞 wrench は「もぎ取る」

3. an eastward-veering typhoon 東に進路を変える台風

4. procrastinate until the last minute 最後の最後までぐずぐずする

5. a languid and sensual film 気だるく、官能的な映画

6. gloat over someone's misfortune 他人の不幸をあざ笑う
   ※gloat は「ほくそ笑む」

7. gnaw on a pen ペンをかじる

8. a hurtling bullet train 疾走する新幹線

9. hustle students out of a classroom 生徒たちを教室から急いで退室させる
   ※hustle は「突進する、押し進む」

10. new pests that have infested crops 穀物に群がった新種の害虫

11. have more leeway in clothing choices 衣服の選択の幅を広げる
    ※leeway は「余裕、ゆとり」

12. three months of grueling training ３カ月の厳しいトレーニング

13. hear the beastly snarl 猛々しいうなり声を聞く
    ※動詞 snarl は「歯をむき出してうなる、がみがみ言う」

14. data tampering データの改ざん
    ※動詞 tamper は「許可なくいじる、不正に手を加える」

15. give the ball a hard whack with her racket ラケットでボールを強く打つ
    ※動詞 whack は「…をぴしゃりと打つ、…を殺す」

16. The penguin wobbled down to the sea. ペンギンが海までよちよち歩いた。
    ※wobble は「よろめく、ふらつく、ぐらぐらする」

17. annul the privileges of the colony 植民地の特権を無効にする

18. appease its giant rival 巨大なライバルと和解する

19. balk at taking actions 行動を起こすことをためらう　※balk at ... は、「…に尻込
    みする/ためらう」。「野球でピッチャーがボークする」の意味もある

20. deeply troubled piano prodigy 深く悩めるピアノの神童
    ※形容詞 prodigious は「驚異的な、巨大な」

21. an anonymous benefactor 匿名の寄付者

22. capitulate to extortion and blackmail 強要と恐喝に屈服する

23. an unexpected windfall of a million yen 思いがけない100万円の収入

*Track 42*

24. concoct a story　話をでっちあげる

25. can't condone child abuse　子供の虐待を大目に見ることはできない
　　※ condone は「…を大目に見る、…を容赦する」。否定語と共に使うことが多い

26. a hoax call　（悪意のある）いたずら電話　※ hoax は「悪ふざけ、人をかつぐこと」

27. confiscate her passport　彼女のパスポートを没収する

28. debase humanitarian principles　人道主義の原則を貶める

29. curtail his speech　スピーチを短縮する

30. divulge his personal details　彼の個人情報を暴く
　　※名詞形は divulgence（暴露）

31. eschew all animal products　すべての動物性食品を控える

32. exhort readers to subscribe　読者に購読を熱心に勧める　※ exhort で「…を熱
　　心に勧める、…を奨励する」。exhort A to do の形でよく使われる

33. racial bigotry　人種的偏狭
　　※ bigotry は「偏狭な考え、頑固」。bigot は「偏狭な人」の意味

34. flaunt their homes and luxurious lifestyles　彼らの家やぜいたくな暮らしぶ
　　りをひけらかす

35. flounder for a few seconds in the speech　スピーチ中、数秒間口ごもる

36. garner a lot of laughter　たくさんの笑いを得る
　　※ garner は「…を努力して手に入れる、…を蓄える」

37. glean some helpful tips　いくつか役立つヒントを拾い集める

38. a respected media pundit　評判のいいメディア評論家

39. a time-consuming wrangle over the cost　費用についての長時間に及ぶ口論

40. impede the spread of fire　延焼を遅らせる

41. hindrances to economic recovery　経済復興のための障害

42. nuclear deterrence　核抑止力

43. meander through the garden　庭園の中をぶらぶら歩く

1. unexpected twists and turns　予期せぬ紆余曲折

2. predict an imminent recession　差し迫った不況を予測する

3. an interim CEO　臨時の CEO

4. perpetual imprisonment　終身刑

5. simultaneous translation　同時通訳

6. an invariably controversial issue　いつも物議をかもす問題

7. suspend banking services intermittently　銀行業務を断続的に停止する

8. be found retroactively guilty　過去にさかのぼって有罪となる

9. an interminable downward spiral　延々と続く大幅下落

10. unprecedented media coverage　前例のないマスコミ報道

11. exponential technological progress　急激なテクノロジーの進歩

12. an earthquake and ensuing tsunami　地震とそれに続く津波

13. a reprieve from deportation　強制送還の一時的猶予

14. a negotiation standstill　交渉の行き詰まり

15. a stint in the majors　メジャーリーグでの任期

16. a moratorium on commercial whaling　商業捕鯨の一時禁止

17. a setback for a movement　活動における後退

18. set a precedent for the future　将来のための前例をつくる
　　※ precedent は「前例」

19. the brink of bankruptcy　倒産の瀬戸際

20. an omen of a big earthquake　大地震の前兆

21. impending closure　差し迫った撤退　※ imminent も同じ意味

22. incessant rain　絶え間なく降る雨

23. at a frenetic pace　猛烈なスピードで

24. a transient symptom　一時的な症状

25. an archaic practice　時代遅れの慣習

26. instigate a drastic reform　大胆な改革を推進する

27. retard a cancer's development　がんの進行を遅らせる

28. a recurring incident　再発事件

29. adjourn a trial　裁判を休廷にする

30. a persistent pain　しつこい痛み

31. from time immemorial　遠い遠い昔から
　※ primordial（原始時代の）も覚えておこう

32. expedite a reform　改革を早める

33. lingering concern among investors　投資家の間の根強い懸念
　※動詞 linger は「いつまでも残る」

34. a perfect respite　理想的な休息　※ respite は「中断」

35. be at a crucial juncture　重要な局面にいる　※ juncture は「時点」

36. the advent of the mobile phone　携帯電話の出現

37. a tobacco cessation program　禁煙プログラム　※ cessation は「中止」

38. build a team from scratch　ゼロからチームを作り上げる

39. In retrospect, it was a mistake.　今になって思えば、あれは間違いだった。
　※ in retrospect は in hindsight と同じ

40. accept an offer with alacrity　申し出をその場で受諾する
　※ alacrity は「素早さ」

41. a problem down the road　将来的な問題

42. report defects as soon as they crop up　欠陥が見つかり次第、報告する
　※ crop up は「問題などが発生する」

## ⑧ 数量・価値・規模・増減

 Track 45

1. a gargantuan beast  巨大な獣
2. a gigantic umbrella group  巨大な（多くの下部組織を持つ）統括組織
3. an infinitesimal amount of poison  微量の毒
4. Grass is sparse in winter.  冬はわずかしか牧草がない。
5. augment one's income  収入を増やす
6. hefty budget  多額の予算
7. a copious amount of free time  膨大な自由時間
8. a myriad of events and activities  無数のイベントと活動
9. the depletion of the population of eels  ウナギの個体数の減少
10. liquidate debts  借金を精算する
11. crunch the numbers  計算する  ※crunch は「かみ砕く、高速処理する」
12. a barrage of questions  矢継ぎ早の質問  ※barrage は「集中砲火、連発」
13. a symbol of affluence  豊かさの象徴
14. a sluggish economy  振るわない経済
15. burgeoning women's rights movement  躍進中の女性の権利運動
    ※動詞 burgeon は「急増する」
16. a prolific writing career  多作の執筆キャリア
17. tackle rampant violence  はびこる暴力に挑む
18. live on a meager pension  わずかな年金で暮らす
19. dwindling sales  先細る販売  ※動詞 dwindle は「次第に減少する」
20. Foreign part-timers are proliferating.  外国人パートタイマーが急増している。
21. traffic noise abates  車の騒音が和らぐ  ※動詞 abate は「弱まる、和らぐ」
22. dissipate tensions between the two countries  2国間の緊張を解きほぐす
    ※動詞 dissipate は「消える、消す」
23. The yen fluctuated between 142 and 146 to the dollar.  円はドルに対して142円から146円の間を変動した。
24. curtail Iran's oil exports  イランの原油輸出を削減する
25. Shares soar above offering prices.  株式が発行価格以上に急上昇する。
26. Vehicle exports plummet 10.4 %.  自動車輸出が10.4％急降下する。
27. Business investment will languish.  ビジネス投資が低迷するだろう。
28. alleviate staff shortages  人手不足を軽減する

Chapter 2

29. dearth of women candidates　女性候補者の不足

30. the demise of a key nuclear pact　重要な核協定の消滅

31. opulent furisode kimono worn for Coming of Age Day　成人の日に着る豪華な振袖

32. microscopic plastic particles　微細なプラスチック小片

33. exorbitant expressway toll　法外な高速道路料金

34. paltry pensions and benefits　ごくわずかな年金と給付金

35. The smartphone application business is buoyant.　スマホのアプリビジネスは活況を呈している。　※buoyant は「上昇傾向の」

36. a scanty supply of fresh water　新鮮な水の供給不足

37. savings with marginal interest　わずかな利息しかつかない貯蓄
※副詞 marginally は「わずかに」

38. lead simple and frugal lives　簡素でつましい生活を送る

39. momentous point in history　歴史上重大な瞬間

40. a densely ponderous film　密度が濃く、重々しい映画

41. mitigate impact of tax hike　増税の影響を軽減する

42. curb the excessively long working hours　過度に長い労働時間に歯止めをかける

43. a visually impaired runner　視覚障害のあるランナー
※動詞 impair は「能力などを低下させる、健康などを損なう」

44. deplete the ozone layer　オゾン層を激減させる

45. The total flooded area surpassed 18,500 hectares.　浸水地帯は計18500ヘクタールを超えた。

46. The boom reached its zenith.　ブームは頂点に達した。

47. The hospital is overrun with flu patients.　病院はインフルエンザの患者であふれかえった。

## ⑨ 感情・状態・行為（マイナスとプラス）  *Track 47*

### ● 苦痛、つらさ

1. survive the predicament　苦境をしのぐ

2. traumatic ordeal　トラウマになるようなつらい体験

3. technical glitch　テクニカルな問題点

4. Rumors plague farmers.　風評が農民を苦しめる。

5. wince in pain　痛みで顔をしかめる

6. tormented by mosquitoes all night　蚊に一晩中苦しめられた

7. tarnish the reputation　評判を傷つける

8. endured this affliction for decades　何十年もこの苦痛を我慢してきた

9. harrowing attack on a school　学校で起こった痛ましい襲撃

### ● 憎しみ、あざけり、敵意  *Track 48*

10. have animosity toward him　彼に憎しみを感じる

11. affront to the religious values　宗教的価値観に対する侮辱

12. social stigma against smokers　喫煙者に対する社会的不名誉

13. have no scruples about robbing the rich　豊かな人々から盗むことをためらわない

14. arrogant attitude　傲慢な態度

15. repulse many voters　多くの有権者に嫌悪感を抱かせる

16. deride the opponent　対戦相手をあざ笑う

17. antagonistic to the Darwinian theory　ダーウィン理論に敵対的な

18. cast a cold, malevolent eye　冷たく、悪意のある目を向ける

19. hold a grudge against the facility for firing him　解雇されたことについて、会社に恨みを抱く

20. personal enmity between the two　二人の間の個人的な憎悪

21. jeopardize national security　国家の安全を脅かす

22. global war on the drug menace　ドラッグの脅威に対する世界戦争

## ● 不服、非難、反対  *Track* 49

23. the grievances of middle-class white Americans　中流の白人アメリカ人が抱く不平

24. develop an antipathy toward guns　銃に対する反感を覚える

25. receive backlash from people　人々の抵抗にあう

26. diplomatic squabble　外交上のいさかい

27. widespread condemnation　広まった非難

28. denounce nationalism　国粋主義を公然と非難する

29. rebut the verdict　評決に反論する

30. disgruntled former employee　不満を抱いた元社員

31. worker retribution against bosses　上司に対する社員からの報復

32. Hong Kong protesters' defiance toward China　香港の抗議者たちの中国への反抗

33. an official letter of reprimand　公式な戒告書

34. assail him as a funder of terrorism　テロリズムへの資金提供者として彼を激しく非難する

## ● 困惑、不安、悪化、失敗  *Track* 50

35. moral quandary　道徳上のジレンマ

36. lament unsuccessful attempts　失敗に終わった試みを嘆く

37. confound fans' expectations　ファンたちの期待を裏切る

38. misgivings about using force　武力行使への不安

39. vicious tweets baffle observers　悪意に満ちたツイートが読む者を当惑させる

40. ended in a fiasco　大失敗に終わった　※同じ意味のdebacleも覚えておこう

41. deteriorating eyesight　視力の低下

42. aggravate climate change　気候変動を悪化させる

43. an obnoxious cartoon character　不愉快なアニメキャラ

44. reach an impasse　行き詰まる　※stalemate（行き詰まり、膠着状態）も覚えておこう

## ● 癒やし、平安

Track 51

45. find solace in the friendship　友情に癒しを見出す

46. have strong affinity for the country　その国に対する強い親近感

47. allure of easy money　楽な金稼ぎの魅力

48. mollify the protesters　抗議者をなだめる
　　※動詞 appease（なだめる）も覚えておこう

49. universal benevolence　普遍的な博愛心

## ● 敬意、称賛

50. a great boon to the community　コミュニティーへの多大なる恩恵

51. pay homage to early 20th century film　20世紀初頭の映画に敬意を払う

52. gained international acclaim　世界的な称賛を得た

53. extol the virtues of hard work　勤勉さの美点を称賛する

54. tout the President's economic recovery plan　大統領の経済再生プランを褒めちぎる

55. receive wild adulation at home　故郷で猛烈な称賛を得る

## ● 善良

56. a man of integrity and honor　誠実かつ高潔な人物

57. affable manner　感じのいい態度

58. a bland smile　人当たりの良い笑顔

59. docile shareholders　おとなしい株主たち

60. genial protagonist of the drama　愛想のいい、ドラマの主人公

## Step 3　単語の成り立ちで学ぶ！

ここでは、単語の成り立ち（接頭辞・接尾辞・語幹）からアプローチしよう。4つの選択肢のどれも知らない場合、こうした知識から意味を推測することが可能だ。

### ● cis(e)、sect「切る」

concise　簡潔な　※con- は「完全に」

precise　正確な

dissect　解剖する

incision　切開

### ● cede、ceed、cess「行く、進む」

ancestor　先祖（前を進んできた人々）

concede　譲歩する（相手に道を譲って進ませる）

concession　譲歩

precede　先駆けて行う

predecessor　前任者

recession　景気後退　※動詞recede は「退く」

### ● clau、clo、clud、clus「閉める、妨げる」

claustrophobic　閉所恐怖症の

secluded　人目につかない

※seclude A from B は「AをBから引き離す」、名詞seclusion は「隔離、隠遁」

exclude　のけ者にする　※ex- は「外へ」

exclusion　除去、排除

exclusive　排他的な、独占的な

reclusive　隠遁した　※名詞recluse は「隠遁者、世捨て人」

disclose　明らかにする、暴く　※dis- は否定の意味

### ● cred-「信じる」

credibility　信用

credible　信用できる

credentials　資格　※通例、複数形

## ● cur、cour 「走る、流れ」

recurrence　再発　※ re- は「再び」の意味

concur　同時に起こる、一致する

curtail　短縮する　※ -tail は「切る」の意味

cursory　せっかちな、おおまかな

## ● duc(t)、duc(e) 「導く」

deduce ～　～を推測する

deduction　控除、推論

deduct ～　～を控除する

induce A to do　A を駆り立てて～させる

## ● eu- 「良い」

eulogy　弔辞（故人への賛辞）

euphoric　幸福感にあふれた

euthanasia　安楽死

euphemism　婉曲語句

## ● gen 「生まれ、創生」

engender ～　～を引き起こす

degenerate　退化する、堕落する　※ de- は「悪化」の意味

congenial　しっくり来る　※ con- は「共に」

congenital　先天性の

ingenious　独創的な

genesis　起源、発生

genetic　遺伝性の

genetics　遺伝学

## ● here、heri 「くっつく、粘着する」

adhere　付着する、支持する

adherent　支持者

coherence　一貫性

inherent　固有の

hereditary　遺伝の、世襲の

heritage　（受け継がれる文化的・歴史的）遺産

## ● pel、puls(e)「追いやる」

compel　（人）に無理に～させる　※compel A to do で「A に無理やり～させる」

compulsory　強制的な

dispel　（不安、迷いなどを）払拭する

expel　追放する

impulse　弾み、衝動

## ● sed、sid(e)、sess「座る」

obsessed　とりつかれた

reside　居住する、駐在する

residue　残留物

sedentary　座りっぱなしの

sedative　鎮痛剤、鎮静させる

subsidiary　補助的な、副次的な　※後ろに座る、のイメージ

## ● sub-、suc-、suf-、sug-、sum-、sup-、sur-、sus-「下（位）」「副、従」

※sub- は、c, f, g, p, r の前ではそれぞれ suc-, suf-, sug-, sup-, sur-、m の前では sum-/sub-、s の前では sus-/sub- となる。

substitute ～　～を代用する

subsequently　それに続いて

subdue ～　～を征服する

submerge ～　～を沈める

subterranean　地下の

submit　提出する

supplementary　補う、付け加える

surmise　推量する

succumb　負ける、屈服する

susceptible　影響を受けやすい

surrogate　代理人

subdivide　さらに細かく分割する

subsidize　補助金を出す

## ● tain、ten「保つ」

abstain　慎む

attain　目標などを達成する、手に入れる

detain〜　〜を拘留する　※名詞 detention は「引き留め、抑留」

pertain　関連する、付属する

retain〜　〜を保持する

sustainable　持続可能な

tenacious　辛抱強い

tenet　教義、信条

tenure　（大学教員などの）終身在職権

## ● tract「引く」

subtraction　引き算　※動詞 subtract は「引く」

contract out　（仕事）を〜に委託する、下請けに出す

extract　（情報など）を〜から引き出す

## ● vert、vers「曲がる、回転」

conversion　転換、改宗、転向

diversion　回り道、う回路　※動詞 divert は「気をそらす」（di- は「分離」の意味）

avert〜　〜を防ぐ、〜を避ける　※名詞 aversion は「嫌悪、反感」

versatile　多才な、用途の広い

adverse　逆の、不都合な　※ad- は「〜の方へ」

subvert　転覆させる　※sub- は「下へ」の意味。名詞 subversion は「政府などの転覆」、形容詞 subversive は「反体制的な、破壊的な」

invert　ひっくり返す、逆さにする　※in- は「〜の方へ」

traverse　横切る、越える　※tra- は「越える」

## Step 4　句動詞を学ぶ！

動詞と前置詞あるいは副詞との組み合わせで、ひとつの動詞のような働きをする語句を「句動詞（動詞句）」と言う。大問1のNo. 22〜25は、句動詞が選択肢にずらりと並ぶ。もともとの動詞の意味からは想像がつかない場合もあるので、しっかり学んでおこう。

# ON

**のしかかる、迫る**

crack down on 〜　〜を厳しく取り締まる

descend on 〜　（多くの人が）〜に押しかける

encroach on 〜　〜（人の権利、領域）を侵害する

egg A on do　A（人）をけしかけて〜させる

lean on 〜　〜に圧力をかける、〜にもたれる

bear down on 〜　〜を押し付ける、〜を威圧する

gain on 〜　〜に次第に追いつく

gang up on 〜　〜を集団で攻撃する

impose A on B　AをBに課す

**頼る**

scrape by on 〜　〜で何とか暮らしていく

hinge on 〜　（成功などが）〜にかかっている、〜次第である

take it out on 〜　〜に八つ当たりする

**関係している**

pull the plug on 〜　〜を打ち切る、〜から手を引く

foreclose on 〜　〜に担保権を行使する

settle on 〜　〜を決める

walk out on 〜　（人）の元を去る

zero in on 〜　〜に照準を合わせる

**繰り返す、継続する**

rub off on 〜　〜に（性質、習慣など）が受け継がれる

pass A on to B　AをBに伝える

harp on 〜　〜のことをくどくど言う

drag on　（会議などが）だらだら続く

dwell on〜　〜を力説する、〜についてあれこれ考える

**こんな状態で**
on the rise　増加傾向で
on the sidelines　傍観して、権力から下ろされて
on the upswing　上向いて

# UP

**出てきた！**
crop up　（問題などが）不意に発生する
turn up　（突然）生じる
spring up　（ひょっこり）現れる
strike up　（歌、演奏が）始まる
act up　いたずらをする、勝手に振る舞う

**上げる、増加する**
beef up〜　〜（組織など）を強化する
butter up〜　〜にごまをする
flare up　カッとなる
mark up〜　〜を値上げする
pluck up〜　〜（勇気など）を奮い起こす
rack up〜　〜（利益など）を得る
ramp up　増加させる、成長させる
run up〜　〜（出費、借金など）を増やす、〜（服など）を急いで作る
top up　補給する、つぎ足す

**やった！ゲット！**
drum up〜　〜（支持など）を獲得する
snap up〜　〜（特売品など）を先を争って買う
round up〜　〜をかき集める

**これにて「了」！もうないよ！**
break up　解散する、途切れる
clear up〜　〜（問題や疑問など）を解決する

gobble up〜　〜をガツガツ食べる［飲む］

square up　清算する

use up〜　〜を枯渇させる、〜が底を突く

wind up〜　〜（会社など）を清算、廃業する

add up to〜　結局〜ということになる

clam up　口を閉ざす

## 一丁あがり！

rustle up〜　〜（食事など）を急いで作る

whip up〜　〜（料理など）を手早く作る

bundle up　（毛布などに）くるまる、暖かく着込む

cook up〜　〜をでっち上げる

draw up〜　〜（文書など）を作成する

patch up〜　〜を修復する

tie up〜　〜を縛り上げる、〜を束ねる

## もういっぱいいっぱい！

crack up　爆笑する（させる）

doll up〜　〜を飾り立てる

clog up〜　〜を詰まらせる

# OUT

## めでたしめでたし！

bail out〜　〜（資金援助をして企業など）を救済する

pan out　うまくいく

## 外へ出す

branch out　活動範囲を広げる

contract out〜　〜（仕事）を外注に出す

farm out〜　〜（仕事）を外注に出す

dole out〜　〜を分け与える

fan out　散らばる

make out〜　〜を見分ける

throw out〜　〜を追放する

## 身体や声で表現する

lash out at〜　〜を激しく非難する
act out　身振りで表す、態度に出す
bawl〜out　〜をがみがみ叱る
chew〜out〜　〜を叱り飛ばす
blurt out〜　〜を思わず口に出す
blare out　音を響かせる

## 無理やり取り出す

draw out〜　〜（情報など）を引き出す
sound〜out　〜（人など）の考えを探る
worm out of〜　〜を探り出す
wring out〜　〜から絞り取る
fork out〜　〜（渋々、大金）を支払う
lay out〜　〜に投資する、〜に金を費やす
shell out〜　〜（という大金）を支払う

## 外れる

back out　手を引く
bow out　身を引く
storm out　（怒って）飛び出す
walk out　ストライキをする
walk out on〜　〜を見捨てる
wriggle out of〜　（言い訳などをして）〜を切り抜ける

## 除く

black out〜　〜を黒で塗りつぶす、〜を抹消する
blot out〜　〜（景色など）を覆い隠す
drown out〜　〜を押し流す
rule out〜　〜を排除する、〜を除外する
stamp out〜　〜を撲滅する
weed out〜　〜を取り除く
wipe out〜　〜を全滅させる、〜を一掃する

### これでおしまい

iron out 〜　〜を解決する

ride out 〜　〜を乗り切る

sort out 〜　〜を解決する、〜を選別する

### 消える

die out　絶滅する

fizzle out　徐々に消える

peter out　次第に減少してなくなる

phase out　段階的に停止する

# OFF

### 引き離す、分断する

close off 〜　〜を封鎖する

cordon off 〜　〜への交通を封鎖する

drive off 〜　〜を追い散らす

haul off 〜　〜（人）を連行する

lay off 〜　〜を一時解雇する

make off with 〜　〜を持ち去る

seal off 〜　〜を封鎖する、密封する

### トラブルや危害はいやだ！

fend off 〜　〜（うるさい質問など）を回避する

fight off 〜　〜を撃退する、〜を寄せ付けない

head off 〜　〜を阻止する

shake off 〜　〜を振り払う

shrug off 〜　〜を軽くあしらう

stave off 〜　〜を回避する

square off　身構える

ward off 〜　〜を撃退する、〜をかわす

write off 〜　〜（債務など）を帳消しにする

## 活発さがなくなる

cool off　落ち着く、弱まる
doze off　うとうとする
drop off　うとうとする
nod off　うとうとする
drift off　（知らない間に）眠りに落ちる
goof off　サボる

## 休止する、差し控える

call off 〜　〜を中止する
choke off 〜　〜を中止させる
put off 〜　〜を延期する

## うまくいった！

buy off 〜　〜（人）を買収する
palm off 〜　だまして〜をつかませる
pull off 〜　〜をうまくやり遂げる
rattle off 〜　〜をスラスラ言う
reel off 〜　〜をスラスラ言う
skim off 〜　〜をかすめ取る

## 漏れ出す

show off 〜　〜を見せびらかす
spout off　べらべらしゃべる
sound off about 〜　〜について意見をまくし立てる
tip off 〜　〜に密告する

# OVER

## じっくりと
mull over ～　～を熟考する
ponder over ～　～について熟考する
pore over ～　～を熟読する、～に夢中になる
hesitate over ～　～をためらう

## なんとか乗り切る
gloss over ～　～を言い繕う
smooth over ～　～（問題など）を丸く収める
tide over ～　～を乗り切る

# IN

## 入っていく
bury in ～　～（仕事など）に没頭する
butt in on ～　～に干渉する
chime in ～　～（議論など）に加わる
cut in ～　～に干渉する
dabble in ～　～に手を出す、～をかじる
give in to ～　～に屈する
intervene in ～　～に介入する、～に干渉する
meddle in ～　～に介入する、～に干渉する
muscle in on ～　～に強引に割り込む
rope in ～　～（人）を誘い込む、だます
weigh in on ～　～に割って入る

## 計算に入れる
factor in ～　～（要素など）を計算に入れる
figure in ～　～を考慮に入れる、～を計算に入れる
reckon in ～　～を計算に入れる

## 中へ取り込む

fetch in 〜　〜を取り込む
fence in 〜　〜を柵で囲む
hem in 〜　〜を囲む

## 獲得する

cash in on 〜　〜に付け込んで儲ける
rake in 〜　〜を荒稼ぎする
sink in　（考えなどが）身に染みる、理解される

# DOWN

## 勢いが落ちる

calm down　なだめる
cool down　落ち着く
die down　（風や、騒ぎなどが）和らぐ、おさまる
live down　（不名誉などを）後の行為で消し去る
simmer down　落ち着く
wear down　すり減らす、疲れさせる
wind down　徐々に終わる

## 圧力をかける

bring down 〜　〜を打倒する
play dow 〜　〜を見くびる
talk down 〜　〜（人）を言い負かす
turn down 〜　〜（提案、要求など）をはねつける

## 徹底的に

clamp down on 〜　〜を取り締まる
close down 〜　〜（会社など）を清算する、〜を廃業する
pin down 〜　〜（事実など）を突き止める
trim down 〜　〜を切り詰める
wolf down 〜　〜をガツガツ食べる

**固まる**

boil down to〜　結局〜ということになる

buckle down to〜　〜（仕事など）に本腰を入れる

get down to〜　〜（仕事など）に本腰を入れる

come down to〜　〜に帰着する

hold down〜　〜（職）に就いている、〜（仕事など）を続ける

では本番の問題形式での出題です。英文のカッコ内に入る語句を4つの選択肢から選びましょう。4分以内で解きましょう（解答と解説、訳は別冊 pp. 1-3 にあります）。

(1) The applicants sought political asylum in that country but were forcibly
(          ) because they were not refugees in the legal sense of the word.
**1** crunched   **2** reprimanded   **3** repatriated   **4** tormented

(2) Doctors (          ) the condition as Creutzfeldt-Jakob disease which is
considered incurable.
**1** refurbished   **2** diagnosed   **3** eradicated   **4** deployed

(3) UN peacekeeping efforts were often (          ) by coordinated offensives
from the south and east.
**1** subsidized   **2** submerged   **3** hampered   **4** demolished

(4) With the economy beginning to stabilize, attention is turning to measures for
preventing a (          ) of the economic crisis.
**1** recurrence   **2** fungus   **3** cramp   **4** vicinity

(5) Local residents filed a suit for the (          ) of travelers who had set up
camp in a local park.
**1** ravage   **2** eviction   **3** hoax   **4** clamor

(6) Among middle-aged hikikomori, 76 percent were men. The reason most
gave for becoming a (          ) was the loss of their job.
**1** stint   **2** tantrum   **3** catalyst   **4** recluse

(7) The leader of the Afghan (          ) government was pleased that the
international community had committed to donate 4.5 billion dollars.
**1** lacquered   **2** interim   **3** cryptic   **4** mundane

(8) In Japan, the term "(          ) Cultural Properties" refers to various cultual
assets, such as stage arts, music and craft techniques that have high historical
or artistic value for the country.
**1** Interminable   **2** Insurmountable   **3** Intangible   **4** Implacable

**(9)** The former governor, trying to push the Pope out of politics, suggested that the pontiff shouldn't (       ) climate change.

**1** plug away at   **2** weigh in on      **3** measure up to   **4** wriggle out of

**(10)** All of us (       ) the days when we consumed and wasted less but enjoyed life more.

**1** pine for       **2** atone for        **3** gain on        **4** take on

●解答欄

| 1 | 2 | 3 | 4 | 5 | 6 | 7 | 8 | 9 | 10 |
|---|---|---|---|---|---|---|---|---|----|
|   |   |   |   |   |   |   |   |   |    |

※答え合わせをした後に、完成した英文を音声で聞いて、リピートしてみましょう。

 *Track 52-61*

# 暮らしの中に、もっと英語を取り入れよう

　英語の総合力の基盤になるのが単語（語句）力であることは、皆さんよくご存じだろう。では、どのようにその力をつけていけばいいか、私自身の学習例も挙げながら解説したい。

## 単語集を使った学習は大切だが……

　1級用の単語集は、出題される語彙の範囲や難易度の感覚を得るのに必要である。合格した人は、やはり一冊はこうした教材を使っているわけだが、よく聞いてみると「語彙を少しずつじっくり覚えては、暇があれば付属の音声も聞いた」「リスニングやリーディングの学習中に、単語集で覚えた単語に出くわすと嬉しかった」、また、逆に単語集で学んでいるときに「この単語は、あの読み物に出ていた、あのリスニングに出てきた単語だと気づいてハッとした」といった体験を共有しているようだ。つまり、語彙増強を、単語集だけに頼ってはいないのである。

　1級には政治、経済、文化など、幅広い分野の語句が登場するので、毎日、いろいろな英文に接する必要がある。「暮らしの中に、もっと英語を取り入れる」という姿勢が大切である。

　具体的には、英字新聞の日曜版を1週間かけて読んだり、週刊／月刊の英語学習誌や雑誌を購読し、学習する箇所を決めて、読む、聞く活動をしたりして、いろいろな分野の英語に触れるとよい。Facebook、Twitter などへの投稿も、日本語と英語両方で書くようにすれば、英語でしか通じ合えない友人とのやりとりも増える。

　印刷されたものばかりではなく、インターネットからは、湯水のごとく生の英語が溢れ出てくる。過去問に取り組んだ後、出題された内容のネタ探しや、その内容についてもっと知るために、ネット検索してみるとよい。この作業はむろん、同時に語彙を増やす機会にもなる。

## 一度にたくさんではなく、毎日少しずつ

　英語を読んだり聞いたりするとき、当然、あなたは知らない語句の意味を調べるだろうが、全てを辞書に当たる必要はない。あまり負担にならないように、1日10個程度に決めて、調べて、ノートやカードに書く、あるいは、英文の余白に、日本語と、英語の語句を離した形でメモしておくなど、あとから、振り返ることができるような工夫をしておくとよい。次ページからの例を参考にしてください。

## 例1

　以下はLeonardo DiCaprioへのインタビューの抜粋である。ここから自分にとっての新語をリストにしてみよう。全体では8分40秒ほどのインタビューだが、このように興味を持った部分だけを取り出して、しっかり調べる、ということでも良い。リストを作った後、下の「語彙リストの例」と比べてみよう。

**DiCaprio:** Yeah, I hope it's a real, I hope it's ar – you know, that we keep talking about in past conversations about the transitions in the Hollywood history and, and musical to the director era, the talkies from silent films. And now, we're in this very interesting transition here. And we're doing a film that I think hearkens back to a, film that I think is, it, it's sort of dissipating right now. But I'm looking forward to this – there's a new tech coming into play, there's a new player in town.

(ENGLISH JOURNAL 2019年10月号)

| 英語 | 日本語 |
|---|---|
|  |  |
|  |  |
|  |  |
|  |  |
|  |  |
|  |  |
|  |  |
|  |  |

● **語彙リストの例**

| transition | 推移、変遷 |
|---|---|
| talkies | 声、音が出る映画←無声映画(silent film, silent movie) |
| transition to talkies from silent film | 無声映画から、声が出る映画への変遷 |
| hearken / hearken back to 〜 | 耳を傾ける／〜に立ち返る |
| hearken back to a forgotten style | 忘れられた様式、スタイルに立ち返る |
| dissipate / dissipate doubts | 消える、消散する／疑いを晴らす |
| come into play | 動き始める、作用し始める |
| there's a new tech coming into play | 新しい技術が動き始める、大切な役割を果たしつつある |

### 例2

　次は、音声で聞くと1分30秒程度の長さの英文記事の抜粋である。自分の語彙リストを作った後、例と比べてみよう。

Under the slogan "Hope Lights Our Way," the flame will at first be displayed at a number of locations in the Tohoku region to showcase solidarity with the area, which is still recovering from the 2011 earthquake and tsunami. The Japan leg of the relay will then officially commence on March 26, 2020.

|  |  |
| --- | --- |
|  |  |
|  |  |
|  |  |
|  |  |
|  |  |
|  |  |
|  |  |

● 語彙リストの例

| solidarity | 団結、連帯 |
| --- | --- |
| solidarity with the area に | その地域との連帯 |
| leg | リレー競技の一人の走行区間 |
| the Japan leg of the relay commence | （聖火）リレーの日本の区間、日本でのリレー始まる |

　語彙ノートを作っても、英文テキストの余白に書いていっても良いが、必ず日本語と英語を分けて、後から、日→英、あるいは英→日での復習ができるようにし、また、どの英文から取り出したものか手掛かりを書いておくと、英文全体の内容を思い出せることにもなり、記憶に留まりやすくなる。

　こうしてノートやカード、あるいは余白に記した語句表現が貯まってきたら、定期的に振り返る作業も大切だ。語彙リストを眺めながら、そのリストを作成したときに読んだり聞いたりした内容を思い出してみると、記憶の定着が促進される。またこの本で学んだように、接頭辞や接尾辞を意識して眺め直すと、個々に勝手に存在しているように見える単語に、家系のようなつながりがあることもわかってくる。ジャンル別で整理する方法もある。そうした分類整理は、記憶をより強固なものにし、語句に対する興味を強めてくれるので、学習意欲アップにもつながる。また、未知の単語の意味を類推するときにも役に立つ。

以下に、私自身の語彙メモ例をいくつか挙げておく。

● 誌面に直接メモした語彙リスト例

（Tokyo Weekender 2018年7月13日号）

● ノートに書いた語彙リスト例

表　　　　　　　　　　　　　　　　　裏

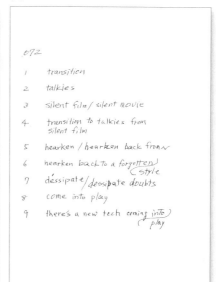

ノートを使う場合、私は、表に日本語を書いて、裏に英語を書く方が頭に残りやすい。1日に意識して覚えるのは、これぐらいが適当かと思う。多くても20個ぐらいにしておいた方がよい。

# Chapter 3

# リーディング

## 大問2&3

大問2「語句空所補充」と大問3「内容一致選択」は、
ある程度の長さの英文を読んで答える問題形式だ。
難しそうなイメージがあるかもしれないが、
難関大学の受験勉強の経験や、
英字新聞や雑誌を読む習慣があれば、恐れることはない。
文章を味わう気持ちのゆとりを持って、攻略していこう。

## ① 問題の概要

### 大問2　　長文の語句空所補充

**出題数**：6問。約350語のパッセージが2本。それぞれのパッセージに問題が3問、出題される。

**形式**：パッセージの空所に入る適切な語句を、各4つ用意されている選択肢の中から選ぶ。

**測られる力**：論理的に展開されている英語を理解する力と、論理的に英文を構成する力。

**ジャンル**：医療、心理、時事・社会、自然科学、歴史、文化、ビジネスなど。最近の話題も少なくない。

### 大問3　　長文の内容一致選択

**出題数**：10問。約500語のパッセージが2本、それぞれのパッセージに問題が3問、出題され、さらに約800語のパッセージが1本、問題が4問、出題される。

**形式**：読み取ったパッセージの内容に合う設問の答えを、各4つ用意されている選択肢の中から選ぶ。

**測られる力**：長めの英文の論理展開についていき、正しく情報を読み取る力。

**ジャンル**：歴史、文化、政治などが多い。また、自然科学、時事・社会、ビジネスなど。複数のジャンルにまたがるものもある。

# ② 実践トレーニング！ の前に

## 「邪念なく読む」ということ

　準1級を受けた方は、すでにご存知かもしれないが、このレベルで読まされるパッセージは、日本語でも聞いたことも読んだこともないようなものがほとんどだ。読むことによって、新しい知識を、正確に、速く獲得できるかどうかを問われている、と考えてもよい。理解は難しいとはいえ、出題される英文に悪文はない。試しに、「英検」のサイトで、3級から準1級の過去問を見てみてほしい。誰が読んでも、必ず同じ結論に行き着くような展開で、論理的に構築されている。違いは、級が上がるごとに、ストーリーがより複雑に、深く、広く、展開される、ということだ。

　例えば、「善意で日本からアメリカに持ち込まれたクズ植物が、アメリカ国内に広がってしまい、家屋や森林を覆って被害をもたらしている」という内容の英文が、かつて3級に出題されていた。「どんなことが、どうして起こったのか」という事実のみが書いてあったと記憶する。

　しかし級が上がってくると、同じトピックでも、「善意で持ち込まれた動植物による被害の他の例を紹介しよう」とか「こうした善意の行為から来る被害というのが、最もやりきれない。その好例として……」などと展開しがちだ。さまざまな角度からの考察や批評が絡まり、反論や、反論に対するさらなる反論が続くこともある。そうした展開を内包した、聞いたことも読んだこともない英語を「邪念なく、書かれているままにあなたは読み取れますか」「自分の新しい知識や考え方に加えることができますか」と、みなさんに挑んでくるわけだ。

　それならばこちらも、「今度は何を学べるのだろう」とワクワクした気持ちで、過去問や問題集に取り組むとよい。日本語であれ、英語であれ、こうした試験に出題される文章は、読み手を翻弄することを目的に書かれているはずがない。誰が読んでも同じ内容が伝わることを強く意識して書かれているはずだと信じてよい。語彙・語法・文法を共有し、人間としての基本的な感性や常識を共有していることが前提ではあるが、「赤き花、赤しと見つつ、白き花、白しと見つつ」の澱みのない心で、文字を通して、書いた人の意図をくみ取っていくことが大切である。

　試験のための勉強を離れても、自分が知らないことを教えてくれるような内容のものを、幅広いジャンルで、「日本語でも英語でも」たくさん読む暮らしをしよう。そして、「邪念なく読む」「論理展開についていく」ことに慣れよう。

# ③ 実践トレーニング！ の概要

ここでは、以下の5つのステップでリーディング問題大問2＆3を攻略する。

**Step 1** ▶ 時間内に読む

**Step 2** ▶ 語句を学んで、もう一度読み、意味を取る

**Step 3** ▶ 意味を考えながらリピートする

**Step 4** ▶ 段落ごとに要約する（※大問3はStep 4→3の順に学ぶ）

**Step 5** ▶ 問題を解く

**Step 1** では、わからない語句には丸を付け、とあるが、他にも展開を示す言葉を四角で囲んだり、読みやすいようにスラッシュを入れてもかまわない。英文を汚しながら体当たりしよう。カッコにどんな語句が入りそうかを考えながら読むのもよい。

**Step 2** では、掲載されているもの以外にも自分がわからない語句は欄に書き足し（欄が足りなければ、その横に書いてもよい）、わからないものをなくしていこう。**Step 3** では、意味を考えながらリピートするのがコツだ。機械的に声に出すだけの作業にならないように注意。**Step 4** では、段落ごとのサマリーで、内容の「芯」の部分まで理解できているか確認しよう。最後に、**Step 5** で、本来の練習問題形式でカッコに何が入るかを考えてみる。Step 4までがきっちりできていれば、Step 5は簡単に感じるだろう。

## 音読・要約の勧め

準1級からは、二次試験で音読を課せられることはないが、英文を読んで汲み取った内容を、誰かに伝えるつもりで音読する、という練習はとても大切である。英語を実際に使う場面の少ない日本人にとって、模擬的な英語を使う場面づくりにもなる。

要約をつぶやくことも同様に大切である。実際の試験では要約をしながら読む必要はないが、本当に内容がわかっているかどうかが確認できる、論理的な思考力、また、書く、話す力の素を鍛えることになる。

問題をやった後は、答え合わせや語彙表現の整理だけに終わらず、ぜひ、音読や要約練習に取り組もう。Step 4にある要約のように、使い慣れた表現に言い換えながら各段落の骨子を要約したり、Step 2の語彙表現リストだけを見て、内容を思い出しながら英語で語ったり書いてみると、語句の定着、論理的思考力の向上につながるだろう。

## リーディング 長文の語句空所補充（1）

**Step 1** ⏱目標時間：4分

以下の英文を、目標時間を目安に読みます。
わからない語句には丸をつけておきましょう。

> カッコの中を想像しながら読むのが
> 理想ですが、ここでは目標時間内に
> 読み終えることに集中しましょう！

### The Spread of PDV

The Phocine Distemper Virus, or PDV, is a disease that infects and kills seals and other marine mammals. PDV is closely related to canine distemper, and contact between dogs and seals is very likely how the virus moved from the canine population to marine animals. The two diseases share a genetic lineage, and therefore (　**1**　) such as labored breathing, fevers, gastrointestinal problems and nervous system disorders. PDV can cause death outright due to these symptoms, or simply cause the animal to die of starvation when it becomes too ill to hunt.

The virus was first found in seal populations in western Europe around 1988, and a series of outbreaks caused the deaths of thousands of harbor seals in Europe and across the Arctic region of the Atlantic Ocean. As if this weren't troubling enough, it seems that climate change may have a hand in spreading it even farther.

Scientists have now identified the PDV virus and many similar variants in animals living in the Arctic regions of the Pacific Ocean. This includes not only seals, but sea otters as well. How does (　**2**　) spread from one ocean to another with a continent in between? Researchers testing for the virus in animals on the west coast have found that each time there is a record loss of ice in the polar region, there is also a rise in the number of infected west coast animals. Due to the unusually large expanses of open water, it becomes easier for animals carrying the virus to infect individuals from the west coast. Not only that, but the lack of sea ice puts environmental pressure on these animals to range farther for food than they normally would, making it more likely for (　**3**　).

So far, the west coast infections have not resulted in any large die-offs. However, scientists worry about the possibility of the virus spreading out of the Arctic and farther into the Pacific, affecting endangered species in Hawaii and elsewhere.

## Step 2

以下の語彙表現を確認して、その後でもう一度、前ページの英文を読みましょう。他に意味のわからない語句があれば、辞書で調べ、リストに付け足してください。

| | | |
|---|---|---|
| 1 | アザラシ・ジステンパー・ウイルス | Phocine Distemper Virus |
| 2 | イヌジステンパー | canine distemper |
| 3 | 呼吸困難 | labored breathing |
| 4 | 胃腸障害 | gastrointestinal problem |
| 5 | 神経系障害 | nervous system disorder |
| 6 | 直接に | outright |
| 7 | 餓死 | die of starvation |
| 8 | ～に関与する | have a hand in ～ |
| 9 | 変異体 | variant |
| 10 | ラッコ | sea otter |
| 11 | 広がり | expanse |
| 12 | 開水域（陸地、氷などに囲まれていない水域） | open water |
| 13 | 環境圧力 | environmental pressure |
| 14 | （物を探して）歩き回る | range |
| 15 | 個体激減 | die-off |
| 16 | | |
| 17 | | |
| 18 | | |
| 19 | | |
| 20 | | |

gastro- は「胃の」という意味の接頭辞です。
gastro camera（胃カメラ）、gastroenteritis（胃腸炎）なども
この際、覚えておくといいですね。

**Step 3** Track 62

ポーズが入っている英文の音声を聞きます。スラッシュの箇所で、意味を考えながらリピートしましょう。赤い文字は、内容理解において、特に注意したいキーワードです。

## The Spread of PDV

The Phocine Distemper Virus, or PDV, / is a disease that infects and kills seals / and other marine mammals. // PDV is closely related to canine distemper, / and contact between dogs and seals is very likely / how the virus moved from the canine population / to marine animals. // The two diseases share a genetic lineage, / and therefore ( **1** result in similar symptoms ) / such as labored breathing, fevers, gastrointestinal problems and nervous system disorders. // PDV can cause death outright due to these symptoms, / or simply cause the animal to die of starvation / when it becomes too ill to hunt. //

The virus was first found in seal populations / in western Europe around 1988, / and a series of outbreaks / caused the deaths of thousands of harbor seals in Europe and across the Arctic region of the Atlantic Ocean. / As if this weren't troubling enough, / it seems that climate change may have a hand / in spreading it even farther. //

Scientists have now identified the PDV virus and many similar variants / in animals living in the Arctic regions of the Pacific Ocean. // This includes not only seals, but sea otters as well. // How does ( **2** a virus that affects marine mammals ) spread / from one ocean to another with a continent in between? // Researchers testing for the virus in animals on the west coast have found that /each time there is a record loss of ice in the polar region, / there is also a rise in the number of infected west coast animals. // Due to the unusually large expanses of open water, / it becomes easier for animals carrying the virus / to infect individuals from the west coast. // Not only that, / but the lack of sea ice puts environmental pressure on these animals / to range farther for food than they normally would, / making it more likely for ( **3** the two populations to come into contact ). //

So far, / the west coast infections have not resulted in any large die-offs. // However, scientists worry about the possibility / of the virus spreading out of the Arctic and farther into the Pacific, / affecting endangered species in Hawaii and elsewhere. //

## Step 4

以下は各段落の要約です。カッコには本文に出てきた語句が入ります。思い出して、書き入れてください。わからないときは、下の翻訳も参考にしましょう（解答はp. 94に）。

**第1段落**

PDV is a disease that infects and kills ① (                              ) such as seals. It shares ② (                     ) with canine distemper. The two diseases cause symptoms such as labored breathing, fevers, gastrointestinal problems and nervous system disorders.

PDVは、アザラシなどの海洋哺乳類に感染し、命を奪う。イヌジステンパーと遺伝系統を共有している。この2つの病気は、呼吸困難、発熱、胃腸障害、神経系障害といった症状を引き起こす。

**第2段落**

The PDV was first found in seals living in ① (                   ) around 1988. It killed thousands of seals in Europe and across the Arctic region of the Atlantic Ocean. It is likely that ② (               ) is accelerating the spread of the virus.

PDVは1988年ごろ、西ヨーロッパに生息するアザラシから初めて発見された。ヨーロッパや大西洋の北極地方の数千頭のアザラシの命を奪った。気候変動がウイルスの拡散を加速している可能性が高い。

**第3段落**

Scientists have now found the PDV and its ① (               ) in animals living in the Arctic regions of the Pacific Ocean. Researchers assume that the spread of the virus into ② (             ) is related to the loss of ice in the polar region. The loss of ice makes the expanses of ③ (          ) larger and makes it easier for animals to travel from one ocean to the other.

科学者たちはPDVと、その変異体を、太平洋の北極地方に住む動物の中に見つけている。研究者たちは、太平洋へのウイルスの広がりは、極地で氷が失われていることと関係があると推測する。氷が減少することで、開水域の広がりがより大きくなり、2つの海を動物たちが行き来することが容易になっている。

**第4段落**

Scientists worry that a farther ① (               ) will ② (      ) endangered species in Hawaii and other regions.

科学者たちは、さらなるウイルスの広がりが、ハワイや他の地域の絶滅危惧種に影響を与えることを心配している。

## Step 5

最後にもう一度英文を読み、空所に入る語句を、4つの選択肢から選びましょう（解答と解説、翻訳は別冊 pp. 4-5に）。

### The Spread of PDV

The Phocine Distemper Virus, or PDV, is a disease that infects and kills seals and other marine mammals. PDV is closely related to canine distemper, and contact between dogs and seals is very likely how the virus moved from the canine population to marine animals. The two diseases share a genetic lineage, and therefore ( **1** ) such as labored breathing, fevers, gastrointestinal problems and nervous system disorders. PDV can cause death outright due to these symptoms, or simply cause the animal to die of starvation when it becomes too ill to hunt.

The virus was first found in seal populations in western Europe around 1988, and a series of outbreaks caused the deaths of thousands of harbor seals in Europe and across the Arctic region of the Atlantic Ocean. As if this weren't troubling enough, it seems that climate change may have a hand in spreading it even farther.

Scientists have now identified the PDV virus and many similar variants in animals living in the Arctic regions of the Pacific Ocean. This includes not only seals, but sea otters as well. How does ( **2** ) spread from one ocean to another with a continent in between? Researchers testing for the virus in animals on the west coast have found that each time there is a record loss of ice in the polar region, there is also a rise in the number of infected west coast animals. Due to the unusually large expanses of open water, it becomes easier for animals carrying the virus to infect individuals from the west coast. Not only that, but the lack of sea ice puts environmental pressure on these animals to range farther for food than they normally would, making it more likely for ( **3** ).

So far, the west coast infections have not resulted in any large die-offs. However, scientists worry about the possibility of the virus spreading out of the Arctic and farther into the Pacific, affecting endangered species in Hawaii and elsewhere.

(1) **1** have no identifiable traits      **2** result in similar symptoms
     **3** offer one possible cure          **4** require a specific vaccine

(2) **1** a sea otter that lives in Europe      **2** the western Pacific Ocean
     **3** the problem of climate change      **4** a virus that affects marine mammals

(3) **1** the virus to mutate into other strains
     **2** seals to become stranded on the ice
     **3** the two populations to come into contact
     **4** infected animals to spread PDV to humans

# リーディング　長文の語句空所補充（2）

以下の英文を目標時間を目安に読みます。わからない語句には丸をつけておきましょう。

## Deepfake Videos

If you have heard of the phenomenon of "deepfake" videos, you should probably brace yourself to hear more about them in the near future. The technology behind deepfakes enables users to produce computer-generated videos of real people doing things they have never really done. Meanwhile, the technology is constantly improving. Our trust in visual images may never be the same.

Special effects and doctored photographs have been around as long as photography. In the digital age, software like Photoshop made it easier for the average person to manipulate images and make them look real. However, it still required an artist's touch and a deep understanding of the software to get it right. With deepfake videos, the technology to paste one person's face onto another's body (　4　). The software relies on artificial intelligence to do the difficult work, while the processing power is no longer out of reach for the average user. The face-swapping apps being used by thousands of people today are the most basic example and are easily downloaded. On the other hand, real deepfake videos are much more sophisticated, and the casual viewer might not even realize they are watching one.

While there are plenty of entertaining examples to be found on sites like YouTube, deepfakes have the potential to be genuinely dangerous. (　5　) of his victim and threaten to show it to the victim's spouse. A stalker could ruin a celebrity's reputation by creating a video of that person saying something racist. The U.S. president could start a nuclear war by producing a video of a foreign country preparing a nuclear strike, and then using that to justify launching an attack of his own.

So what can we do about it? That is a question without a real answer. Several organizations are hard at work creating software designed to detect deepfakes. Unfortunately, as technology improves, so will the fakes. In time, it is highly likely that both humans and computers will find (　6　). When that happens, we will only be able to fall back on a healthy skepticism, and a trust in fact-checking by reliable media sources.

## Step 2

以下の語彙表現を確認して、その後でもう一度英文を読みましょう。他に意味のわからない語句があれば、辞書で調べ、リストに付け足してください。

| | | |
|---|---|---|
| 1 | 手の込んだ偽動画 | deepfake video |
| 2 | ～することになると覚悟する | brace oneself to ～ |
| 3 | コンピューターで作られた | computer-generated |
| 4 | 細工がなされた | doctored |
| 5 | 巧みに操作する、処理する | manipulate |
| 6 | 処理能力 | processing power |
| 7 | 手が届かない | out of reach |
| 8 | 顔を入れ替えるアプリケーションソフト | face-swapping app |
| 9 | たまたまそれを見る人 | casual viewer |
| 10 | 台無しにする | ruin |
| 11 | 始める | launch |
| 12 | 見破る | detect |
| 13 | ～に頼る | fall back on ～ |
| 14 | 健全な懐疑主義 | healthy skepticism |

deepfake videoという言葉は、初めて目にするかもしれませんね。
この意味を理解することが、この問題を解くカギです。

ポーズが入っている英文の音声を聞きます。ポーズの箇所で、意味を考えながらリピートしましょう。赤い文字は、内容理解において、特に注意したいキーワードです。

## Deepfake Videos

If you have heard of the phenomenon of "deepfake" videos, / you should probably brace yourself / to hear more about them in the near future. // The technology behind deepfakes / enables users to produce computer-generated videos of real people / doing things they have never really done. // Meanwhile, the technology is constantly improving. // Our trust in visual images / may never be the same. //

Special effects and doctored photographs / have been around as long as photography. // In the digital age, / software like Photoshop made it easier for the average person / to manipulate images and make them look real. // However, it still required an artist's touch / and a deep understanding of the software / to get it right. // With deepfake videos, / the technology to paste one person's face onto another's body / ( **4** is no longer a painstaking process). // The software relies on artificial intelligence / to do the difficult work, / while the processing power is no longer out of reach / for the average user. // The face-swapping apps being used by thousands of people today / are the most basic example / and are easily downloaded. // On the other hand, / real deepfake videos are much more sophisticated, / and the casual viewer might not even realize they are watching one. //

While there are plenty of entertaining examples to be found on sites like YouTube, / deepfakes have the potential to be genuinely dangerous. // ( **5** A blackmailer could simply create a convincing video ) of his victim / and threaten to show it to the victim's spouse. // A stalker could ruin a celebrity's reputation / by creating a video of that person saying something racist. // The U.S. president could start a nuclear war / by producing a video of a foreign country preparing a nuclear strike, / and then using that to justify launching an attack of his own. //

So what can we do about it? // That is a question without a real answer. // Several organizations are hard at work / creating software designed to detect deepfakes. // Unfortunately, as technology improves, / so will the fakes. // In time, it is highly likely that / both humans and computers will find ( **6** future deepfakes indistinguishable from real videos). // When that happens, / we will only be able to fall back on a healthy skepticism, / and a trust in fact-checking by reliable media sources. //

## Step 4

以下は各段落の要約です。カッコには本文に出てきた語句が入ります。思い出して、書き入れてください。わからない時は、下の翻訳も参考にしましょう（解答はp. 94に）。

**第1段落**

Now, we can ①(          ) videos of real people doing things that they have never really done. We will be hearing a lot more about these "deepfake" videos in the near future. Without doubt, our trust in ②(              ) is now threatened.

今や、私たちは、実在する人が、やってもいないことをしている、というビデオを作ることができる。これらのディープフェイクビデオについては、近々、多くのことを耳にするだろう。間違いなく、映像に対する我々の信頼が脅かされている。

**第2段落**

Software like Photoshop enabled us to process images and make some changes to the originals. However, we needed ①(          ) and a good understanding of how to use the software. With the technology to produce deepfake videos, we can swap the ②(       ) of a person in an image for the ③(          ) of another person in another image with ease. While it is easy, the processed images are so ④(        ) that it is hard for others to tell the images are fake.

フォトショップなどのソフトウェアで、我々は映像を処理し、元の映像に変更を加えることができた。しかし、芸術的な感覚と、ソフトに関する深い理解が必要だった。ディープフェイクビデオを作るテクノロジーを使えば、映像の中の人の顔を、別の映像の中の別人の顔と取り替えることが、簡単にできる。簡単ではあるが、処理された映像は、ほかの人には作られた偽物とわからないほど洗練されている。

**第3段落**

Deepfake videos can be very entertaining. On the other hand, they could possibly be used for ①(       ) purposes. Because deepfake videos can make people believe that someone has done something which he or she has never done, they can be used to ②(       ) someone, damage someone's ③(     ) or to ④(          ) attacking someone.

ディープフェイクビデオは、とても楽しいものかもしれない。一方、危険な目的のために使われる可能性もある。ディープフェイクビデオは、ある人がしてはいないことを、その人がした、と人に信じ込ませることができるので、人を脅迫したり、評判を傷つけたり、あるいは、誰かへの攻撃を正当化したりすることに使われる可能性がある。

**第4段落**

How can we protect ourselves from the possible dangers this technology presents? It is difficult for humans to detect deepfake videos even now. As the technology improves, it will even become difficult for ①(       ) to detect them. There will be nothing we can do but rely on a ②(         ) and ③(       ) by reliable media sources.

どうやって、この技術がもたらすかもしれない危険から我々自身を守れるだろうか。今でも、人がディープフェイクビデオを見破るのは難しい。技術が向上するにつれ、コンピューターでも見破れなくなるだろう。健全な懐疑主義と、信頼できる情報源による事実調査に頼るしか、できることはないだろう。

では最後にもう一度英文を読み、空所に入る語句を、4つの選択肢から選びましょう（解答と解説、翻訳は別冊 pp. 5-7に）。

# Deepfake Videos

If you have heard of the phenomenon of "deepfake" videos, you should probably brace yourself to hear more about them in the near future. The technology behind deepfakes enables users to produce computer-generated videos of real people doing things they have never really done. Meanwhile the technology is constantly improving. Our trust in visual images may never be the same.

Special effects and doctored photographs have been around as long as photography. In the digital age, software like Photoshop made it easier for the average person to manipulate images and make them look real. However, it still required an artist's touch and a deep understanding of the software to get it right. With deepfake videos, the technology to paste one person's face onto another's body (    4    ). The software relies on artificial intelligence to do the difficult work, while the processing power is no longer out of reach for the average user. The face-swapping apps being used by thousands of people today are the most basic example and are easily downloaded. On the other hand, real deepfake videos are much more sophisticated, and the casual viewer might not even realize they are watching one.

While there are plenty of entertaining examples to be found on sites like YouTube, deepfakes have the potential to be genuinely dangerous. (    5    ) of his victim and threaten to show it to the victim's spouse. A stalker could ruin a celebrity's reputation by creating a video of that person saying something racist. The U.S. president could start a nuclear war by producing a video of a foreign country preparing a nuclear strike, and then using that to justify launching an attack of his own.

So what can we do about it? That is a question without a real answer. Several organizations are hard at work creating software designed to detect deepfakes. Unfortunately, as technology improves, so will the fakes. In time, it is highly likely that both humans and computers will find (    6    ). When that happens, we will only be able to fall back on a healthy skepticism, and a trust in fact-checking by reliable media sources.

(4) **1** has become almost impossible to create    **2** is no longer a painstaking process
**3** requires the use of a super-computer    **4** takes a team of people working together

(5) **1** A blackmailer could simply create a convincing video
**2** Someone making a deepfake might know the home
**3** Each user has the responsibility to think
**4** A person might appear in a deepfake without permission

(6) **1** ways to discern real videos from fake ones
**2** future deepfakes indistinguishable from real videos
**3** these videos were nothing to really worry about
**4** no deepfake videos left on the internet

# リーディング　長文の内容一致選択（1）

> **Step 1**　⏱目標時間：8分

以下の英文を目標時間を目安に読みます。わからない語句には丸をつけておきましょう。

## *French Bulldogs: Popular Pups Raise Serious Ethical Issues*

Late in 2018, there was an upset in the dog world that raised serious issues for the future of animal ownership. For almost three decades, the number-one purebred dog registered with the United Kingdom's Kennel Club was the Labrador retriever. In 2018, however, these smart, faithful, robustly healthy dogs were replaced at the top of the popularity ranking by the French bulldog. Kennel Club Secretary Caroline Kisko was as shocked as anyone. "We have never seen such a dramatic rise in breed popularity as we have with the French bulldog," she said. The sudden popularity of "Frenchies," and the illness and suffering inherent to the breed, have highlighted the ethical problems involved in marketing and owning cute pets.

With their large round eyes, wrinkled foreheads and bat-like ears, French bulldogs have an Instagram-ready face. They're small, easy to groom, and have relaxed and sometimes goofy personalities. Their loveable aspect made these dogs hugely popular in the United Kingdom, the United States and around the world. Unfortunately, some dog-related groups worry that this newfound popularity represents animal breeding taken to improper extremes. They note that French bulldogs are not found in nature, neither are they the result of centuries of gradual breeding or symbiotic evolution in harmony with humans. These animals were "designed" by breeders specifically to maximize physical and behavioral characteristics that appeal to the whims of consumers. In that sense, they are living fashion accessories.

This radical departure from natural development has caused problems. "The same thing that makes them cute is what makes them sick," says Philippa Pavia, the medical director at the Blue Pearl Veterinary Partners location in New York City. Because of their unnatural musculoskeletal structure, French bulldogs often cannot reproduce normally, requiring artificial insemination and C-section birth. Further surgery is commonly required throughout the lives of many French bulldogs, which are also prone to multiple health problems that can make their lives miserable. Like many flat-nosed dogs, they often have brachycephaly, a condition associated with deformed breathing passages that can render them unable to exercise. Add to that the tendency to get skin and ear infections, ingrown tails that can cause them spinal pain, and gastrointestinal issues that make them prone to vomiting and flatulence.

Aside from the suffering these problems cause to the animal, Frenchie ownership can also result in enormous, unexpected veterinary bills. Those who can't afford the care sometimes end up abandoning their Frenchies on the streets or in animal shelters, where further suffering and early death are common. Kitty Block, the president and C.E.O. of the Humane Society of North America, has said that some owners "buy these animals not realizing that … they're going to need lots of surgery as they get older. It's horrible for the dogs and it's horrible for the owners," Ms. Block said.

These are just some of the ethical dilemmas that arise when humans rush ahead with "designing" animals. And yet, the day may come when we look back on problems like those with French bulldogs as the minor difficulties of a simpler, more innocent age. Genetic engineering technology is already facilitating far more drastic and reckless adventures in breeding than the creation of the French bulldog, which, after all, was merely an extension of conventional breeding techniques. At the same time, endless consumer demand for cute pets continues to place intense economic pressure on breeders to come up with the next fashionable animal. These two factors will combine to pose serious moral hazards for which problems with the French bulldog are a mere warning sign. We are plunging ahead blindly into uncharted territory involving human responsibility toward other living things.

## Step 2

以下の語彙表現を確認して、もう一度英文を読みましょう。他にわからなかった語句があれば、辞書で調べ、リストに付け足してください。

| | | |
|---|---|---|
| 1 | 混乱 | upset |
| 2 | 問題を提起する | raise an issue |
| 3 | 純血種の | purebred |
| 4 | ラブラドール・レトリーバー犬 | Labrador retriever |
| 5 | 頑健な、壮健な | robustly healthy |
| 6 | 品種の人気 | breed popularity |
| 7 | ～に備わっている、～に固有の | inherent |
| 8 | 倫理的問題 | ethical problem |
| 9 | しわくちゃの | wrinkled |
| 10 | インスタ映えする | Instagram-ready |
| 11 | きれいに手入れする | groom |
| 12 | 間抜けな | goofy |
| 13 | 不適切な | improper |
| 14 | 最大化する | maximize |
| 15 | 行動的特徴 | behavioral characteristics |
| 16 | 気まぐれ | whim |
| 17 | 筋骨格の | musculoskeletal |
| 18 | 人工授精 | artificial insemination |
| 19 | 帝王切開 | C-section (Caesarean section) |
| 20 | ～になりやすい、～を受けやすい | prone to～ |
| 21 | 短頭症 | brachycephaly |
| 22 | 変形した | deformed |
| 23 | AをBの状態にする | render A B |
| 24 | 内方成長した | ingrown |
| 25 | 脊椎の | spinal |
| 26 | 胃腸の | gastrointestinal |
| 27 | ガスによる腹部膨張 | flatulence |
| 28 | 未知の | uncharted |

長文の語句空所補充と内容一致選択　　大問2&3

## Step 3

以下は各段落の要約です。カッコには本文に出てきた語句が入ります。思い出して、書き入れてください。わからない時は、下の翻訳も参考にしましょう（解答はp. 94に）。

### 第1段落

For many years, Labrador retrievers were the most ①(　　　　　) among the dogs registered with the United Kingdom's Kennel Club. However, in 2018, they were suddenly ②(　　　　　) by French bulldogs. The sudden popularity of French bulldogs and the ③(　　　　　　　) inherent to them have highlighted some ④(　　　　　　　).

長年、ラブラドール・レトリーバーは、英国ケネルクラブに登録されている犬の中で、最も人気があった。しかし2018年、フレンチブルドッグに突然取って代わられた。フレンチブルドッグの突然の人気と、彼らに固有の病気や苦しみは、いくつかの倫理的問題を浮き彫りにした。

### 第2段落

French bulldogs have an Instagram-ready face and relaxed and sometimes goofy personalities. That's why they have become very popular around the world. However, their popularity is a consequence of ①(　　　　　　　) that has gone too far. In short, French bulldogs were ②(　　　　　) by breeders. Breeders ③(　　　　　) physical and behavioral characteristics to delight ④(　　　　　) at the expense of the animal's health.

フレンチブルドッグは、インスタ映えする顔と、のんびりした、ときに間抜けな性格を持つ。それが世界中で大人気になった理由だ。しかしその人気は、動物育種が度を越えてしまったことの結果である。端的に言えば、フレンチブルドッグは、育種家によって意図的に作られたのだ。育種家は、消費者が喜ばせるために動物たちの健康を犠牲にして、身体的および行動的特徴を最大化した。

### 第3段落

French bulldogs often cannot reproduce normally. Many of them have to undergo lots of ①(　　　　) throughout their lives. They are prone to various ②(　　　　　), such as deformed breathing passages which make them unable to exercise, the tendency to get skin and ear ③(　　　　　), spinal pain caused by their ④(　　　　　　) and gastrointestinal issues.

フレンチブルドッグは、正常な繁殖ができないことがよくある。その多くは、生涯を通じてたくさんの外科手術を受ける必要がある。さまざまな健康上の問題を持っていることが多いからで、それには例えば、運動ができない可能性のある変形した気道、皮膚や耳の感染症にかかりやすい、内方成長した尻尾によっておこる脊椎の痛みや胃腸の問題がある。

### 第4段落

Owners invariably get a nasty surprise as they repeatedly have to pay ①(　　　　　) medical costs. Some may ②(　　　　　) their French bulldogs on the streets or in animal shelters. To become an owner of a French bulldog ③(　　　　　) knowing anything about the dog's health problems and medical costs is a horrible thing for ④(　　　　　　　).

飼い主は高額な医療費の支払いを繰り返さねばならず、必ずと言っていいほど思いがけず不愉快な思いをする。自分のフレンチブルドッグを路上や動物保護施設に捨てる飼い主がいるかもしれない。この犬の健康の問題や医療費について何も知らないまま飼い主になることは、犬と飼い主の双方にとって悲惨なことである。

## 第5段落

In the near future, people may look back at the current problems with French bulldogs as minor difficulties. So far, breeders have been using ①(                    ) to create cute dogs like the French bulldogs. However, ②(                    ) has now started being used in breeding. In addition, consumers' endless demand for cute pets encourages breeders to create much cuter animals. These two factors seem certain to cause serious ③(                    ) in the near future.

近い将来、人々はフレンチブルドックに関わる現在の問題を、小さな問題として振り返ることになるかもしれない。これまで育種家は、従来からある育種技術を使って、フレンチブルドックのようなかわいい犬を作り出してきた。ところが、今や遺伝子工学が育種に使われ出した。それに加えてかわいいペットへの消費者の欲求は切りがなく、育種家たちに一層かわいい動物を生み出すようけしかける。これらの2つの要素は、近い将来、深刻なモラルハザードを必ずや引き起こすだろう。

## Step 4 🎧 *Track 64*

ポーズが入っている英文の音声を聞きます。ポーズの箇所で、意味を考えながらリピートしましょう。赤い文字は、内容理解において、特に注意したいキーワードです。

### *French Bulldogs: Popular Pups Raise Serious Ethical Issues*

Late in 2018, / there was an upset in the dog world / that raised serious issues for the future of animal ownership. // For almost three decades, / the number-one purebred dog registered with the United Kingdom's Kennel Club / was the Labrador retriever. // In 2018, however, / these smart, faithful, robustly healthy dogs were replaced / at the top of the popularity ranking / by the French bulldog. // Kennel Club Secretary Caroline Kisko was as shocked as anyone. // "We have never seen such a dramatic rise in breed popularity / as we have with the French bulldog," / she said. // The sudden popularity of "Frenchies", / and the illness and suffering inherent to the breed, / have highlighted the ethical problems / involved in marketing and owning cute pets. //

With their large round eyes, wrinkled foreheads and bat-like ears, / French bulldogs have an Instagram-ready face. // They're small, easy to groom, and have relaxed and sometimes goofy personalities. // Their loveable aspect made these dogs hugely popular / in the United Kingdom, the United States and around the world. // Unfortunately, some dog-related groups worry / that this newfound popularity represents / animal breeding taken to improper extremes. // They note that French bulldogs are not found in nature, / neither are they the result of centuries of gradual breeding / or symbiotic evolution in harmony with humans. // These animals were "designed" by breeders / specifically to maximize physical and behavioral characteristics / that appeal to the whims of consumers. // In that sense, / they are living fashion accessories. //

This radical departure from natural development has caused problems. // "The same thing that makes them cute is what makes them sick," / says Philippa Pavia, / the medical director at the Blue Pearl Veterinary Partners location in New York City. // Because of their unnatural musculoskeletal structure, / French bulldogs often cannot reproduce normally, / requiring artificial insemination and C-section birth. // Further surgery is commonly required / throughout the lives of many French bulldogs, / which are also prone to multiple health problems / that can make their lives miserable. // Like many flat-nosed dogs, / they often have brachycephaly, a condition associated with deformed breathing passages / that can render them unable to exercise. // Add to that / the tendency to get skin and ear infections, / ingrown tails that can cause them spinal pain, / and gastrointestinal issues that make them prone to vomiting and flatulence. //

Aside from the suffering these problems cause to the animal, / Frenchie ownership can also result in enormous, unexpected veterinary bills. // Those who can't afford the care / sometimes end up abandoning their Frenchies on the streets or in animal shelters, / where further suffering and early death are common. //

Kitty Block, the president and C.E.O. of the Humane Society of North America, has said / that some owners "buy these animals / not realizing that … they're going to need lots of surgery as they get older. // It's horrible for the dogs and it's horrible for the owners," / Ms. Block said. //

These are just some of the ethical dilemmas / that arise when humans rush ahead with "designing" animals. // And yet, the day may come / when we look back on problems like those with French bulldogs / as the minor difficulties of a simpler, more innocent age. // Genetic engineering technology is already facilitating / far more drastic and reckless adventures in breeding / than the creation of the French bulldog, / which, after all, / was merely an extension of conventional breeding techniques. // At the same time, / endless consumer demand for cute pets / continues to place intense economic pressure on breeders / to come up with the next fashionable animal. // These two factors will combine to pose serious moral hazards / for which problems with the French bulldog are a mere warning sign. // We are plunging ahead blindly into uncharted territory / involving human responsibility toward other living things. //

## Step 5

では最後にもう一度英文を読み、以下の問いに答えましょう（解答と解説、翻訳は別冊 pp. 7-10 に）。

**(7)** What is one reason given for the French bulldog's popularity?
   **1** They are recommended for families with children.
   **2** They are more easily trained than other dogs.
   **3** They grow up to be excellent watchdogs.
   **4** They have attractive faces and a calm personality.

**(8)** What is one concern that organizations have voiced about French bulldogs?
   **1** They were devised due to economic and aesthetic motives.
   **2** They represent a potential threat to human health.
   **3** They cannot survive without a specially managed diet.
   **4** They cannot be trained to serve as assistive animals.

**(9)** What is one of the problems that "Frenchies" have?
   **1** Many females are unable to give birth naturally.
   **2** Spinal pain and ingrown tails make them prone to indigestion.
   **3** Their flat noses often cause hyperventilation syndrome.
   **4** They need constant exercise to avoid breathing problems.

**(10)** Why does the article mention "a simpler, more innocent age"?
   **1** It is describing the period before the French bulldog became popular.
   **2** The present issues are not as bad as those that are likely to emerge soon.
   **3** The author is making an analogy between animal husbandry and pet ownership.
   **4** Some infections to which dogs are prone pose serious threats to humans.

# リーディング　長文の内容一致選択（2）

Step 1 ⏱目標時間：10分

以下の英文を目標時間を目安に読みます。わからない語句には丸をつけておきましょう。

## Transgender Sports Controversy

Modern societies have been developing ways of becoming more open and accepting of human diversity. Part of this trend has been an increasingly widespread acceptance of transgender people in the gender they present to the world. Sports is one area of endeavor where this change is raising passionate controversy.

There is strong scientific evidence that male sexual traits are advantageous in sports. On average, men have larger bone structure than women, greater lung capacity, larger heart pumping capacity and higher levels of testosterone. One result of higher testosterone levels is that male muscles include higher ratios of Type-Two or, "fast-twitch" muscle fibers to Type-One or, "slow-twitch" muscle fibers than female muscles. This gives men stronger, more explosive muscle power than women. This is why it is considered fair to divide competitive sports into men's and women's categories.

Until the late 20th century, the notion that an athlete's competitive gender category could legitimately differ from their sex was not taken seriously. Men were prevented from suiting up as female athletes through simple visual anatomical exams by doctors. Later, genetic blood tests were employed to provide definitive proof of biological sex. Since then, however, society has undergone a shift in attitudes. The change first emerged as big sports news in 1977, when transgender tennis pro Renee Richards, formerly a male player, began competing as a woman. Having undergone a gender change through surgery and hormone therapy, Richards won a lawsuit against the United States Tennis Association. The judgment enabled Richards to play in the U.S. Open tennis tournament as a woman.

In recent years, there has been a rapid increase in the numbers of athletes who have made similar transitions. From weightlifting to swimming, sprinting and even rugby, "trans-women" are crushing the non-transgender female competition, often by huge margins. Prominent examples include New Zealand weightlifter Laurel Hubbard, who formerly competed as a male powerlifter and now sets national records among women. Canadian Sprint cyclist Rachel McKinnon, also a former male athlete, now sets world records in women's sports. Formerly male boxers and rugby players are also now defeating, and sometimes injuring, women with overwhelming power and speed.

Advocates for transgender participation in sports argue that transgender women athletes are simply obeying the rules and competing honestly in their true identity. According to this view, a transgender woman is fully female, and has a civil right to participate in women's sports. It follows that all of society is obligated to uphold that right. Consequences such as the impact on the competitive dynamics of women's sports are beside the point. As cyclist McKinnon puts it, opposition would only be legitimate in the very rare case that a man committed fraud by dishonestly impersonating a woman in order to cheat. Virtually all gender transitions are undertaken sincerely, so this form of legally defined fraud is rare enough to be called fanciful. "The idea that this fantasy should stop real innocent people from accessing their right to sport is an irrational fear of trans women and the dictionary definition of transphobia," McKinnon said. On this view, opposition to transgender sports participation is a symptom of a delusional hatred of transgendered people. It is analogous to xenophobia or racism.

On the other side of the debate, numerous athletes, referees and sports fans say they are also just trying to promote honesty and fairness. "It's insane and it's cheating," said former international tennis star Martina Navratilova. She has noted that transgender women who excel in sports tend to dominate to such an overwhelming degree that fair competition is impossible. A typical example occurred in April 2019, when transgender weightlifter Mary Gregory, formerly male, swept away all competition and set four new women's world records in one tournament. Former British Olympic swimmer Sharron Davies wrote that Gregory has "a male body with male physiology setting a world record & winning a woman's event. … A woman with female biology cannot compete." This statement echoes the view that male-to-female transgender activism in sports is really just one more way for men to dominate, exclude and silence women. British track Olympian Kelly Holmes has raised the concern that many women will now boycott, quit or quietly avoid sports. Some observers say this is already happening in contact sports like rugby and boxing, where physical injuries caused by transgender athletes are a growing concern.

Some transgender advocates predict that opponents will "evolve" more accepting attitudes. Others deny that transgender athletes, on average, have any physical advantage at all. Holmes and others have suggested creating a new competitive classification exclusively for transgender athletes. As transgender women continue to compete and win in increasing numbers, the lawsuits on both sides are piling up, and the controversy seems likely to intensify. Sports authorities, athletes and their fans will be grappling with some thorny issues in the coming years.

以下の語彙表現を確認して、その後でもう一度英文を読みましょう。他にわからない語句があれば、辞書で調べ、リストに付け足してください。

| | | |
|---|---|---|
| 1 | 肺活量 | lung capacity |
| 2 | テストステロン(男性ホルモンの一種) | testosterone |
| 3 | AのBに対する割合 | ratio of A to B |
| 4 | 速筋繊維 | "fast-twitch" muscle fiber |
| 5 | 遅筋繊維 | "slow-twitch" muscle fiber |
| 6 | 合法的に | legitimately |
| 7 | 競技用の服を着る | suit up |
| 8 | 目視検査 | visual exam |
| 9 | 身体構造上の | anatomical |
| 10 | 血液を用いる遺伝子検査 | genetic blood test |
| 11 | 圧勝する | crush |
| 12 | 競争相手 | competition |
| 13 | 大差で | by huge margins |
| 14 | 顕著な例 | prominent example |
| 15 | 従って~ということになる | it follows that~ |
| 16 | 守る | uphold |
| 17 | 競争の力学 | competitive dynamics |
| 18 | 要点から外れている | beside the point |
| 19 | 不正行為、詐欺 | fraud |
| 20 | ~になりすます | impersonate |
| 21 | 非現実的な | fanciful |
| 22 | 性転換者への嫌悪、憎悪 | transphobia |
| 23 | 妄想の | delusional |
| 24 | ~に似ている | analogous to~ |
| 25 | 外国人嫌悪 | xenophobia |
| 26 | ~と同じことを言う | echo |
| 27 | 黙らせる | silence |
| 28 | ~だけの、~専用の | exclusively for~ |
| 29 | ~に取り組む | grapple with~ |

## Step 3

以下は各段落の要約です。カッコには本文に出てきた語句が入ります。思い出して、書き入れてください。わからない時は、下の翻訳も参考にしましょう（解答はp. 94に）。

### 第1段落

The recent social ①(　　　　　) of accepting transgender people in the gender they present to the world is now affecting the ②(　　　　　) world and raising controversy.

トランスジェンダーの人々を、彼ら自身が表明している性で受け入れるという最近の社会的傾向が、スポーツ界に影響を及ぼし、議論を巻き起こしている。

### 第2段落

Male sexual traits are more ①(　　　　　) than females traits in sports. Besides having larger bone structure, greater lung capacity and larger heart pumping capacity, men's ②(　　　　　) have more explosive power than those of ③(　　　　　). This is because men have higher levels of ④(　　　　　).

男性の性的特徴は女性の特徴に比べて、スポーツにおいてより優位なものである。より大きな骨構造、より大きな肺活量、より大きな心臓のポンプ機能を持っていることに加えて、男性の筋肉は、女性の筋肉よりもより爆発的な力を持っている。これは、男性が高いレベルのテストストロンを持っているからである。

### 第3段落

Until the late 20th century, men were ①(　　　　　) from joining female competitions. Athletes were categorized as male or female based on ②(　　　　　). However, in 1977, a male-to-female transgender tennis pro Renee Richards began competing as a woman. A court ruling judged that Renee should be allowed to play as a ③(　　　　　). From around that time, society started changing its attitude towards ④(　　　　　).

20世紀末まで、男性が女性の競技に参加することはできなかった。競技者は、生物的な性に基づいて男女に分けられていた。しかし、1977年、男性から女性に性転換したプロテニス選手レニー・リチャーズが、女性として競技に参加し始めた。裁判所の判決が、レニーが女性として競技することが許されるべきと申し渡したのだ。その頃から社会は、トランスジェンダーの競技者に対する考えを変え始めた。

### 第4段落

Recently, the number of ①(　　　　　) athletes has been increasing. They are ②(　　　　　) many female athletes by very large margins. Additionally, trans-women athletes have set great ③(　　　　　) in many events. In some events, they have ④(　　　　　) women with their greater power.

近年、女性へと性転換する競技者の数は増え続けている。彼（女）らは、女性選手にかなりの大差で圧勝している。さらに、女性に性転換した選手がたくさんのイベントで優れた記録を打ち立てている。いくつかの大会では、より大きな力で女性選手に怪我をさせている。

## 第5段落

Those who ① (          ) transgender participation in sports argue that transgender women athletes are obeying the rules and competing honestly in their true identity. One of them says that if a male athlete impersonated a woman with intent to ② (          ), it would be a fraud but such a case would be very ③ (          ). It is not reasonable to oppose their participation for the very small possibility of this rare case. Those opposing them may have a ④ (          ) for the transgendered.

トランスジェンダーの競技者のスポーツへの参加を支持している人たちは、トランスジェンダーの女性選手たちは、規則に従い、自分の真のアイデンティティーで、正直に競っていると主張する。彼らの一人は、もし、男性の競技者が、だます意図を持って女性のふりをしたのであれば、これは詐欺だろうが、そのような事例は非常にまれだと言う。彼らの参加に、このようなまれな事例についての可能性を理由に反対するのは、理にかなってはいない。彼らに反対している人たちは、トランスジェンダーの人たちに憎悪を抱いている、ということだ。

## 第6段落

People who stand on the other side say, "Transgender women tend to ① (          ) over female events so much with their biological advantage that ② (          ) competition is impossible. This is another ③ (          ) for men to dominate, exclude and silence women." British track Olympion expressed her ④ (          ) that, as a result, many women are now choosing to boycott or quietly avoid sports.

反対側の立場に立つ人たちは、「トランスジェンダーの女性が、生物学的な有利さで、女子種目をあまりにも支配するので、公正な競争は不可能である。これは、男性にとって、女性を支配し、排除し、黙らせる、もうひとつの方法である」と言う。また、英国の陸上競技オリンピック選手は、結果として多くの女性が今や競技をボイコットすることにしたり、何も言わずに避けたりすると、懸念を表明している。

## 第7段落

There are some people who suggest that we should create a new category which is ① (          ) for transgender athletes, in addition to ② (          ) and ③ (          ) categories. The sports world will undoubtedly continue to face difficult ④ (          ) as this controversy develops over the next few years.

男女の2つの分類に加えて、トランスジェンダー競技者たちだけのための新しい分類を創出すべきだと提案する人たちもいる。スポーツの世界は間違いなく、この論争の展開に伴い、ここ数年は難しい問題に直面し続けるだろう。

## Step 4　🎧 *Track 65*

ポーズが入っている英文の音声を聞きます。ポーズの箇所で、意味を考えながらリピートしましょう。赤い文字は、内容理解において、特に注意したいキーワードです。

## Transgender Sports Controversy

Modern societies have been developing ways / of becoming more open and accepting of human diversity. // Part of this trend has been an increasingly widespread acceptance of transgender people / in the gender they present to the world. // Sports is one area of endeavor / where this change is raising passionate controversy. //

There is strong scientific evidence / that male sexual traits are advantageous in sports. // On average, men have larger bone structure than women, / greater lung capacity, larger heart pumping capacity and higher levels of testosterone. // One result of higher testosterone levels is / that male muscles include / higher ratios of Type-Two or, "fast-twitch" muscle fibers to Type-One or, "slow-twitch" muscle fibers / than female muscles. // This gives men stronger, more explosive muscle power than women. // This is why it is considered fair / to divide competitive sports into men's and women's categories. //

Until the late 20th century, / the notion that an athlete's competitive gender category could legitimately differ from their sex / was not taken seriously. // Men were prevented from suiting up as female athletes / through simple visual anatomical exams by doctors. // Later, genetic blood tests were employed / to provide definitive proof of biological sex. // Since then, however, society has undergone a shift in attitudes. // The change first emerged as big sports news in 1977, / when transgender tennis pro Renee Richards, formerly a male player, / began competing as a woman. // Having undergone a gender change through surgery and hormone therapy, / Richards won a lawsuit against the United States Tennis Association. // The judgment enabled Richards / to play in the U.S. Open tennis tournament as a woman. //

In recent years, there has been a rapid increase in the numbers of athletes / who have made similar transitions. // From weightlifting to swimming, sprinting and even rugby, / "trans-women" are crushing the non-transgender female competition, / often by huge margins. // Prominent examples include New Zealand weightlifter Laurel Hubbard, / who formerly competed as a male powerlifter / and now sets national records among women. // Canadian Sprint cyclist Rachel McKinnon, also a former male athlete, / now sets world records in women's sports. // Formerly male boxers and rugby players are also now defeating, and sometimes injuring, women / with overwhelming power and speed. //

Advocates for transgender participation in sports argue / that transgender women athletes are simply obeying the rules / and competing honestly in their true identity. // According to this view, a transgender woman is fully female, / and has a civil right to participate in women's sports. // It follows that all of society is obligated to uphold that right. // Consequences such as the impact on the competitive dynamics of women's sports / are beside the point. // As cyclist McKinnon puts it, / opposition would only be legitimate in the very rare case / that a man committed fraud / by dishonestly impersonating a woman in order to cheat. // Virtually all gender transitions are undertaken sincerely, / so this form of legally defined fraud is rare enough to be called fanciful. // "The idea that this fantasy should stop real innocent people from accessing their right to sport / is an irrational fear of trans women and the dictionary definition of transphobia," / McKinnon said. // On this view, opposition to transgender sports participation is a symptom / of a delusional hatred of transgendered people. // It is analogous to xenophobia or racism. //

On the other side of the debate, numerous athletes, referees and sports fans say / they are also just trying to promote honesty and fairness. // "It's insane and it's cheating," / said former international tennis star Martina Navratilova. // She has noted that transgender women who excel in sports tend to dominate / to such an overwhelming degree that fair competition is impossible. // A typical example occurred in April 2019, / when transgender weightlifter Mary Gregory, formerly male, / swept away all competition and set four new women's world records / in one tournament. // Former British Olympic swimmer Sharron Davies wrote / that Gregory has "a male body / with male physiology setting a world record & winning a woman's event. … // A woman with female biology cannot compete." // This statement echoes the view / that male-to-female transgender activism in sports is / really just one more way for men to dominate, exclude and silence women. // British track Olympian Kelly Holmes has raised the concern / that many women will now boycott, quit or quietly avoid sports. // Some observers say / this is already happening in contact sports like rugby and boxing, / where physical injuries caused by transgender athletes are a growing concern. //

Some transgender advocates predict / that opponents will "evolve" more accepting attitudes. // Others deny / that transgender athletes, on average, have any physical advantage at all. // Holmes and others have suggested / creating a new competitive classification exclusively for transgender athletes. // As transgender women continue to compete and win in increasing numbers, / the lawsuits on both sides are piling up, / and the controversy seems likely to intensify. // Sports authorities, athletes and their fans / will be grappling with some thorny issues in the coming years. //

## Step 5

では最後に、pp. 86-87のもう一度英文を読み、以下の問いに答えましょう（解答と解説、翻訳は別冊 pp. 10-13に）。

**(11)** What does the article say about the significance of Type-One and Type-Two muscle fibers?

**1** They are examples of the kinds of tissues that develop during puberty, then stop developing in early adulthood.

**2** Type-Two "fast-twitch" fibers are thought to have evolved in conjunction with the physiological "fight-or-flight" response.

**3** Their correlation with lung capacity variations has been put forward as one reason why some transgender athletes excel.

**4** The ratios between the two types demonstrate how biochemistry predisposes men to higher levels of sports performance.

**(12)** What major change does the essay describe as having occurred since the mid-20th century?

**1** Concerns about illicit use of performance-enhancing drugs has cast doubt on several Olympic world records.

**2** Women have been setting new records on a par with records set by men several decades previously.

**3** Society has become more accepting people with gender identities that differ from their biological sex.

**4** Sports administrators have returned to using a combination of visual and genetic testing to determine gender.

**(13)** Why does the author mention the success of Mary Gregory in April 2019?

**1** To show that an overwhelmingly wide margin of victory suggests unfair advantages.

**2** To illustrate the principle that hard work over many years is the best way to succeed.

**3** To demonstrate how excellent coaching and training can overcome long odds.

**4** To support the argument that accusations of bigotry are a way for men to silence women.

**(14)** What is one proposal intended to help resolve the controversy?

**1** Teach younger generations of players to respect all players equally.

**2** Institute rules to ensure that men do not commit fraud by impersonating women.

**3** Remove all sex and gender distinctions from major sports competitions.

**4** Create a separate category in which only transgender athletes will compete.

## Step 4（p. 72）解答

第1段落　① marine mammals　② a genetic lineage
第2段落　① western Europe　② climate change
第3段落　① variants　② the Pacific Ocean　③ open water
第4段落　① spread of the virus　② affect

## Step 4（p. 77）解答

第1段落　① produce　② visual images
第2段落　① an artist's touch　② face　③ face　④ sophisticated
第3段落　① dangerous　② threaten　③ reputation　④ justify
第4段落　① computers　② healthy skepticism　③ fact-checking

## Step 3（pp. 82-83）解答

第1段落　① popular　② replaced　③ illness and suffering　④ ethical problems
第2段落　① animal breeding　② designed　③ maximized　④ consumers
第3段落　① surgeries　② health problems　③ infections　④ ingrown tails
第4段落　① enormous　② abandon　③ without　④ both the dogs and the owners
第5段落　① conventional breeding techniques　② genetic engineering technology
　　　　　③ moral hazards

## Step 3（pp. 89-90）解答

第1段落　① trend　② sports
第2段落　① advantageous　② muscles　③ women's　④ testosterone
第3段落　① prevented　② biological sex　③ woman
　　　　　④ transgender athletes
第4段落　① trans-women　② crushing　③ records　④ injured
第5段落　① support　② cheat　③ rare　④ hatred
第6段落　① dominate　② fair　③ way　④ concern
第7段落　① only　② men　③ women　④ issues

# キソトレ!

## 素直に読み進めることの大切さ

リーディング対策として、「語彙力が必要」「背景知識も重要」「つなぎの言葉に気をつけて」など、いろいろなことが言われる。確かにそうだが、最も大切なことは、素直に、筆者が意図した論理展開に乗って読み進めることだ。そのために、次のような練習方法をお勧めする。

過去問や問題に取り組むときは、次のような点に気をつけよう

### 1. とにかく問題を読み通す

まずは、「題」を見て、「いったい何が書いてあるのだろう」と、興味を持って読み始める。わからない語句は丸で囲んで、とりあえず放っておく。わからない語句にとらわれず、わかる語句に注目しながら論の展開を追おう。

### 2. 選択肢の先読みテクに頼らない

選択肢をチラ見しながら、全体を読み進めてもよいが、パッセージの流れが頭に整理されないと、かえって「ひっかかった」「惑わされた」ということになる。まず選択肢を見てから問題を読もう、などと思わなくてもよい。素早く、正確に全体の内容を捉えることが大切である。

### 3. 制限時間を設定する

問題は、制限時間を定めて取り組むと良い。大問2であれば、解答するまでの時間を**5分以内**に抑えたい。大問3の500ワード前後のパッセージの方は**9分以内**、最後の800ワード前後のパッセージは、**12分以内**に抑えたい。最初は制限時間を甘く設定しても良いが、試験本番では大問2と3を**60分以内**には終えるようにしておきたい。

### 4. 単語帳をつくる

解答を確認し、新たに出合った語句や用法、意味があいまいな語句、読み取れなかった部分を日本語訳や辞書を参考に振り返ろう。オリジナルの単語帳を作っておくとよい。

さて、ここから先、もうひと頑張りしよう。

## 5. 読む→伏せる→語る

### ★訓練1 「語り直し」

❶ もう1度英文全体を読み返す。**350ワード程度のものであれば2分、500ワード程度のものであれば3〜4分程度を目安**にしよう。最初はゆっくりめの設定でもよい。
❷ 制限時間が来たら、いさぎよく英文を伏せる。
❸ 1分間、とにかく内容を誰かに伝えるつもりで英語で語ってみる。この❶、❷、❸を繰り返そう。

　「読み終えたら英語で語り直すのだ」、という覚悟で読むと、より集中して読むことができる。どうすれば1分で語れるか、自ずと頭の中で情報の整理と再構築が始まるからだ。この訓練は、速く、正確に内容を読み取る「脳力」を鍛えてくれる。

### ★訓練2 「ヒント付き語り直し」

訓練1で、「語り直すなんて無理！」と思ったら、ヒントとなる単語を各段落について**5〜10ワード書き出して**、書き出した単語を見ながら語ってみよう。

❶ 読み返しながら、自分で設けた制限の数だけ単語を書き出す。おそらく、書き出す単語を選ぶのに時間がかかるので、制限時間は長めに設定する（大問2であれば、15分程度）。
❷ 書き出した単語を見ながら、1分以内に内容を誰かに伝えるつもりで語ってみる。1分で語れるようになるまで、いろいろ工夫しよう。

　訓練1、訓練2は、面接対策にもなるし、ライティングの対策にもなる。実際の試験では、内容を語り直すことは必要ないし、早く正解を見つけることができればよいのだが、早く正解を見つけられるということは、裏返せば、その気になればいつでも、読んだ文章の内容を「誰かに伝えるところまで頭の中に取り込む」ことができ、「相手に合わせて、内容を上手に伝えられる」ということだ。
　興味のある英文や、英字新聞の社説を読んだりした後でも、この訓練1・2をしてみよう。内容を取り込むスピードアップや正確に取り込む力の向上につながる。陸上選手がタイヤを引きずりながらダッシュを繰り返す、水泳選手が抵抗パラシュートを腰に装着して、水の抵抗を増やして泳ぐ練習をするのと同じである。

# Chapter 4

# ライティング

## 大問4

大問4のライティングは、
社会性の高いトピックについてエッセーを書くというもの。
「内容、構成、語彙、文法」の面で、
1級レベルにふさわしい英文が書けるよう、
しっかり準備しておこう。

## ① 問題の概要

**出題数** ：1問

**形式** ：与えられたトピックについて、200〜240語のエッセーを書く。トピックは、「次の叙述について、賛成か反対か？」という形式①と、疑問文になっている形式②の2通りがある。

**例** ① Agree or Disagree: Japanese universities should restructure their humanities departments and shift their focus to fields that have greater social demand such as science and technology.

（賛成か反対か：日本の大学は人文学科を再構築し、科学やテクノロジーのようにより大きい社会的ニーズがある領域に焦点を移すべきである）

② Should Japanese universities restructure their humanities departments and shift their focus to fields that have greater social demand such as science and technology?

（日本の大学は人文学科を再構築し、科学やテクノロジーのようにより大きい社会的ニーズがある領域に焦点を移すべきか？）

**測られる力** ：社会性の高い話題について、理路整然と、指示されたワード数を守って、理由と共に自分の考えを書く力を試される。

**ジャンル** ：政治、国際関係、社会問題、環境、テクノロジーなど。

## ② 実践トレーニング！ の前に

　ライティングは2016年第1回の試験で、問題形式に変更があった。1級については、「CEFRのC1レベルとの整合性をより高いものにするために、社会性の高い話題について、自分で考えをまとめ、理由と共に意見をまとめるエッセイ形式とする」とされた（参考：「ライティングテストの採点に関する観点および注意点」https://www.eiken.or.jp/eiken/exam/2016scoring_w_info.html）。

　ライティングは、以下の4つの観点から評価される。

①内容：課題で求められている内容（意見と理由）が含まれているかどうか

②構成：英文の構成や流れがわかりやすく論理的であるか

③語彙：課題にふさわしい語彙を正しく使えているか

④文法：文構造のバリエーションやそれらを正しく使えているか

また、試験問題に出てくる以下の指示文にも目を馴らしておきたい。

● Write an essay on the given TOPIC.

● Give THREE reasons to support your answer.

● Structure: introduction, main body, and conclusion

- Suggested length: 200-240 words
- Write your essay in the space provided on Side B of your answer sheet. Any writing outside the space will not be graded.

これを踏まえると、文の構成はおのずと次のようになるはずだ。

▶ **Introduction:** トピックについて Yes/No あるいは、Agree/Disagree の立場を明確にする。
▶ **Main Body:** 自分の立場をサポートする理由を3点挙げる。
▶ **Conclusion:** もう一度自分の立場を伝える。

以上を守りつつ「トピックから離れず、わかりやすく、論理的に」書いてみよう。

# ③ 実践トレーニング！ の概要

次のページから用意されているトレーニングでは、いきなり書き始めるのではなく、まず助走として日本語で考えを整理することから始め、文字に起こしてから、英文にまとめていく、というプロセスを踏む。

### Step 1  日本語で理由を考える

トピックに対する立場（Yes, No あるいは Agree, Disagree）は Intro（duction）で与えられている。本番では無論、自分が実際に思うことについて書けばいいが、「本当はそうは思わないけれど、でも論理展開がしやすそうな」立場を選ぶ、ということもあるはずだ。要するに、どちらの立場であろうと、書けるようにしておけばいい。

ここでは、その立場をサポートする3つの理由を日本語でまずは書き出してみる。出題されるトピックが見たことも聞いたこともないものであっても、本番では対処する必要がある。ただ、そうしたトピックについて、一足飛びに英語で、というのは無理があるので、とにかく日本語でひねり出す訓練から始めよう。英語で書ける場合には、思いつく単語を列挙したり、あるいは、すぐ **Step 2** に進んでもよい。

### Step 2  英文メモをつくる

【Useful expressions】を参考にし、指定されている3つの理由を英語に置き換え、Main Body となる英文メモをつくろう。できればさらにそれを補強する情報を付け加えられると、なおよい。ここでは論理展開は考えなくても OK。また、それを踏まえて、Conclusion も書いてみよう（A はすでに与えられている）。

### Step 3  つなぎ言葉を使って英文にまとめる

**Step 2** の英文メモを基に、適切なつなぎ言葉を使って滑らかなエッセーにしよう。論理展開のつなぎ言葉は p. 112 を参考にしてもよい（これは二次試験のスピーキングにも使える）。また、Intro、Conclusion も言葉を足して膨らませてみるといいだろう。

### Step 4  英文を見直す

書いたら書きっぱなし、という人が多い。提示されている項目にチェックを入れながら見直そう。さらに別冊の模範解答と比べてみよう。

英作文

## ライティング 英作文

### A

**Step 1** 以下の Topic に関し、反対する理由を3つ、日本語で書き出してみましょう（解答例は p. 108 に）。

▶ **Topic:** There should be an age limit for driver's licenses.
（運転免許証には年齢制限が設けられるべきだ）

▶ **Intro:** I don't think there should be an age limit for driver's licenses.

- _____
- _____
- _____

**Step 2** Useful expressions と1の例を参考に、2と3の理由を英語にしてみましょう（模範例は p. 108 に）。

▶ **Intro:** I don't think there should be an age limit for driver's licenses.

1. 地方では、車なしでは生活できない場所もある。

> If you live in a rural area, you have to drive to go anywhere. / For example, hospitals, shopping, banks, etc. / No means of transportation in rural areas.

2. 70代で事故を起こす人もいれば、80代で安全運転できる人もいる。運転をやめる適切な年齢は人それぞれ。

3. 運転を強制的にやめさせられると、心理的にマイナスの影響がある。

▶ **Conclusion**

To sum up, we shouldn't force them to stop driving. But we have to educate them to stop driving voluntarily.

**Useful expressions**

means of transportation 交通手段　fatal traffic accident 死亡交通事故　elderly driver 高齢ドライバー　drive safely 安全運転する　negative psychological effect／impact 心理的にマイナスの影響　aging 歳を取ること　voluntarily 自ら進んで

**Step 3** Step 2で作った英文メモを基に、以下のMain Body（3つ理由を挙げる）を書いてエッセーを完成させましょう（模範解答は別冊 p. 14に）

There should not be an age limit for driver's licenses. Some recent fatal traffic accidents caused by elderly drivers have made this into a hotly debated social issue. Some people say there should be an age limit for driver's licenses. However, I disagree. I think it is better to educate the elderly about the effects aging can have on driving ability and recommend they give up their driver's licenses voluntarily.

First,
_____
_____
_____

Second,
_____
_____

Third,
_____
_____
_____

For these reasons, there should not be an age limit for driver's licenses. Instead, we should educate the elderly about the effects of aging on driving and ask them to give up their driver's licenses voluntarily.

英作文

> **Step 1** 以下の Topic に関し、Intro に続く理由を3つ、日本語で書き出してみましょう（解答例は p. 108 に）。

▶**Topic:** Is Japan well-prepared for accepting immigrants?
　（日本は移民を受け入れる態勢が万全か？）

　▶**Intro:** I don't think Japan is well-prepared for accepting immigrants.

- _____

- _____

- _____

> **Step 2** Useful expressions を参考に、1〜3を英語にしてみます。Conclusion も書いてみましょう（模範例は p. 108 に）。

　▶**Intro:** I don't think Japan is well-prepared for accepting immigrants.

1. 日本は移民法（入管法）の改正が不十分で、永住権獲得が難しい。

2. 移民は母国語での支援が必要だが、多くの自治体は提供できていない。市役所や学校や病院などで困る。

3. 地域社会が移民を歓迎していない。例えば外国人が住む家を見つけるのは難しいなど。

　▶**Conclusion**

Chapter 4

immigration law 入管法　accept immigrants 移民を受け入れる　modify 改正する
foreign resident 在留外国人　permanent resident status 永住権　city hall 市役所
landlord 家主　language barrier 言葉の壁

**Step 3** Step 2で作った英文メモを、適切なつなぎ言葉を使ってエッセーにしましょう（p. 112も参考に）。IntroとConclusionも情報を加えてふくらませてみましょう（模範解答は別冊pp. 14-15に）。

_____

_____

_____

_____

_____

_____

_____

_____

_____

_____

_____

_____

_____

英作文

**Step 4** 自分で書いた英文を見直します。以下の項目ができていたら、チェックを入れてください。

☐ わかりやすいか。

☐ 理由が、Firstly, Secondly, Thirdly, などの言葉で始まっているか。すっきりとまとまっているか。寄り道をしていないか。

☐ つなぎ言葉（However, Moreover, など）が適切に使われているか。使われすぎていないか。

☐ 最後に賛成、反対であることが再度述べられているか。

最後に必ず別冊の模範解答と比べてみましょう！

**Step 1** 以下の Topic の Intro に沿って、その理由を3つ、日本語で書いてみましょう（解答例は p. 109 に）。

▶ **Topic:** Agree or Disagree: The internet has done more harm to teenagers than good.（賛成か反対か：インターネットは十代にとって、益よりも害をもたらしている）

▶ **Intro:** I agree.

- _____
- _____
- _____

**Step 2** Useful expressions を参考に、1〜3を英語にしてみます。Conclusion も書いてみましょう（模範例は p. 109 に）。

▶ **Intro:** Yes, I think the internet has done more harm to teenagers than good.

1. ゲームに時間を費やしすぎて、寝不足になり、勉強に悪影響が出る。

2. SNS 上のやりとりが、大人の世界と同じく、匿名のいじめにつながる。

3. 自分の頭で考えられなくなり、批判的思考能力を身に付けられなくなる。

▶ **Conclusion**

## Useful expressions

bullying on the social media　SNS上のいじめ　anonymously　匿名で
emotionally immature　精神的に未熟な　rely on the internet　インターネットに頼る
critical thinking ability　批判的思考能力

**Step 3**　Step 2で作った英文メモを、適切なつなぎ言葉を使ってエッセーにしましょう（p. 112も参考に）。IntroとConclusionも情報を加えてふくらませてみましょう（模範解答は別冊 pp. 15-16に）。

_____

_____

_____

_____

_____

_____

_____

_____

_____

_____

_____

_____

_____

_____

_____

英作文

**Step 4**　自分で書いた英文を見直します。以下の項目ができていたら、チェックを入れてください。

☐ わかりやすいか。

☐ 理由が、First, Second, Third, などの言葉で始まっているか。すっきりとまとまっているか。寄り道をしていないか。

☐ つなぎ言葉（Not only, ... but also ... , など）が適切に使われているか。使われすぎていないか。

☐ 最後に賛成、反対であることが再度述べられているか。

最後に必ず別冊の模範解答と比べてみましょう！

Step 1 以下の Topic の Intro に沿って、その理由を3つ、日本語で書いてみましょう（解答例はp. 109に）。

▶ **Topic:** Should companies retain lifetime employment system?
（企業は終身雇用制を維持するべきか？）

▶ **Intro:** Yes.

- _____
- _____
- _____

Step 2 Useful expressions を参考に、1〜3を英語にしてみます。Conclusion も書いてみましょう（模範例はp. 109に）。

▶ **Intro:** Yes, I think companies should retain lifetime employment system.

1. 日本社会は急速に高齢化しており、労働力人口が減少している。

2. 終身雇用者は士気が高く、結果として企業の生産性が上がる。

3. 非正規雇用と終身雇用の所得格差が社会不安につながる。

▶ **Conclusion**

## Useful expressions
........................................................

graying 高齢化　　shrinking labor force 労働力人口の減少

offer lifetime employment 終身雇用を提供する　　have high morale 士気が高い

productivity 生産性　　income gap 所得格差　　non-regular worker 非正規労働者

social unrest 社会不安　　harmony of society 社会の調和

**Step 3**　　Step 2で作った英文メモを、適切なつなぎ言葉を使ってエッセーにしましょう（p. 112も参考に）。Intro と Conclusion も情報を加えてふくらませてみましょう（模範解答は別冊 p. 16に）。

_____

_____

_____

_____

_____

_____

_____

_____

_____

_____

_____

_____

_____

_____

**Step 4**　　自分で書いた英文を見直します。以下の項目ができていたら、チェックを入れてください。

☐ わかりやすいか。

☐ 理由が、First, Second, Third などの言葉で始まっているか。すっきりとまとまっているか。寄り道をしていないか。

☐ つなぎ言葉（However, Therefore, など）が適切に使われているか。使われすぎていないか。

☐ 最後に賛成、反対であることが再度述べられているか。

最後に必ず別冊の模範解答と比べてみましょう！

英作文

## A (pp. 100-101)

### Step 1

- 地方の高齢者は運転しないと生活できない。
- 運転をしないことで外出の機会を失い、記憶力、判断力が鈍る。
- 自分が運転しないことで、家族に迷惑がかかる。
- 高齢者ではなくても危険な運転をする人はいる。
- 農林水産業で生計をたてる場合、車なしでは仕事ができない場合が多い。
- 高齢者の運転制限よりも、車の安全装置の普及の方が先。　など

### Step 2

2. Some people cause fatal traffic accidents in their early 70s but others are still able to drive safely at the age of 80 and older. What's the right age for stop driving? Nobody knows.
3. When you are forced to stop driving, there should be a negative phycological impact on you.

## B (pp. 102-103)

### Step 1

- 日本人が外国人との接触に慣れておらず、うまくコミュニケーションが取れない。
- 日本人の雇用枠が狭まり、賃金アップの機会も失われる。
- 外国人に対する、いじめや人権侵害が懸念される。　など

### Step 2

1. Immigration laws haven't been modified enough to attract people from other countries. / It is difficult for them to get permanent resident status.
2. Many local governments are not ready to support them in their languages. / Foreign residents have hard time communicating at city halls, schools or at hospitals because of the language barrier.
3. Local communities are not ready for accepting immigrants. / They are not welcomed by local residents. / It is difficult for them to find a house.

### ▶ Conclusion

It is a pity, but for these reasons, Japan is not as well-prepared for accepting immigrants as it should be.

| C | (pp. 104-105) |

## Step 1

- SNS上に個人情報が流出し、いやがらせやいじめのターゲットになる。
- SNSを通じて知り合った人から誘い出され、被害を受ける可能性がある。
- 気づかないうちに多額の有料サービス料を課金される場合がある。
- 睡眠不足になったり、メンタルヘルスへの悪い影響があったりする。　など

## Step 2

1. They waste a lot of time on the internet. / They spend too much time playing online games, spend less time on their study, sleepy at school.
2. Bullying on the social media is on the increase, spread quickly, anonymously.
3. They rely on the internet and don't use their brains. / They fail to develop their critical thinking ability.

▶ **Conclusion**

Taking all the above into consideration, the internet has done to teenagers more harm than good.

| D | (pp. 106-107) |

## Step 1

- 社員の生活が安定し、人生設計も立てやすい。
- 一カ所でキャリアが積めるため、精神的にも経済的にも安心できる。
- 雇用が維持されることで、会社と社員は強い信頼関係を築ける。
- 社員の定着率が高くなり、高い能力を持つ人材が流出しない。
- 離職率が低下するため、社員の育成に力を入れられる。　など

英作文

## Step 2

1. Society is rapidly graying and it leads to a shrinking labor force. One way for companies to keep employees is to offer lifetime employment and job security.
2. Companies should re-realize the greatest merit of lifetime employment. Workers guaranteed permanent employment are more likely to have high work morale. By increasing the number of workers guaranteed lifetime employment, companies can improve their productivity.
3. Income gap between non-regular workers and those guaranteed lifetime employment may lead to social unrest. By retaining lifetime employment, the society will maintain stability.

▶ **Conclusion**

For these reasons, I think companies should retain lifetime employment system.

## 飾り立てず、余分を排して、ストレートに

　過去に出題されたトピックや、問題集を使って書く練習をすることは大切だが、日々のニュースや論説を英語で聞いたり読んだりした後で、まとめと感想を書くことで、社会性の高い話題について知識を得つつ、「考える力」と「書く力」を鍛えることもできる。その際にも、時間とワード数に制限を設けて取り組むことを忘れずに。気を付けるべきポイントをいくつか挙げておこう。

### 1. 世界を相手に書く

　私たちの英作文は、往々にして世間話調になりがちだ。例えば、Aの「免許証に年齢制限を設ける」という話題について賛成の理由を挙げる際、「個人差があるから、一律に制限するのは良くないという意見があるかもしれない。確かに若いドライバーでも運転が下手な人も、上手な人もいる。私の父も85歳になるが、未だに、毎朝ジョギングをし、私はついていけないほどだ。かくしゃくとした姿は、あんなふうな年寄りになりたい、と思わせてくれる。そんな父が年齢制限で、免許を放棄するとなると、本人にとっても、家族にとってもつらいことだ。なぜだかは、はっきり述べられないが。しかし、免許取得のための年齢制限があるのだから、免許放棄の年齢制限があっても良い……」といったように。

　ここは、父のかくしゃくたる姿について書きたくてもぐっとこらえて「社会全体を考えれば、こうしたルールは必要である。個人差があるから、一律に年齢制限を設けるのはおかしい、という人もいるが、免許取得に年齢制限があることを考えれば、納得できるはずだ。集団で社会を形成している以上、個人差への配慮が、ある程度犠牲になるのは仕方のないことだ」のように書くべきだろう。

　つまり世界を相手に何かを伝えようという気持ちで書く、ということだ。さらにこの理由をサポートする必要に迫られたら、かくしゃくたる父の姿を朗々と語るなり、運動神経抜群の若者が事故を起こす例を挙げるなりしてもよいが、200語の中ではさほど多くは盛り込めない。飾り立てず、余分を排して、ストレートに書くこと――これが基本である。そうすれば語数制限をオーバーすることもないだろう。各段落も、「まず一番言いたいこと、次にそれをサポートする内容」の順で構成するようにしよう。

### 2. 使える英語で、書ける範囲で書く

　このトレーニングでは、Step 1 で、英語で書く前にまず「日本語で考える」ことをさせる。そこから少し離れて、Step 2 で英語にするのだが、無理して使い慣れない英

語を使うと、意味不明になったり、重大な文法の間違いをしてしまったりする恐れがある。背伸びをせずに使える英語で書こう。日々の学習では、辞書を使ったり、インターネットで例を探したりということができるが、試験の場ではできない。「使える英語で書ける範囲のものを書く」ことを心掛けよう。

## 3. 比較することの大切さ

一番最後に、模範解答と比較する。その際には、使っている語句のレベルや長さなどを比べるのではなく、「すっきり感」や「流れ」といった観点から比べてみると良いだろう。模範解答から次につながるヒントを得るのも、大切な学習の一環なのだ。

## 4. Can-do リストを読もう

日本英語検定協会から、各級別に Can-do リストが公表されている（本書内では p. 9 に掲載）。これは合格者に対する合格直後のアンケートをまとめたものだ。こうした資料は、面倒くさがって読まない人も多いが、実は有益な情報が含まれている。

ちなみに、「1級 Can-do リスト」の中から、書く力について抜粋すると、以下のとおりである。
- 社会的な話題について自分の意見をまとまりのある文章で書くことができる。（環境問題に関してなど）
- 自分の仕事や調査について、まとまりのある文章を書くことができる。（レポート、報告書、仕事のマニュアルなど）
- 商品やサービスについて、苦情を申し立てる文章を書くことができる。（商品の故障、サービスの内容など）
- 社会的な話題に関する雑誌記事や新聞記事の要約を書くことができる。（社説や論文など）
- 講義や会議の要点のメモをとることができる。

**まとめ　社会性の高い話題についてまとまりある文章を書くことができる。**

1級で出題される問題の狙いは、それぞれの Can-do リストの一番上にあるものと合致することが多く、また、「まとめ」のところにあることができるかどうかを試す問題、とも言い換えられる。

この本では、過去に出題されたトピックに似た題材を使って対策を紹介しているが、普段から、日本語でも英語でも社会性の高い話題について積極的に触れるように努めよう。

英作文

英文を書く時、あるいは話す時に、便利な語句をいくつかご紹介します。話の展開ポイントで使えるようになっておきましょう。

## 1. 順序、列挙
First(ly), Second(ly), Third(ly), Finally　第一に、第二に、第三に、最後に
First of all,　まず第一に
First and foremost,　真っ先に、何よりもまず
Last but not least,　最後になりましたが（それでも劣らず重要なことには）

## 2. 追加
Moreover,　さらに
Furthermore,　さらに
In addition,　加えて
Similarly,　同様に（＝ In the same way,）
What's more,　そのうえ
Besides,　そのうえ

## 3. 結果や因果関係
Therefore,　したがって
Thus,　こうして
As a result,　結果として、挙句、
Consequently,　ゆえに

## 4. 逆説、異なる見方
However,　しかしながら、けれども
Nevertheless,　それにもかかわらず
On the contrary,　それどころか
In contrast,　対照的に
While,　その一方で、また、
Whereas,　一方、
Even though,　たとえ

## 5. 強調
Indeed,　たしかに、まったく
In fact,　実のところ

## 6. 以上の理由で、結論として
For the reasons stated above,　[書いたもので]上に述べた理由から
For (all of) these reasons,　これら（すべて）の理由から
In conclusion,　結論として
As a conclusion,　結論として
On the whole,　全体として
In short,　端的に言って

# Chapter 5

# リスニング

リスニングは大きく4つの Part から成る。
Part 1 はダイアログ、Part 2 はパッセージ、
Part 3 は生活場面での会話、
Part 4 はインタビューの聞き取りだ。
それぞれの素材に合わせたトレーニングで、
得点アップを目指そう！

# Warm-Up

## ① 1級の問題の概要

| | |
|---|---|
| **出題数** | ：10問 |
| **形式** | ：友人同士や家族間での会話と、その内容についての設問を聞いて、4つの選択肢から答えを選ぶ。 |
| **解答時間** | ：10秒 |
| **測られる力** | ：日常のさまざまな場面で交わされる、口語表現を多く含む会話を聞き取る力。 |
| **ジャンル** | ：友人や家族との日常会話、学校での会話、職場における同僚や上司との会話、顧客との会話。 |

## ② 実践トレーニング！ の前に

　最初の7問は、2〜3回のやりとりから成る会話だが、残りの3問のやりとりは、4〜7回、またそれ以上のものもある。話者は通常、2人だが、3人から成る会話も出てくる。

　内容も、準1級よりも、広がり、深みを感じさせる会話が展開される。登場人物の関係やそれぞれの立場やその心情を察知しながら、対話の流れを追っていく必要がある。例えば、登場人物は「私はイライラしている」などとは言わない。声の調子や会話の展開から、喜怒哀楽を感じ取れるか、またその心情を抱くに至った原因は何か、といったことをつかみながら聞くことが大切だ。

## ③ 実践トレーニング！ の概要

**Step 1** あらすじをつかむ ➡ **Step 2** 語句と表現を攻略
➡ **Step 3** 意味のかたまりで理解 ➡ **Step 4** 内容に関する問題に答える
➡ **Step 5** 本番形式の問題を解く

　**Step 1** では、登場人物の関係や感情の絡みがだいたい理解できているかどうかを問う。**Step 2** では、聞き取りのポイントとなる語句やイディオムを押さえよう。自分が発音できないものは聞き取れない。しっかり音声を真似てリピートしよう。**Step 3** では、全体の会話を意味のかたまりごとの単位に砕いて、音だけでディテールをしっかり理解する。

　Step 1 で会話を大きくとらえ、Step 3 で細かくとらえ、最後の **Step 4** では、もう一度大きく、全体を俯瞰した、内容に関する問題に英語で答える。本番のテストでは、自分で書いたり話したりする必要はなく、4つの選択肢から選べばよいのだが、Step 4であえて英語で答える練習をしておけば、本番の試験と同じ形式の **Step 5** が簡単に感じるはずだ。

Chapter 5

# 実践トレーニング！

## Question 1

やりとりを聞いて、以下の質問に日本語で答えましょう。音声は繰り返し聞いてもかまいません（模範解答は次ページ欄外に）。

① グレースとマーカスと、この会話に出てくる男性の関係は？

_____

② グレースと男性の、それぞれの不都合は何か？

_____

③ グレースが出した解決策は何か？

_____

**Step 2** 🎧 Track 67

以下は会話中に出てきた表現です。日本語で意味を確認し、発音に注意してリピートしましょう。その後で、Step 1 ができなかった人はもう一度トライしましょう。

| | | | |
|---|---|---|---|
| 1 | 帰りの飛行機が午後7時までない | 1 | my return flight isn't until 7 p.m. |
| 2 | （私を）早く帰させる | 2 | let me out early |
| 3 | ベビーシッター | 3 | sitter |
| 4 | 大喜びで〜する | 4 | be overjoyed to ... |
| 5 | （仕方なく）〜に頼る | 5 | resort to ... |

リスニング

■ 会話の内容一致選択

## Step 3  Track 68

では、以下のヒントを参考にしながら、会話文をリピートしてみましょう。ポーズのところで繰り返してください（全スクリプトは別冊 p. 17に）。

**Man:** Grace, can you take Marcus to baseball practice / tomorrow evening? // I have to work overtime //

**Woman:** You know I can't. // I've got a sales meeting in Boston, / and my return flight isn't until 7 p.m. // You'll have to take him //

**M:** But my company just pushed our production deadline ahead. // They'll never let me out early. // Marcus will have to stay home. // I'll call a sitter. //

**W:** No, that's ridiculous. // I'll just call my mother. // I'm sure she will be overjoyed to take him. // There's no need to resort to a sitter. //

## Step 4

上にあるスクリプトを見ないようにして、以下の質問に英語で答えましょう。下線に書き入れても、つぶやいてもかまいません（模範解答は次ページ欄外に）。

**Q1:** Why did the woman think the man's idea was ridiculous?

Ans. _____

_____

**Q2:** What do you think will happen to Marcus tomorrow evening? Will he stay home?

Ans. _____

_____

Step 1 (p. 115) 解答

① グレースと男性が夫婦で、マーカスは二人の息子。
② 二人とも仕事の都合があって、息子のマーカスを野球の練習に連れて行くことができない。
③ 母親に、マーカスを野球の練習に連れて行くよう頼む。

# Question 2

 **Step 1** 🎧 *Track 69*

やりとりを聞いて、以下の質問に日本語で答えましょう。音声は繰り返し聞いてもかまいません（模範解答は次ページ欄外に）。

① 女性は、なぜ男性に話しかけたのか？

_____

② 男性は、どんな気持ちでいるか？

_____

③ 女性は男性の気持ちを、もっともだと受け止めているか？

_____

 **Step 2** 🎧 *Track 70*

以下は会話中に出てきた表現です。日本語で意味を確認し、発音に注意してリピートしましょう。そのあとで、Step 1 ができなかった人はもう一度トライしましょう。

| | | | |
|---|---|---|---|
| 1 | ～をにらみつける | 1 | scowl at ... |
| 2 | 遺伝学 | 2 | genetics |
| 3 | ヒト遺伝子の実験を行う | 3 | experiment on human genes |
| 4 | 細胞の複製、クローンを作ること | 4 | cloning cells |
| 5 | ～するまでどれくらいかかるのか？<br>（それほど長くはないはずだ） | 5 | How long will it be before ... ? |
| 6 | ～を置き去りにする、～の先を行く | 6 | get ahead of ... |

▌ Step 4（p. 116）解答

Q1: Because she could ask her mother to take care of the son so that they don't have to pay for a sitter.

Q2: No. I think he will go to baseball practice with his grandmother.

では、以下のヒントを参考にしながら、会話文をリピートしてみましょう。ポーズのところで繰り返してください（全スクリプトは別冊 p. 18 に）。

**Woman:** Why are you scowling at the newspaper? // Another political scandal? //

**Man:** It's this conference on genetics in Italy. // They're discussing making it easier / to experiment on human genes. // It's insane. //

**W:** I don't know. // I think a lot of good could come out of it. // There are a lot of diseases we might be able to cure / with more research in genetics //

**M:** Maybe, / but they're talking about cloning cells. // How long will it be / before they start cloning humans? //

**W:** I think you're letting your imagination / get ahead of the facts. //

**Step 4**

上にあるスクリプトを見ないようにして、以下の質問に英語で答えましょう。下線に書き入れても、つぶやいてもかまいません（模範解答は次ページ欄外に）。

**Q:** What is the difference between the two people's views on the discussion at the conference in Italy?

Ans. _____

_____

_____

Chapter 5

▓ Step 1（p. 117）解答
..................................................
① 男性が、新聞をにらみつけるように読んでいたから。
② 苛立っているか、怒っている。
③ もっともだとは思っていない。二人の考えには、相違点がある。

# Question 3

 **Track 72**

やりとりを聞いて、以下の質問に日本語で答えましょう。音声は繰り返し聞いてもかまいません（模範解答は次ページ欄外に）。

① 女性は何を目にしたのか？

_____

② 女性は男性に対して、どんな気持ちを抱いているか？

_____

③ 男性は、どんな問題に直面したのか。

_____

 **Track 73**

以下は会話中に出てきた表現です。日本語で意味を確認し、発音に注意してリピートしましょう。そのあとで、Step 1 ができなかった人はもう一度トライしましょう。

| | | | |
|---|---|---|---|
| 1 | 湿った、びしょ濡れの | 1 | soggy |
| 2 | 物干し用ロープ | 2 | clothesline |
| 3 | 壊れた | 3 | busted |
| 4 | 私は〜に向かう | 4 | I'm off to ... |
| 5 | コインランドリー | 5 | laundromat |
| 6 | ホームセンター | 6 | hardware store |

会話の内容一致選択

リスニング

Step 4 (p. 118) 解答

Q: The man thinks making experimentation on human genes easier is insane because it will lead to cloning humans, whereas the woman thinks more research in genetics will bring us a lot of good, such as finding cures for diseases.

🎧 *Track 74*

では、以下のヒントを参考にしながら、会話文をリピートしてみましょう。ポーズのところで繰り返してください（全スクリプトは別冊 pp. 18-19 に）。

**Woman:** Why is the laundry on the floor, / and still soggy? // I thought you were

dealing with it. //

**Man:** I was, and then the clothesline broke! // I told you we needed a new one. //

**W:** Well, why didn't you just go buy one? //

**M:** Because most of the time we use the dryer. // Now the dryer is busted, / and I

don't have the tools I need to fix the clothesline. //

**W:** Well, I guess I'm off to the laundromat. //

**M:** And I'm off to the hardware store. //


**Step 4**

上にあるスクリプトを見ないようにして、以下の質問に英語で答えましょう。下線に書き入れても、つぶやいてもかまいません（模範解答は次ページ欄外に）。

**Q:** Where are the man and woman about to go? And why?

> **Ans.** _____
>
> _____
>
> _____

---

⬛ Step 1 (p. 119) 解答
...........................................................................................

① 床にある湿った洗濯物。
② （期待していたことをやってくれなかったので、）不満を抱いている。
③ 物干しロープも、乾燥機も壊れていて、洗濯物が乾かせなかった、という問題。

# Question 4

**Step 1**  *Track 75*

やりとりを聞いて、以下の質問に日本語で答えましょう。音声は繰り返し聞いてもかまいません（模範解答は次ページ欄外に）。

① 男性は女性が宿泊したホテルについて、どういう情報を持っていたか？

 

② 女性がホテルについて、良かったと伝えている2つのことは何か？

 

③ 男性は女性のホテルの感想について、どういう印象を持ったか？

 

**Step 2**  *Track 76*

以下は会話中に出てきた表現です。日本語で意味を確認し、発音に注意してリピートしましょう。そのあとで、Step 1 ができなかった人はもう一度トライしましょう。

| | | | |
|---|---|---|---|
| 1 | 君たちの滞在用に手配されたホテル | 1 | the hotel they set you up in |
| 2 | 魅力的な | 2 | glamorous |
| 3 | 無料の | 3 | complimentary |
| 4 | ビュッフェスタイルの朝食 | 4 | buffet breakfast　※ buffet の発音は [bəféi] |
| 5 | 小うるさい、細かすぎる | 5 | fussy |
| 6 | それが私の言いたいこと | 6 | that's my point |

■ 会話の内容一致選択

リスニング

▰ Step 4 (p. 120) 解答

Q: The woman is going to (go to) the laundromat to dry the laundry. The man is going to (go to) the hardware store to buy some new tools.

## Step 3  🎧 *Track 77*

では、以下のヒントを参考にしながら、会話文をリピートしてみましょう。ポーズのところで繰り返してください(全スクリプトは別冊 p. 19 に)。

**Man:** How was the hotel they set you up in / during your visit to Singapore? // I've

heard it's pretty glamorous. //

**Woman:** I don't know. // I mean, we received complimentary massages, / and the

breakfast buffet was good. // But the rooms were pretty basic. //

**M:** Are you sure / you're not just being a little bit fussy? // It's supposed to be one of

the most expensive hotels in the city. //

**W:** But that's my point. // I'm not fussy at all. // For the price we paid, / I just don't

think it's that special. //


## Step 4

上にあるスクリプトを見ないようにして、以下の質問に英語で答えましょう。下線に書き入れても、つぶやいてもかまいません(模範解答は次ページ欄外に)。

**Q:** What does the man think of the hotel? How about the woman?

> **Ans.** _____
>
> _____
>
> _____

---

▶ Step 1 (p. 121) 解答
..............................................................................................................................
① 魅力的なホテル、高いホテルのひとつ。
② 無料のマッサージと朝食ビュッフェ。
③ 期待していた感想ではなかった。彼女は細かいことにこだわりすぎ。

# Question 5

**Step 1** 🎧 *Track 78*

やりとりを聞いて、以下の質問に日本語で答えましょう。音声は繰り返し聞いてもかまいません（模範解答は次ページ欄外に）。

① 女性は男性に何を提案したか？

___

② 二人が話題にした動物は何か？　その動物について、それぞれどんなことを言っているか？

___

③ 男性、女性のどちらが折れたのか？

___

**Step 2** 🎧 *Track 79*

以下は会話中に出てきた表現です。日本語で意味を確認し、発音に注意してリピートしましょう。そのあとで、Step 1 ができなかった人はもう一度トライしましょう。

| | | | |
|---|---|---|---|
| 1 | （植物が）生い茂った、草に覆われた | 1 | overgrown |
| 2 | 双眼鏡 | 2 | binoculars |
| 3 | 雑草を抜く | 3 | pull up the weeds |
| 4 | バラの茂みを刈り込む | 4 | prune the rose bushes |
| 5 | （剪定）ばさみ | 5 | clippers　※通常、複数形 |
| 6 | 納屋、物置 | 6 | shed |
| 7 | 生け垣を刈り込む | 7 | trim a hedge |

リスニング／会話の内容一致選択

▛ Step 4（p. 122）解答

Q: The man thinks the hotel is one of the most expensive ones and pretty glamorous / good. However, the woman doesn't think it is a good hotel despite its high price.

では、以下のヒントを参考にしながら、会話文をリピートしてみましょう。ポーズのところで繰り返してください（全スクリプトは別冊 p. 20 に）。

**Woman:** The backyard is so overgrown. / it's starting to look like a jungle. // We need to do some work out there. //

**Man:** I kind of like it that way. // Nature should be wild, shouldn't it? // Sometimes I sit in the house and watch the birds / through my binoculars. //

**W:** The birds will still visit the backyard if we pull up the weeds / and prune the rose bushes. //

**M:** OK, you're right. // I'll get the clippers out of the shed. // We can start by trimming that hedge. //

**Step 4**

上にあるスクリプトを見ないようにして、以下の質問に英語で答えましょう。下線に書き入れても、つぶやいてもかまいません（模範解答は次ページ欄外に）。

**Q:** How does the woman convince man in the end?

Ans. _____

_____

_____

▶ Step 1 (p. 123) 解答
.............................................................
① 裏庭の手入れを提案した。
② 鳥。男性は家の中から裏庭に来る鳥を見るのが好き、女性は庭の手入れをしても鳥は来ると言っている。
③ 男性が折れた。

# Question 6

 **Step 1** 🎧 *Track 81*

やりとりを聞いて、以下の質問に日本語で答えましょう。音声は繰り返し聞いてもかまいません（模範解答は次ページ欄外に）。

① ジョンはどんな勘違いをしたと考えられるか？

_____

② ジョンは自分の勘違いをすぐに認めて、反省しているか？

_____

③ 監督はジョンに、どうするように言っているか？

_____

 **Step 2** 🎧 *Track 82*

以下は会話中に出てきた表現です。日本語で意味を確認し、発音に注意してリピートしましょう。そのあとで、Step 1 ができなかった人はもう一度トライしましょう。

| | |
|---|---|
| 1　荷物を車や船に積み込む | 1　load |
| 2　ひもで固定された | 2　strapped down |
| 3　安全基準 | 3　safety standards |
| 4　指定された配達ルート | 4　designated route |
| 5　〜に気づく | 5　spot |
| 6　市街局番、地域を区別する符号 | 6　area code |
| 7　仕分け部門 | 7　sorting department |
| 8　確認する、点検する | 8　verify |
| 9　うっかりして | 9　inadvertently |
| 10　正確さ | 10　accuracy |

■ 会話の内容一致選択　リスニング

> Step 4（p. 124）解答

Q: She tells him that they can still enjoy the birds even if they take care of the backyard.

**Step 3**

では、以下のヒントを参考にしながら、会話文をリピートしてみましょう。ポーズのところで繰り返してください (全スクリプトは別冊 p. 21 に)。

**Supervisor:** John, you need to be more careful / when you are loading your **truck.** //

**John:** What do you mean? // I loaded it exactly the way I'm supposed to. // **Everything** is strapped down and safe. //

**S:** I'm not talking about safety standards. // **You** had three packages in there / that **aren't** on your designated route. // They were for **Walnut Road.** // You're lucky I spotted them before you **left.** //

**J:** But I deliver to **Walnut Road.** // It's in the middle of **my route.** // I was there just yesterday. //

**S:** No, you deliver to **Walnut Drive.** // **Walnut Road** is in a completely different area code. // It's a rural address. //

**J:** Well, that's the sorting department's **fault,** / not mine. // **Those** packages were all brought to me at the same time. //

**S:** I understand that. // But my **point** is that you need to verify the addresses yourself / as you're loading them. // That way / **we** don't inadvertently send something to the wrong **place.** // Accuracy is important in **this job.** // Our customers are **guaranteed** to get things / by a certain date, / and mistakes like this cost **money.** //

**J:** OK. // You're right. // I'll make sure to double-check everything. //

**Step 4**

上にあるスクリプトを見ないようにして、以下の質問に英語で答えましょう。下線に書き入れても、つぶやいてもかまいません (模範解答は次ページ欄外に)。

**Q:** Why did John load packages on his truck which were not on his route?

**Ans.** _____

_____

▛ Step 1 (p. 125) 解答
........................................................................................
① ウォルナットロードをウォルナットドライブと間違えて、自分の配達地域だと思った。
② すぐに自分のミスとは認めず、反省もしていない。仕分け部門のせいにしている。
③ 積み込むときに、送り先を確認するようにと言っている。

# Question 7

**Step 1** 🎧 *Track 84*

やりとりを聞いて、以下の質問に日本語で答えましょう。音声は繰り返し聞いてもかまいません（模範解答は次ページ欄外に）。

① ヴィンスはキャロルと前回会ったとき、どんな話をしたと考えられるか？

_____

② ヴィンスにどんな不都合が起きているのか？

_____

③ キャロルは、ヴィンスにどんな提案をしているか、またその目的は何か？

_____

**Step 2** 🎧 *Track 85*

以下は会話中に出てきた表現です。日本語で意味を確認し、発音に注意してリピートしましょう。そのあとで、Step 1 ができなかった人はもう一度トライしましょう。

| | | |
|---|---|---|
| 1 | 耐える | 1 take it |
| 2 | それは想定内のことだ、意外ではない | 2 that's to be expected |
| 3 | ある程度までは | 3 to a certain extent |
| 4 | 非人間的、冷たい | 4 impersonal |
| 5 | 言語道断の | 5 outrageous |
| 6 | 1個（あるいは一人分）のお金で、2個（あるいは二人分）を得る取引 | 6 two-for-one deal |
| 7 | 代役を果たす、務める | 7 fill someone's role |
| 8 | 憤慨 | 8 exasperation |
| 9 | 考え直す | 9 reconsider |
| 10 | 不必要な、余分の | 10 redundant |

■ 会話の内容一致選択

リスニング

▌ Step 4（p. 126）解答

He may not have checked the addresses carefully and mistakenly thought that Walnut Road was on his route.

では、以下のヒントを参考にしながら、会話文をリピートしてみましょう。ポーズのところで繰り返してください（全スクリプトは別冊 pp. 22-23 に）。

**Vince:** I can't take it, Carol. // I'm seriously considering leaving my job. //

**Carol:** Wow, Vince. // Things were going so well for you the last time we met! // Didn't you just get a promotion?//

**Vince:** That's exactly the problem. // The promotion came with a little extra pay, / and a lot of extra responsibility. //

**Patrick:** Well, that's to be expected. / isn't it? //

**V:** To a certain extent, sure, / but the company has changed since you left, Patrick. // It's so impersonal now. // They gave me new responsibilities, / but they didn't take away the old ones. // So, I'm basically doing the job of two people. //

**P:** OK, that's pretty outrageous. // They can't just get a two-for-one deal like that. // Is this because of the merger? //

**V:** I think so. // The company that bought us claims they're going to hire someone to fill my old role, / but it's been almost a year. //

**C:** Well, I can understand your exasperation. // You should tell a few people that you're considering leaving. // If the rumor gets around, maybe they'll reconsider. //

**V:** Or maybe they'll just decide that I'm redundant, / and hire someone else. //

**C:** I don't think that would happen. //

**Step 4**

上にあるスクリプトを見ないようにして、以下の質問に英語で答えましょう。下線に書き入れても、つぶやいてもかまいません（模範解答は次ページ欄外に）。

**Q:** What has happened to Vince's company?

> **Ans.** _____
>
> _____

◤ Step 1 (p. 127) 解答
......................................................................................................

① 仕事はとても順調で、昇進の予定がある。
② 昇進したものの、昇給は少なく、責任は重くなり、仕事も増えた（二人分になった）。
③ 退職を考えていることを社内の数人に伝える、そうすれば噂が広がって会社が考え直す。

**Step 5**  *Track 87-93*

# Questions 1-7

最後に本番と同じ形式で問題を解き、次ページの解答欄に書き入れましょう（解答と解説、訳は別冊 pp. 17-24 に）。

## Question 1 🎧 *Track 87*
**1** Neither speaker is able to take Marcus to his baseball practice.
**2** Marcus's baseball practice has been canceled.
**3** The man's company is slowing down its production.
**4** The woman has to reschedule her meeting in Boston.

## Question 2 🎧 *Track 88*
**1** A political scandal in Italy.
**2** Experimentation on human genes.
**3** The outbreak of a new disease.
**4** Funding cuts for cloning research.

## Question 3 🎧 *Track 89*
**1** To put the clothes in the dryer.
**2** To buy some new tools.
**3** To go to the laundromat.
**4** To hang the clothes on the line.

## Question 4 🎧 *Track 90*
**1** The staff were too fussy.
**2** It is located too far from Singapore.
**3** It isn't worth the price.
**4** The complimentary breakfast was too basic.

## Question 5 🎧 *Track 91*
**1** The backyard has not been cared for.
**2** The birds are ruining the rose bushes.
**3** The man has been using her binoculars.
**4** The jungle is being cut down illegally.

リスニング

■ 会話の内容一致選択

▼ Step 4（p. 128）解答
............................................................................
Q: It has been bought by another company. It has changed and become impersonal since then.

## Question 6 🎧 *Track 92*

**1** John delivered a package to the wrong address.

**2** John has been writing the street name incorrectly.

**3** John has not been following the safety standards when driving.

**4** John didn't notice a mistake as he was loading the truck.

## Question 7-a 🎧 *Track 93*

**1** He is going to receive a promotion soon.

**2** He used to be one of Vince's co-workers.

**3** He is responsible for the company merger.

**4** He should offer Vince a job with his firm.

## Question 7-b

**1** He thinks she makes an excellent point.

**2** He suspects it might be a risky idea.

**3** He wants her to recommend it to the new company.

**4** He doesn't believe that it's possible to enact.

●解答欄 （答え合わせは別冊 p. 17 で）

| Q1 | Q2 | Q3 | Q4 | Q5 | Q6 | Q7-a | Q7-b |
|----|----|----|----|----|----|------|------|
|    |    |    |    |    |    |      |      |

Chapter 5

# Warm-Up

## ① 1級の問題の概要

| 出題数 | :10問 |
|---|---|
| 形式 | :180〜200語のパッセージと、その内容についての質問を聞いて、答えを4つの選択肢の中から選ぶ。1つのパッセージに、質問は2つある。 |
| 解答時間 | :10秒 |
| 測られる力 | :あるテーマ（自然現象、人の心理、知られていない歴史的な事実や、医療科学の発見など）についての紹介や、説明を聞いて理解する力。 |
| ジャンル | :心理、自然科学、歴史、文化など、幅広い分野から出題される。 |

## ② 実践トレーニング！の前に

　Part 2ではリーディングと同様、自分がこれまで知らなかったことについて、その紹介や説明を聞く。Part 2がリスニングの中では一番難しいようだ。ここで得点できない人の多くが、「途中でわからなくなった。結果として答えを選ぶのに時間がかかって、次の問題が、流れ出して、あわてて答えを選んだ」という繰り返しをするようだ。日頃から新しいテクノロジーや、医療技術、歴史文化上の発見など、幅広い分野のものを読んだり聞いたりする活動を生活の一部にしてしまうことが大切である。

　リーディングとは違って後戻りができないので、リーディング以上に、わからない語句に気を取られまいという覚悟が必要になる。「問題文が流れる前に選択肢に目を通せば、聞く内容についてヒントを得ることができる。そうすると聞き終わった瞬間に解答を選ぶことができる。そして次の問題の選択肢を眺め……」という"先読み"技術も必要だとよく言われる。そうできるのなら、そうするに越したことはない。しかし最も大切なのは、流れてくる情報を、頭の中に素早く整理して取り込んでいく力である。こうした力を身に付けるには日頃からどんな練習をするとよいのか、Unit 3を参考にその方法を会得しよう。

リスニング

■ 文の内容一致選択

# ③ 実践トレーニング！ の概要

ここでは、以下の5つのステップでリスニング問題 Part 2 を攻略する。

**Step 1** ▶ キーセンテンスを聞き取る

**Step 2** ▶ 語句を攻略する

**Step 3** ▶ 日本語で内容を書き下す

**Step 4** ▶ 内容に関する問題に答える

**Step 5** ▶ 本番形式の問題を解く

　**Step1** では、まず一度、ノーヒントで聞き、そのあとで、パッセージの中で内容理解のキーポイントとなるセンテンスをきっちり聞き取る。この3つをつなぎ合わせれば、最初の聞き取りで何も理解できなくても、だいたいのあらすじが浮かび上がってくるだろう。

　さらに **Step 2** では難易度の高い語句を練習する。その後で、改めて聞いてみよう。先ほどよりも理解が進んでいることがわかるだろう。**Step 3** では、ストーリー全体が理解できているかどうか、日本語で書いてみる。これができると、相手に内容を伝えることができるはずだ。**Step 4** では内容に関する問題を解き、さらに **Step 5** で本番同様の問題に挑戦しよう。

**Unit 2** 実践トレーニング！

# A

## Step 1 🎧 Track 94

まずパッセージAを聞きましょう。その後、もう一度音声を聞きながら、カッコを埋めましょう。繰り返し聞いてもかまいません（模範解答は次ページ欄外に）。

① In the U.S, it has long been believed that the (　　　　) (　　　　) (　　　　) is 98.6 degrees Fahrenheit.

② ... it has steadily (　　　　) (　　　　) (　　　　) and ... now the average American seems to run more than a whole degree Fahrenheit lower.

③ Temperature can be helpful in determining whether or not you're ill and how ill you might be, ... although (　　　　) (　　　　) (　　　　) is most important.

## Step 2 🎧 Track 95

音声中に出てくる語彙をチェックしましょう。日本語の意味をよく見て、音声の後に、リピートましょう。

| | | | |
|---|---|---|---|
| 1 | 華氏 | 1 | Fahrenheit |
| 2 | 時代遅れの | 2 | outdated |
| 3 | 南北戦争の北軍の退役軍人 | 3 | Union Army veterans of the Civil War |
| 4 | 座りっぱなしの | 4 | sedentary |
| 5 | 著しく | 5 | significantly |
| 6 | 伝染性の | 6 | infectious |
| 7 | 先住民 | 7 | indigenous people |
| 8 | 押し上げる | 8 | boost |
| 9 | 反応する | 9 | respond |
| 10 | 投薬治療 | 10 | medication |

■ 文の内容一致選択

リスニング

音声をもう一度聞き、日本語で概要をまとめてみてください（模範解答は次ページ欄外に）。

① アメリカでは、平熱は華氏98.6度と昔から信じられているが、最新の研究によると、
＿＿＿＿＿＿＿＿＿＿＿＿だという。

② 研究者らによると、体温が下がったのは、衣類の暖かさ、室内温度のコントロール、座りがちな生活様式、そしておそらく最も大きいのは、＿＿＿＿＿＿＿＿＿＿＿＿などの要因が組み合わさった結果だという。

③ 体温は、病気かどうかや病気の程度の判断などに役立つが、一番大切なのは、
＿＿＿＿＿＿＿＿＿＿＿＿である。

音声をもう一度聞き、以下の質問への答えを英語で下線に書き入れてください（模範解答は次ページ欄外に）。

**Q1:** Where did the idea of normal body temperature being 98.6 come from?

**Ans.** _____

_____

**Q2:** What can the body temperature indicate?

**Ans.** _____

_____

▮ Step 1 (p. 133) 解答

① normal body temperature　② fallen over time　③ how you feel

# B

**Step 1**  Track 96

まずパッセージBを聞きましょう。その後、もう一度音声を聞きながら、カッコを埋めましょう。
繰り返し聞いてもかまいません（模範解答は次ページ欄外に）。

① The Hungarian-born performer started out as a simple (　　　　　)
　(　　　　　　), but soon found he had a knack for (　　　　　).

② ... Houdini started to expose the trickery used by (　　　　　) — those who
　claimed they communicate with (　　　　) (　　　　　)

③ At the time, many so-called magic acts tried to claim (　　　　　)
　(　　　　　　) the spirit world, and Houdini was a vociferous (　　　　) of
　this kind of (　　　　).

**Step 2** Track 97

音声中に出てくる語彙をチェックしましょう。日本語の意味をよく見て、音声の後にリピートしましょう。

| | |
|---|---|
| 1 ～の才能がある | 1 have a knack for ... |
| 2 拘束服 | 2 straitjacket |
| 3 シベリアへの囚人護送車 | 3 Siberian prison transport van |
| 4 ～と並行して | 4 alongside ... |
| 5 （人をだますための）策略 | 5 trickery |
| 6 降霊術者 | 6 spiritualist |
| 7 超自然現象 | 7 supernatural |
| 8 ばかばかしい | 8 laughable |
| 9 悲しみに打ちひしがれた | 9 grief-stricken |
| 10 声高に反対する人 | 10 vociferous opponent |
| 11 欺瞞 | 11 deception |

文の内容一致選択

リスニング

---

▼ Step 3（p. 134）解答

①この数字は時代遅れ ／ ②伝染病の減少 ／ ③自分がどんな気分なのか

▼ Step 4（p. 134）解答

Q1: It came from measuring Union Army veterans of the Civil War.
Q2: It can indicate whether you are getting better or how you are responding to medication.

| 12 霊媒者 | 12 medium |
| 13 透視能力者 | 13 clairvoyant |
| 14 変装して | 14 in disguise |
| 15 ～するのに長けている | 15 adept at doing |
| 16 強固にする | 16 cement |
| 17 まじめな | 17 no-nonsense |

## Step 3 🎧 Track 96

音声をもう一度聞き、日本語で概要をまとめてみてください（模範解答は次ページ欄外に）。

①ハリー・フーディーニは、最初は＿＿＿＿＿＿だったが、程なく自分に＿＿＿＿＿＿＿があることに気づいた。

②フーディーニは＿＿＿＿＿＿＿＿を暴露し始めた。

③当時、多くの降霊術師たちは、＿＿＿＿＿＿＿＿を主張したが、フーディーニはこの種の欺瞞に声高に反対した。

## Step 4 🎧 Track 96

音声をもう一度聞き、以下の質問への答えを英語で下線に書き入れてください（模範解答は次ページ欄外に）。

**Q1:** How did Houdini amaze thousands of people?

> **Ans.** _____
>
> _____

**Q2:** Was he jealous of spiritualists' ability to communicate with the dead?

> **Ans.** _____
>
> _____

▛ Step 1（p. 135）解答

① card magician/escaping　② spiritualists/the dead　③ ties to/opponent/deception

# C

**Step 1**  *Track 98*

まずパッセージ C を聞きましょう。その後、もう一度音声を聞きながら、カッコを埋めましょう。繰り返し聞いてもかまいません（模範解答は次ページ欄外に）。

① You may be (　　　　　) with the term "voluntourism," but as you can probably (　　　　　), it involves (　　　　　) abroad and taking some time to help (　　　　　) people while you're there.

② Sadly, many (　　　　　) claiming to be orphanages are simply using (　　　　　) children to make a (　　　　　).

③ Children need (　　　　　), and there is no (　　　　　) in relationships that (　　　　　) every few days.

**Step 2**  *Track 99*

音声中に出てくる語彙をチェックしましょう。日本語の意味をよく見て、音声の後にリピートしましょう。

| | | | |
|---|---|---|---|
| 1 | ボランティア活動と観光を兼ねた旅行 | 1 | voluntourism |
| 2 | 推測する | 2 | infer |
| 3 | 無私無欲の | 3 | selfless |
| 4 | 崇高な | 4 | noble |
| 5 | 試み | 5 | endeavor |
| 6 | 思い付きの、無計画な | 6 | casual |
| 7 | 恵まれない子ども達 | 7 | disadvantaged children |
| 8 | 施設に収容する | 8 | institutionalize |
| 9 | 極貧の | 9 | desperately poor |
| 10 | 善意の | 10 | well-meaning |

■ 文の内容一致選択

リスニング

⌐ Step 3（p. 136）解答

①単なるトランプの手品師／脱出術の才能　②降霊術者たちが使っている策略　③霊界との結びつき

⌐ Step 4（p. 136）解答

Q1: By performing escapes. / By escaping from handcuffes, straitjackets, prison cells, sealed barrels full of water and a Sibeian prison transport van.

Q2: No. He didn't think they were able to communicate with the dead and started to expose their trickery.

| 11 寄付を行う | 11 make donations |
|---|---|
| 12 ころころ変わる当番表 | 12 ever-changing roster |
| 13 安定性 | 13 stability |

## Step 3

音声をもう一度聞き、日本語で概要をまとめてみてください（模範解答は次ページ欄外に）。

①「ボランツーリズム」とは、海外への旅行と、旅行先で、ある程度の時間を費やして、現地の＿＿＿＿＿＿＿＿＿ことを兼ねている旅を意味する。

②多くの施設が、＿＿＿＿＿＿＿＿＿と名乗ってはいるが、＿＿＿＿＿＿＿＿＿を利用して利益を上げているだけだ。

③子どもには＿＿＿＿＿＿＿＿＿が必要だが、＿＿＿＿＿＿＿＿＿ような人間関係に、そのような状態は望めない。

## Step 4 🎧 Track 98

音声をもう一度聞き、以下の質問への答えを英語で下線に書き入れてください（模範解答は次ページ欄外に）。

**Q1:** What can people expect to do if they join a voluntourism program?

> **Ans.** ＿＿＿＿＿＿＿＿＿＿＿＿＿＿＿＿＿＿＿＿＿＿＿＿＿＿＿＿
>
> ＿＿＿＿＿＿＿＿＿＿＿＿＿＿＿＿＿＿＿＿＿＿＿＿＿＿＿＿

**Q2:** What are the problems that many institutions have?

> **Ans.** ＿＿＿＿＿＿＿＿＿＿＿＿＿＿＿＿＿＿＿＿＿＿＿＿＿＿＿＿
>
> ＿＿＿＿＿＿＿＿＿＿＿＿＿＿＿＿＿＿＿＿＿＿＿＿＿＿＿＿

Step 1 (p. 137) 解答

① unfamiliar / infer / traveling / less-fortunate
② institutions / disadvantaged / profit ③ stability / stability / end

**Step 5**  *Track 100-102*

# Questions 8-13

では3つのパッセージに関する問題を続けて解いてみましょう。以下の4つの選択肢から正しいものを選びなさい（解答と解説、英文スクリプト、翻訳は別冊 p. 25-30 に）。

## Question 8 *Track 100*

**1** Fewer people get contagious illnesses.

**2** People do not exercise as much as they used to.

**3** The outside temperature is higher.

**4** The body temperature of women lowered the overall average.

## Question 9

**1** We should reconsider the standard for a fever.

**2** It can be used to determine if you are ill or not.

**3** It is higher among people in the United States than those in Bolivia.

**4** The higher the temperature, the better it is.

## Question 10 *Track 101*

**1** By doing more astonishing card tricks than those of other magicians.

**2** By performing various feats of escape from difficult conditions.

**3** By doing performances such as retrieving underwater barrels.

**4** By visiting prisons to teach magic tricks to inmates.

## Question 11

**1** He used illusions taken from other escape artists.

**2** He had stolen money from a number of widows.

**3** He had exposed the tricks of fake spiritualists.

**4** He claimed to be able to make contact with the dead.

▛ Step 3（p. 138）解答
-----
①恵まれない人々を助ける　②孤児院／恵まれない子どもたち　③安定性／数日ごとに終わる

▛ Step 4（p. 138）解答
-----
Q1: They can expect to do some exotic travel and some volunteer activities.

Q2: Many of them are using children to make a profit. / The children rarely benefit from the money donated by volunteers.

## Question 12

**1** Participation in voluntourism provides less-fortunate peoole with exotic experiences.

**2** Voluntourism is always dangerous for the people involved.

**3** The selfless giving of voluntourism brings a lot of profit to travel agents.

**4** Some opportunities can be genuinely helpful.

## Question 13

**1** Most participants spend only a few days with children.

**2** Many volunteers face loss of mental stability.

**3** Some participants refuse the request of donation.

**4** Children are forced to study by them.

● 解答欄 （答え合わせは別冊 p. 25 で）

| Q8 | Q9 | Q10 | Q11 | Q12 | Q13 |
|----|----|-----|-----|-----|-----|
|    |    |     |     |     |     |

# Warm-Up

## ① 1級の問題の概要

| | |
|---|---|
| **出題数** | ：5問 |
| **形式** | ：英文が放送される前に、10秒の時間が与えられ、問題用紙に印刷されている Situation と Question を読む。その後、英文が流れ、その内容に照らして、印刷されている質問の答えを4つの選択肢から選ぶ。 |
| **解答時間** | ：10秒 |
| **測られる力** | ：実生活の様々な場面で聞こえてくるアナウンス、ボイスメッセージ、医者からの病状説明などから、必要な情報を聞き取る力。 |
| **ジャンル** | ：病院、旅行先、職場など、さまざまな生活場面での説明、連絡、ボイスメッセージなど。 |

## ② 実践トレーニング！ の前に

　本来の問題では、Situation という前提を読んでからリスニングに入るが、ここではいきなり英文を聞くことになる。150 ワード程度で、難しいものではないが、Step 1 の問題を頼りに、しっかり耳を傾けよう。

　また、いろいろな生活場面での会話や、コマーシャルなどに慣れておいた方がよい。足を捻挫した人に、Keep your legs elevated.（足を高い位置に保って）と医者が伝えていたり、部下に対して上司が、もう一度こんなことをしたら、その行いが grounds for dismissal（解雇する理由）になりうるよ、と忠告したりなど、知らない語彙ではないが、この場面でこう使うのかと、意外に感じたり、新鮮に感じたりするものが多い。評論や、科学雑誌など、論理的思考力を鍛えるものばかりではなく、生活場面が出てくる小説や、映画、ドラマなどにも親しむとよい。

# ③ 実践トレーニング！ の概要

ここでは、5つのステップでリスニング問題Part3を攻略する。

**Step 1**　情報を整理しながらとらえる

**Step 2**　難しい語句の意味を知る

**Step 3**　内容をすみずみまで聞き取る

**Step 4**　内容に関する質問に答える

**Step 5**　実際の試験形式の問題に答える

　**Step 1**は、単に情報を聞き取るだけではなく、聞き取りながら頭の中で整理できているかを問う。一度でできなくてもよいので、繰り返し聞いてみよう。**Step 2**では難易度の高い語句を学習する。特にイディオムに注意したい。**Step 3**では、かたまりごとにすみずみまで聞き取り、詳細まで理解を深める。もし内容理解に自信がなければ、別冊で訳を確認してもかまわない。**Step 4**では、内容理解クイズに答える。**Step 5**では、本番形式の問題に答えるが、初めてSituationという、リスニングの前に目を通すべき短い英文が登場する。Step 4までの聞き取りとは違った角度からの設問が設けられていることもあるので、改めて前提を理解した上で、新しい気持ちで耳を傾けよう。

# Unit 2 実践トレーニング！

# Question 14

**Step 1** 🎧 Track 103

あなたはホームセンターに買い物に来て、店員の説明を聞いています。音声を聞いて、左欄の価格と右欄の説明が合致するように線で結んでください。音声は繰り返し聞いてもかまいません（解答は次ページ欄外に）。

| | |
|---|---|
| ⓐ 120ドル | a. コード付きハンマードリル |
| ⓘ 130ドル | b. コードレス、より大きい電力が必要 |
| ⓤ 150ドル | c. コードレス、1回のチャージで一日使える |
| ⓔ 200ドル | d. コードレス、予備バッテリーが必要 |

**Step 2** 🎧 Track 104

以下はパッセージに出てきた表現です。日本語の意味をよく見て、音声の後にリピートましょう。Step 1ができなかった人は、再トライしましょう。

| | | | |
|---|---|---|---|
| 1 | コード付きの | 1 | corded |
| 2 | 壁のコンセント | 2 | wall outlet |
| 3 | ～に耐える | 3 | take |
| 4 | 再充電可能な、充電式の | 4 | rechargeable |
| 5 | 1回の充電で | 5 | on a single charge |
| 6 | 消耗する | 6 | run down |
| 7 | （費用が）かかる | 7 | run |
| 8 | バッテリー（電池）の寿命 | 8 | battery life |
| 9 | （ねじ、ビスなど）を打ち込む | 9 | drive in |

> Step 1が答えられなかった人は、何度でも、チャレンジしよう！

## Step 3 Track 105

では、以下のヒントを頼りに、英文をリピートしてみましょう。ポーズで繰り返してください。

Basically, / the least expensive option is this corded hammer drill. // It requires a wall outlet, of course, / but it only costs $130. // It will take just about anything you can throw at it. // These two, here, are regular cordless drills, / and both come with a rechargeable battery. // The $150 one will work almost all day on a single charge. // The $120 one is cheaper, but runs down fairly quickly, / so I'd recommend buying an extra battery. // Those run $60 each. // This $200 drill is a cordless hammer drill. // It has a larger battery, but it needs more power to work, too. // So it has about the same battery life as the $120 drill. // They can all be used to drive in screws, / but if you're planning to drill hard materials, like concrete or brick, / you'll need one of the hammer drills. // That's why they're more expensive. //

## Step 4

以下の質問に対する答えを英語で考えてください。下線に書き入れても、つぶやいてもかまいません（解答例は次ページ欄外に）。

Which type of drill, a corded drill or a cordless drill, is better to use outside, far from the house? And why?

Ans. ______________________________

______________________________

Chapter 5

Step 1（p. 143）解答

ⓐ-d ⓘ-a ⓤ-c ⓔ-b

# Question 15

**Step 1**  *Track 106*

あなたが主催した会合について、お客さまの反応をまとめたアンケート調査の結果を聞きます。音声を聞いて、調査結果の内容に合う記述に〇を、合わない記述に×を入れなさい（解答は次ページ欄外に）。

> a) 食事のサービスはとてもよく、満足できた。（　　　）
> b) 化粧室は数が足りなくて、いつも込み合っていた。（　　　）
> c) 警備スタッフから失礼なことを言われた。（　　　）
> d) 警備スタッフの経費が削られているように思えた。（　　　）
> e) 出展者や講演の内容は昨年の方がよかった。（　　　）

**Step 2** *Track 107*

以下はパッセージに出てきた表現です。日本語の意味をよく見て、音声の後にリピートしましょう。Step 1ができなかった人は、再トライしましょう。

| | | | |
|---|---|---|---|
| 1 | 出席者 | 1 | attendees |
| 2 | 昨年の会場に収まる | 2 | fit in last year's venue |
| 3 | 不釣り合いな | 3 | disproportionate |
| 4 | 小馬鹿にされたと感じる | 4 | feel belittled |
| 5 | 侮辱されたと感じる | 5 | feel insulted |
| 6 | 相違 | 6 | disparity |
| 7 | 徹底した | 7 | thorough |
| 8 | とにかく | 8 | regardless |

Real-Life 形式の内容一致選択

リスニング

Step 4 (p. 144) 解答

A cordless drill is better, because it doesn't need a wall outlet.

では、以下のヒントを頼りに、英文をリピートしてみましょう。ポーズで繰り返してください。

So, as you know, your attendance numbers were up. // In fact, the attendees this year would not have fit in last year's venue, / and there's still room to grow. // Most impressions of the new venue are excellent, / saying it was a great improvement. // People were impressed with the food services and the restroom facilities. // The lowest point in the survey concerns the security staff. // Many felt that the level of security was disproportionate to the event. // Some said they felt belittled, or insulted by the staff. // I think the disparity between this year and the first year is / due to the new security group you hired. // They were more expensive and very thorough, / but their methods are probably better suited to nightclubs. // Regardless, visitors seem satisfied with the exhibitors and talks, / with most describing them as better than last year. //

Step 4

以下の質問に対する答えを英語で考えてください。下線に書き入れても、つぶやいてもかまいません（解答例は次ページ欄外に）。

What do the results of the survey show about the security?

> **Ans.** _____
>
> _____
>
> _____

▟ Step 1 (p. 145) 解答
.................................................................................................
a) ○   b) ×   c) ○   d) ×   e) ×

# Question 16

 **Step 1** 🎧 *Track 109*

オフィスの改装工事について、上司から指示を受けます。音声を聞いて、下のa.～e.から
それぞれの曜日に合致する現在の予定を選び、スケジュールを埋めなさい。音声は繰り返
し聞いてもかまいません（解答は次ページ欄外に）。

| 月曜日 | 今日 |
| --- | --- |
| 火曜日 | |
| 水曜日 | |
| 木曜日 | |
| 金曜日 | |
| 土曜日 | |

a. オフィス家具の搬入 ／ b. 壁の塗装 ／ c. 床の改装
d. 照明器具の設置 ／ e. 予定なし

 **Step 2** 🎧 *Track 110*

以下はパッセージに出てきた表現です。日本語の意味をよく見て、音声の後にリピートしま
しょう。Step 1ができなかった人は、再トライしましょう。

| 1 進んでいる、やってくる | 1 coming along |
| --- | --- |
| 2 防水シートを敷く | 2 put down a tarp |
| 3 スケジュールを調整する | 3 shift the schedule around |
| 4 交渉の余地があまりない | 4 not much room for negotiation |
| 5 引っ越し業者 | 5 moving company |

Real-Life 形式の内容一致選択　リスニング

Step 4（p. 146）解答例

Security got the most negative responses./Some people complained about the security staff, saying
they felt belittled or insulted by them.

## Step 3  🎧 Track 111

では、以下のヒントを頼りに、英文をリピートしてみましょう。ポーズで繰り返してください。

The renovations are coming along quickly, / so that's good to see. // The builders finally have the new walls up, / and the light fixtures should be in by tomorrow. // The way things are at the moment, / we have painters coming in on Friday to do the walls. // The only thing that concerns me about that is the floors. // The floor is being refinished Thursday. // The painters said they can put down a tarp, / but I think there's still a chance they'll damage the new floors. // See if you can shift the schedule around / so that the floors get installed last. // We've got all the office furniture arriving on Saturday, / so there isn't much room for negotiation. / Maybe you can call the moving company too, / and make sure that they're arriving in the morning. / I don't want to be here all day waiting for them. //

## Step 4

以下の質問に対する答えを英語で考えてください。下線に書き入れても、つぶやいてもかまいません（解答例はこのページ欄外に）。

Why does your boss want to have the floors installed last?

**Ans.** _____

_____

Chapter 5

⌐ Step 1（p. 147）解答

火曜日：d　水曜日：e　木曜日：c　金曜日：b　土曜日：a

⌐ Step 4（p. 148）解答例

Because he thinks the painting work on the walls may damage the new floors.

148

**Step 5** 🎧 *Track 112*

# Questions 14-16

3つの問題を続けて解きます。SituationとQuestionに目を通し、4つの選択肢から正しいものを選びなさい（解答と解説、英文スクリプト、翻訳は別冊 p. 31-34 に）。

### Question 14 🎧 *Track 112*

**Situation:** You are building a wooden fence around your yard. You need a drill that you can use outside, far from the house, all day. You've budgeted $160 for it, and are at the hardware store listening to one of the staff.

**Question:** What should you do?

**1** Buy the $120 cordless drill with an extra battery.

**2** Buy the $130 corded hammer drill.

**3** Buy the $150 cordless drill.

**4** Buy the $200 cordless hammer drill.

### Question 15 🎧 *Track 113*

**Situation:** You organize a yearly convention for fans of mystery novels. The convention has just finished its second year, which was more expensive than the first. You've hired a data analysis company to survey your attendees. You would like to bring the cost down for the next year. A consultant for the company is describing the survey results.

**Question:** What should you do next year?

**1** Use the security company from the first year.

**2** Hire a different data analysis company.

**3** Move the event to a smaller venue.

**4** Improve the quality of the presentations.

### Question 16 🎧 *Track 114*

**Situation:** Your office is being renovated, and your boss is asking you to make some adjustments to the schedule. It is Monday, and all of the work needs to be finished before the weekend.

**Question:** What should you do?

**1** Ask the builders to put up the light fixtures today.

**2** Have the floors installed one day earlier.

**3** Change the painting date to Wednesday.

**4** Ask the moving company to come next Monday.

Unit **1** **Warm-Up**

## ① 1級の問題の概要

| 出題数 | ：2問 |
|---|---|
| 形式 | ：インタビューを聞いて、設問の答えを4つの選択肢から選ぶ。 |
| 解答時間 | ：10秒 |
| 測られる力 | ：3分30秒程度続くインタビューを聞いて、インタビュイーの発言内容の骨子を捉える力。 |

## ② 実践トレーニング！ の前に

インタビューを受けている人の職業や活動について、その内容、嬉しかったこと、つらかったこと、その仕事や活動を始めたきっかけ、今後の計画や夢などが語られる。専門領域について深く踏み込んだ長文になるため、使われる単語も簡単ではない。インタビュアーの質問に答える形になっているので、質問をしっかり捉えることも重要である。また言いよどみや言い直し、スピードの変化にも注目したい。試験問題として作られているので、まだ、その度合いはマシな方だといえるが、実際のインタビューでは言いよどんだところをしっかり言い直す場面はゆっくりで、「もちろんこれは時と場合にもよるのですが……」などと付け足すようなところでは、とても速かったりする。集中力も大切だが、本物のインタビューを聞いて、こうした特徴に慣れることが大切だ。

## ③ 実践トレーニング！ の概要

**Step 1** 概要を聞き取る ⇒ **Step 2** インタビューのキーセンテンスを聞き取る

⇒ **Step 3** 語彙の確認 ⇒ **Step 4** あらすじがつかめているかどうかの確認

⇒ **Step 5** 実際の試験形式の問題に答える

**Step 1** では、インタビュイーがどのような職業についているのか、あるいはどのような活動をしているのか、インタビュー中でどんな内容が語られているのかを、日本語のヒントを手がかりにつかむ。**Step 2** では、インタビューの中の要点となる内容を含む部分を何度も聞いて英文を完成する。**Step 3** ではインタビューの中で使われている語句表現について、新しいもの、馴染みのないものを日本語で意味を確認し、英語で発音してみる。**Step 4** で英文を完成することで、あらすじを正しく聞き取れているかどうか確認をし、**Step 5** の本番と同じ形式の問題に備えよう。

# Questions 17-19

**Step 1** 🎧 *Track 115*

以下のポイントに注意しながら、インタビューを聞いてみましょう。繰り返し聞いても構いません。

> ● Richard Nilsson はどんな仕事をしているのか？
> ● 気候変動は、沿岸部の浸食被害と、どのように関係してくるのか？
> ● 沿岸浸食は、人にどのような被害をもたらすのか？
> ● 沿岸浸食について、何か対策があるのか？
> ● イースト・アングリアについて、Richard は、どんなことを言っているか？

**Step 2** 🎧 *Track 115*

インタビューのキーセンテンスです。もう一度インタビューを聞いて穴埋めをしてみましょう（解答は次ページ欄外に）。

① My job is to look at (　　　) (　　　) and the (　　　) it will have in the next decade, even over the next 100 years.

② And when a (　　　) (　　　) eats away at the base of a cliff, that land is going to (　　　) (　　　) more quickly than it would have with the (　　　) tide.

③ They (people living near the shoreline) lose their (　　　), their (　　　), everything they've invested in. They end up with (　　　).

④ ... in the end, it's really a matter of estimating which areas are in the (　　　) (　　　), and unfortunately these decisions end up being very (　　　) and (　　　).

⑤ ... areas like East Anglia experience up to (　　　) (　　　) of erosion every year because of the chalky (　　　). But in a place like Scotland, the rate is (　　　) (　　　) ...

インタビュー中に出てくる語彙をチェックします。日本語の意味をよく見て、音声の後に英語をリピートしましょう。

| | | | |
|---|---|---|---|
| 1 | 浸食 | 1 | erosion |
| 2 | ～を浸食する | 2 | eat away at … |
| 3 | 浸食する、浸食される | 3 | erode |
| 4 | 査定する | 4 | assess |
| 5 | 危険（にさらされていること） | 5 | jeopardy |
| 6 | 太古の昔から | 6 | since time immemorial |
| 7 | 実物的要因 | 7 | real factor |
| 8 | 高潮 | 8 | storm surge |
| 9 | 潮汐 | 9 | tide |
| 10 | 損害、犠牲者 | 10 | toll |
| 11 | 消える運命にある、絶望的な | 11 | doomed |
| 12 | 何も残らない | 12 | end up with nothing |
| 13 | 防潮堤、護岸 | 13 | seawall |
| 14 | 防波堤 | 14 | breakwater |
| 15 | 軽減する | 15 | mitigate |
| 16 | 円錐形状のコンクリート製消波ブロック（日本では4つ足のテトラポッドがよく使われる） | 16 | concrete pylon |
| 17 | 実際的な | 17 | pragmatic |
| 18 | 負け戦 | 18 | losing battle |
| 19 | 最大～まで | 19 | up to～ |
| 20 | 白亜質の土壌 | 20 | chalky soil |
| 21 | 火成の地質 | 21 | igneous geology |

Chapter 5

⯀ Step 2（p. 151）解答

① coastal erosion／impact　② storm surge／wash away／regular
③ house／farmland／nothing
④ greatest danger／pragmatic／political　⑤ two meters／soil／far slower

## Step 4  Track 115

もう一度インタビューを聞き、a. あるいは b. を選びましょう（解答は次ページ欄外に）

① The speed of erosion is [ a. the same / b. different ] according to area. Richard's job is to assess [ a. the speed of the erosion / b. real property value ] in British coastal areas and which areas are in the greatest danger.

② The rising temperatures of the atmosphere and the oceans [ a. don't have any impact / b. have a direct impact ] on coastal erosion.

③ Rising sea levels caused by global warming threatens coastal areas [ a. by increasing the number of violent storms / b. by moving the shoreline ] and taking a toll on people's livelihoods.

④ We [ a. can / b. cannot ] stop erosion with seawalls, breakwaters or other obstacles. That's why [ a. we have to / b. we don't have to ] estimate which areas are in the greatest danger.

## Step 5  Track 117

それでは、本番形式の問題に答えましょう。もう一度、インタビューを聞いて、以下の質問に答えなさい（全スクリプトと解答は別冊 pp. 35-38 に）

# Questions 17-19

### Question 17
1 They are in danger of their homes being flooded.
2 No one wants to buy their house or land.
3 They are building substandard seawalls.
4 Storms erode the foundations of their houses.

### Question 18
1 They are easily washed away in storm surges.
2 They increase the rate of erosion.
3 They are considered a danger to local residents.
4 They need to be constantly maintained.

### Question 19
1 The coast of Scotland has a harder geology.
2 There is a longer area of protected coastline in Scotland.
3 There are fewer storms in Scotland.
4 The Scottish coast is mainly composed of sandstone.

●解答欄 （答え合わせは別冊 p. 35 で）

| Q17 | Q18 | Q19 |
| --- | --- | --- |
|  |  |  |

リスニング
■インタビューの内容一致選択

# キソトレ！

## 問題をやった後の復習が勝敗を決める

リスニング全般に効く、毎日少しずつ積み重ねておきたい学習をご紹介しよう。

### 聞くだけでは、聞けるようにならない！

1級受験を目指すところまでできている方に、いまさらとは思うが、言葉の学習は、「音と意味を一致させて覚える」ところから始まる。これがリスニングの基本でもあるし、リーディングの基本でもある。聞いてわかる英文は、文字を見て黙読すると、音読よりも早く読めるはずだ。この基本を肝に銘じて、自分なりの工夫をして上を目指そう。

過去問、その他リスニングの教材をたくさんお持ちだろう。利用方法として注意いただきたいのは、「聞くだけでは、聞く力は伸びない。読むだけでは、読む力は伸びない、のと同じだ」ということである。問題をやったら、以下のことをやってみよう。

1）スクリプトを見る前に、適宜ポーズを入れながらリピートできないか、あるいは音声を流しっぱなしにしてシャドーイングができないか、試みる。もうだめだ！というところまで頑張ってみる。

2）スクリプトを見て、不明な点（意味や文構造、音のつながり）を確認する。そのあと適宜ポーズを入れながら、音声を聞き、リピートする。聞こえてきた音声とそっくりにリピーティングできるように。

3）意味を噛み締めながら、誰かに聞かせるつもりで、あるいは、音声教材（モデル音声）として販売するぞ、という意気込みで、音読する。

4）再びスクリプトを見ないで、ポーズを入れながらリピートしてみる。何度やってもできないところは、スクリプトを見て、個々の単語の発音や、語と語のつながりに注意して、部分補強をする。完璧にリピートができるようになるまで頑張る。

5）シャドーイングを試みる。完璧になるまで頑張る。

以上の練習は、会話文でもモノローグでも同じだが、会話文は特にドラマチックに音読しよう。リスニングの際、話者の心情を読み取るのがうまくなる。

Step 4（p. 153）解答

① b / a ② b ③ b ④ b / a

## 調べることも、聞く力アップにつながる

　リーディングやライティングと同じく、気になることは調べたり、辞書を引いたり、関連する本や記事を読もう。特にPart 2の過去問は、すべて事実に基づくものだ。興味のある問題について、そのパッセージの中からいくつかをキーワードとして検索すると、引用元を見つけることもできる。信頼できるソースの記事であれば読み込んでみよう。

　口語表現やインタビューなどの対策には、ニュースやドラマ、映画、文学作品、エッセイ、学習記事など、雑学の宝庫である英語学習誌が役に立つ。本物のインタビューが掲載されている教材は、特にPart 4にはうってつけだ。

　こうして、1級レベルのリスニングに慣れてきたら、是非、次の学習方法もトライしよう。

1) 聞く（メモを取ってもよい。あとから、誰かに概要を伝えるつもりで）。
2) わかったことをつぶやいてみる（相手が欲しいが、大抵の場合は誰も聞いてはくれないだろう。スマホに録音するとあとで聞き返せる）。
3) 上の1)・2)を繰り返す。もう限界というところで、スクリプトを見て、不明な点や個々の単語の発音や、音がつながっているところを確認する。
4) 上の1)・2)・3)を繰り返す。
5) スクリプトを見ながら音読する。
6) リピートやシャドーイングにチャレンジ、もう一度1)・2)・3)のステップを繰り返す。「読む→伏せる→語る」をリスニング教材でやると考えれば良い。さらに、選択肢を見ないで質問に答える、という方法もある。

　他にもいろいろな方法があるだろうが、最初のうちは、上記の手順に沿って、手応えを感じてきたら、自分なりの工夫をしてみるとよいだろう。

## 何のために1級を受けるのか？

　NPR、ABC、CBC、CNN 10、TED Talksなど、インターネットから、今や湯水のごとく本物の英語が溢れ出してくる時代である。ニュース番組、インタビュー、いろいろな内容が無料で聞ける。いずれかのメディアに決めて、新聞を読むのと同じように、毎日、短い番組を聞くのも良い練習になる。特にCNN10は、高校生向け番組だが、生々しい現地からのレポートもあり、スクリプトも手に入る。

　過去問などで基礎的な練習を重ねる一方で、こうしたインターネット上の生素材に毎日触れていれば、初めは手に負えなくても、次第に細かいところまでわかるようになってくる。さらに、なぜ1級を受けるのかが、納得できるようになってくる。ニュースを聞いて世界に遅れずに情報を得る、評論を聞いて今の話題についての知識を深める、問題意識を持つなど、あなた自身の成長につながる良いことがたくさんあるのだ。

# Chapter 6

# 二次試験
# スピーキング

最後に、一次試験を突破した後に課される
二次試験〈スピーキング〉を一緒に学ぼう。
実際に録音してみて、練習の成果を振り返ろう。

## ① 問題の概要

| **所要時間** | ：約10分 |

**形式** ：個人面接形式。面接官（面接委員）はネイティブスピーカーと日本人の2人。

**測られる力** ：①与えられたトピックについて、まとまった考えや意見を2分間で述べる、②2分間で述べた内容や、それに関連する質問に答える力

**ジャンル** ：国内の社会問題、国際的な環境問題や軍縮など。

## ② 実践トレーニング！ の前に

### 二次試験の概略

面接は、
①簡単な日常会話
②カードに書かれた5つのトピックから1つを選び、1分間でスピーチの準備
③2分間スピーチ
④スピーチの内容や関連する事柄について、面接官（面接委員）からの質問に答える、
という流れである。本書ではこの③について学習する。

スピーチの基本的な構成は、
**1. Introduction** →やや世間話的な「つかみ」から、自分はこう思う、と結論を述べる。
**2. Body** →1をサポートするための理由や事例を挙げる。3つあると良い。
**3. Conclusion** →「というわけで、こういう結論だ」と、1で述べた通りの結論を、もう一度伝える。
　重要なのは、2のBodyで何を言うか、また、3は1とまったく同じではなく、表現を変えて伝えると評価が高くなると言われている。

### 合否を左右するトピック選び

　最初の難関は、トピック選びだと言われている。トピックには、YesかNoかの意見を言うものと、AgreeかDisagreeかの意見を言うものの2種類ある。5つのトピックから、これなら語れる、というものを、素早く見つけよう。背伸びをしたスピーチにならないように、自分の体験を交えて話せるものを選ぶと良い。自分が知っていること、自分の頭で考えられる以上のことは、語れない。さまざまな事柄について問題意識を持った教養人を目指すべきではあるが、「自分は学者や専門家のように受け答えができるはずがない」と考えれば、自然と身近なことと関連付けて語れるトピックを選べるし、あとの質問に対する受け答えも楽になる。

　どのトピックも話す内容が頭の中に浮かばない、Yes か No かも決められないといった状態で時間が来てしまってとりあえず意見を表明して、スピーチを始めてしまうと、理由について語る部分が支離滅裂になったり、違う話へ飛んでしまったりして、まとまりがなくなる。そうなると全体の構成に対する評価が低くなり、合格ラインに達するのが難しくなる。

　こうした事態を避けるためには、本書で学び、さらに過去問などを使って、いろいろなトピックに対して意見を持ち、それをサポートする理由や事例が自分の中にあるかどうかを確認してみることが大切だ。

# ③ 実践トレーニング！ の概要

ここでは、以下の3つのステップでスピーキング問題を攻略する。

**Step 1** 日本語で理由を考える

**Step 2** Body を考え、スピーチにトライ

**Step 3** 模範例と自分のスピーチを比較し、全体の構成や表現を振り返る

　**Step 1** では、指定されたトピックについて、賛成と反対、それぞれの理由をまずは挙げられるかどうか、確かめることから始めよう。日本語で構わないが、英語でも OK。時間制限は設けていないので、複数のメディアをいろいろな角度から当たってみてほしい。もちろん多ければ多いほどよいが、挙げたものを自分自身がしっかり理解しており、さらにきちんと表現できるかどうかも考えよう。

　**Step 2** は Step 1 と同じ7つのトピックを扱う。それぞれのトピックについて、Intro (Introduction) の立場をサポートするための理由3つが日本語で提示されている。これを英語にしながら、Intro → Body → Conclusion のスピーチの形に落とし込み、2分間語る練習をしてみよう。

　**Step 3** では、模範例と自分のスピーチを比較しながら、全体の構成や表現の使い方を振り返ろう。ただし、模範例はあくまでも模範である。難しく思えたら、①自分が言いやすい表現に言い換える、②一文をいくつかの文に分解して言ってみる、という練習も大切だ。振り返って「こう言えばよかったんだ」という気づきがたくさんあるとよい（これは、Step 2 の3つの理由についての模範例も同じだ）。また、聞きやすい音声表現は、コミュニケーションの大切な要素であり、スピーチ評価の観点にも含まれている。モデル音声をそっくり真似るつもりで、音読やリピート練習をしよう。

　こうした練習を通して、社会問題や国際問題について「2分間語る」ことに慣れていこう。

面接

## 二次試験　スピーキング

**Step 1** 以下のトピックについて、賛成と反対の理由を考え、日本語で書いてみましょう。インターネットなどで調べても構いません（解答例は p. 169 に）。

**1.** Should the mandatory retirement age system be abolished?（定年制は廃止されるべきか？）

YES _____

NO _____

**2.** Should Japan allow patients to end their lives with dignity, as some other countries permit?（他の国と同様、日本は尊厳死を許すべきか？）

YES _____

NO _____

**3.** Should cloning one's pet after its death be allowed?
（ペットの死後にクローンを作ることは許されるべきか？）

YES _____

NO _____

**4.** Agree or disagree: Japan should abolish capital punishment.
（賛成か反対か：日本は死刑を廃止すべきである）

AGREE _____

DISAGREE _____

**5.** Agree or disagree: Democracy is facing many challenges in today's world.

（賛成か反対か：民主主義はこんにち、多くの課題に直面している）

| AGREE |
|---|
| DISAGREE |

**6.** Agree or disagree: The empowerment of women has been successfully advanced in Japan.

（賛成か反対か：日本では女性の社会的地位向上がうまく進んでいる）

| AGREE |
|---|
| DISAGREE |

**7.** Agree or disagree: All Japanese companies should allow their employees to have second jobs.

（賛成か反対か：すべての日本企業は、従業員に副業を許可するべきである）

| AGREE |
|---|
| DISAGREE |

解答例以外にもいろいろな理由を挙げることができたと思います。問題意識を持って毎日を過ごしましょう。
Don't sleep through life!

**Step 2** Intro をサポートする理由3つ（1.〜3.）を、words and phrases を参考に、Body の中で使える英文にしてみます（模範例は p. 169 に）。

次に Intro から Conclusion まで2分間で語りましょう。録音すると振り返るときに便利です。

**1.** Should the mandatory retirement age system be abolished?

▶ **Intro:** I think the system should be abolished.

▶ **Body**

1. 少子高齢化による労働力不足を補える。

_____

_____

_____

2. 若い人たちは年配の労働者から、時間をかけて学べる。

_____

_____

_____

3. 仕事を続ければ、その収入で生活の質を保つことができる。

_____

_____

_____

▶ **Conclusion:** Abolishing the retirement age system will benefit all members of society.

---

### words and phrases

労働力不足 labor shortage ／少子高齢化 declining birthrate and aging population ／年配の労働者 elderly worker ／生活の質を落とす reduce one's quality of life ／年金で暮らす live on one's pensions ／以前のライフスタイルを維持する maintain one's former lifestyles

---

メモを見ても、原稿を見てもかまわないので時間を測りながらスピーチしてみよう！ とにかく2分間で言い切ること！

**Step 3** 別冊の模範例（p. 39）と比べてみましょう。また、模範例の音声を聞いて、あとについて音読してみましょう。  *Track 118*

**Step 2** Introをサポートする理由3つ(1.〜3.)を、words and phrases を参考に、Body の中で使える英文にしてみます(模範例は p. 169に)。
次に Intro から Conclusion まで2分間で語りましょう。録音すると振り返るときに便利です。

**2.** Should Japan allow patients to end their lives with dignity, as some other countries permit?

▶ **Intro:** Yes, I think a dignified death should be allowed in Japan.

▶ **Body**

1. 治る見込みもなく、耐え難い痛みの中で死ぬことを選ぶのは、人の権利である。

_____

_____

2. 末期患者を支えることで、大きなストレスや経済的負担に直面する家庭もある。

_____

_____

3. 言いにくいことだが、植物状態や脳死状態の患者の延命のために使う医療費を、教育の改善やその他の目的に回すことができる。

_____

_____

_____

▶ **Conclusion:** The right to a dignified death will ease a lot of suffering, for both patients and their families.

---

### words and phrases

人権 human right ／ 耐えがたい痛み unbearable pain ／ 回復の望み hope of cure from a disease ／ ストレスを受ける face stress ／ 末期患者 terminally ill patient ／ 言いにくいことだが、I hesitate to say this but, ／ 延命処置 life-prolonging treatment ／ 植物状態の in vegetative states ／ 脳死の brain-dead

ゆっくり相手に伝える気持ちで語れば、模範例程度の分量でちょうど良いはずです。

**Step 3** 別冊の模範例(pp. 39-40)と比べてみましょう。また、模範例の音声を聞いて、あとについて音読してみましょう。  *Track 119*

面接

次に Intro から Conclusion まで2分間で語りましょう。録音すると振り返るときに便利です。

**3.** Should cloning one's pet after its death be allowed?

▶ **Intro:** I don't think cloning a pet should be allowed.

▶ **Body**

1. 人のクローンをつくることにつながり、反倫理的である。

_____

_____

_____

2. 死んでもクローンが手に入るようになると、命を大切に思わなくなる。

_____

_____

_____

3. 生まれ育つ環境が違うので、クローンが元々のペットと同じ性格である可能性は低い。

_____

_____

_____

▶ **Conclusion**

I know a lot of people suffer grief from the loss of a pet, but I think cloning a pet should not be allowed for these reasons.

---

**words and phrases**

倫理に反した  unethical ／人間のクローン化  human cloning ／生き返らせる  bring one back to life ／命の尊厳  sanctity of life ／生き写し  carbon copy ／動物の性格の形成  formation of an animal's personality ／ペットロス  grief from the loss of a pet

---

 cloning や unethical の発音に気をつけて！

**Step 3**  別冊の模範例（p. 40）と比べてみましょう。また、模範例の音声を聞いて、あとについて音読してみましょう。  *Track 120*

Introをサポートする理由3つ（1.～3.）を、words and phrases を参考に、Bodyの中で使える英文にしてみます（模範例はp. 170に）。
次に Intro からConclusion まで2分間で語りましょう。録音すると振り返るときに便利です。

**4.** Agree or disagree: Japan should abolish capital punishment.

▶ **Intro:** I think Japan should abolish capital punishment.

▶ **Body**

**1.** 罪人であっても、殺すことは非人道的。先進諸国では死刑が次々と廃止されている。

_____

_____

**2.** 冤罪が後で判明しても、処刑されていたら生き返らせることはできない。

_____

_____

**3.** 刑務所から出ることがなければ社会に害を及ぼすことはないので、終身刑で十分。

_____

_____

_____

▶ **Conclusion:** Capital punishment should be abolished not only because it is against humanity but also to avoid an error that cannot be remedied.

---

### words and phrases

死刑　death penalty, capital punishment ／非人道的な　inhumane ／有罪判決を受けた囚人　convict ／殺人で有罪となる　convicted of murder ／死刑判決を受ける　sentenced to death ／不当に　wrongfully ／死刑執行　execution ／終身刑　life imprisonment ／十分な　good enough ／～に害を及ぼす　do harm to ～

---

 模範例はあくまでも模範。比べてみて難しいと感じたら、自分にあった簡単な言い方を考える！

**Step 3** 別冊の模範例（p. 41）と比べてみましょう。また、模範例の音声を聞いて、あとについて音読してみましょう。 **Track 121**

面接

165

Introをサポートする理由3つ（1.〜3.）を、words and phrases を参考に、Body の中で使える英文にしてみます（模範例は p. 170に）。
次に Intro から Conclusion まで2分間で語りましょう。録音すると振り返るときに便利です。

**5.** Agree or disagree: Democracy is facing many challenges.

▶**Intro:** Yes, I think democracy is facing many challenges in today's world.

▶**Body**

**1.** 多くの選挙で投票率が低く、積極的に政治に関わろうという気持ちが薄れている。

_____

_____

**2.** 民主主義の下で、ヘイトスピーチのように、他人の権利を侵害する形で自らの権利を行使する人がいる。

_____

_____

_____

**3.** 政治家たちが長期的展望を持つ、意味のある政策論議を避け、有権者の人気を得るためだけに野党や政治を非難する。

_____

_____

_____

▶**Conclusion:** All these represent challenges to democracy.

---

### words and phrases

投票率 voter turnout ／政治に無関心な indifferent to political affairs ／権利を行使する assert one's right ／〜の感情を害する offend ／民主主義の原則 democratic principles ／長期的展望 long-term perspective ／人気 popularity ／有権者 voter

---

政治的話題は苦手？　そう言わず、民主主義の定義について見直してみましょう。

Step 3
別冊の模範例（pp. 41-42）と比べてみましょう。また、模範例の音声を聞いて、あとについて音読してみましょう。Track 122

**Step 2** Intro をサポートする理由3つ(1.〜3.)を、words and phrases を参考に、Body の中で使える英文にしてみます（模範例は p. 170 に）。
次に Intro から Conclusion まで2分間で語りましょう。録音すると振り返るときに便利です。

**6.** Agree or disagree: The empowerment of women has been successfully advanced in Japan.

▸ **Intro:** No, I don't think it has not been successful.

▸ **Body**

**1.** 大臣の男女比を見れば、圧倒的に男性が多い。先進国の中では最下位。

_____

_____

_____

**2.** 企業はまだ男性中心で、男女間の賃金格差もある。

_____

_____

_____

**3.** 保育所や学童保育など子育て支援が不十分で遅れている。加えて家事や子育てにおける女性への依存が強い。

_____

_____

_____

▸ **Conclusion:** For these reasons, I believe the empowerment of women has not been successfully advanced in Japan.

---

### words and phrases

閣僚  cabinet member ／女性国会議員  female lawmaker ／男性中心の  male-dominated
管理職  managerial position ／保育所  child care center ／学童保育所  after-school day
care center ／分業  division of labor ／子育て  child-rearing ／家事  housework ／
再びフルタイムで働く  re-enter full-time work ／出産する  give birth

---

 ◂ 男女の格差解消──日本はとても遅れている、大事なトピックです。

**Step 3** 別冊の模範例（pp. 42-43）と比べてみましょう。また、模範例の音声を聞いて、あとについて音読してみましょう。  *Track 123*

面接

Introをサポートする理由3つ(1.～3.)を、words and phrases を参考に、Body の中で使える英文にしてみます(模範例は p. 170 に)。
次に Intro から Conclusion まで2分間で語りましょう。録音すると振り返るときに便利です。

7. Agree or disagree: All Japanese companies should allow their employees to have second jobs.

▶ **Intro:** Yes, of course, they should allow their employees to have second jobs.

▶ **Body**

1. 副業禁止という就業規則は、法的な根拠を持たない。

_____

_____

_____

2. 副業により収入を増やすことができ、生活の質を高められる。

_____

_____

_____

3. 新しい技術や知識を身に付けることで、本業もより魅力的に感じられる。

_____

_____

_____

_____

▶ **Conclusion:** For these reasons, I think second jobs should be allowed. Doing so benefits both workers and companies.

**words and phrases**

副業 second job, side job／主たる仕事、本業 main job／就業規則 employment regulation／法的根拠を持つ have legal basis／生活の質 quality of life／社外で得られる知識と技術 external knowledge and skills／職場 workplace／魅力的な attractive／資する benefit

**Step 3** 別冊の模範例(p. 43)と比べてみましょう。また、模範例の音声を聞いて、あとについて音読してみましょう。  *Track 124*

## Step 1 解答例（pp. 160-161）

1. YES 定年を迎えても辞めさせたくない優秀な人材を確保できる。
   NO 高齢の社員が増え、比率的に新卒採用枠が減る。
2. YES 人間は、自らの死を選ぶ権利を持っているはずだ。
   NO 自殺介助との線引きが難しい。
3. YES ペットロスによる精神的な苦痛から飼い主を救える可能性がある。
   NO 生き別れたペットの代わりをさせられるクローンは、別の新しい命を持っている。
4. AGREE 死刑制度に犯罪抑止力があるとは思えない。
   DISAGREE 被害者や親族の心情を考えれば、死刑は妥当である。
5. AGREE 自国第一主義を掲げる独裁的なリーダーが支持される傾向にある。
   DISAGREE 日本では民主主義の根幹である三権分立が未だ保たれている。
6. AGREE 以前に比べて育児をしながら働き続ける女性が増えている。
   DISAGREE 世間一般では、未だに女性と男性の賃金格差が大きい。
7. AGREE 副業で得た知識や経験は、本業での新規事業の立案やアイデア創出に役立つ。
   DISAGREE 本業と副業の区別がつきづらくなり、就労時間が延びて健康を損なう。

## Step 2 模範例

**1.** (p. 162)

1. We can solve the problem of labor shortage caused by the declining birthrate and aging population.
2. Young workers will have more time to learn from elderly workers. In the long term, this will lead to an improvement in productivity.
3. After retirement, people have to reduce their quality of life as they try to live on their pensions. Being able to continue earning a salary will help to maintain their former lifestyles.

**2.** (p. 163)

1. Choosing a dignified death is a human right for a person who is suffering unbearable pain without any hope of cure from a disease.
2. Some families face enormous stress and financial hardships supporting terminally ill patients who are in acute pain.
3. I hesitate to say this, but I think we can use the money spent on life-prolonging treatments of patients in vegetative states or brain-dead to improve the quality of education and other such purposes.

**3.** (p. 164)

1. Cloning a pet could lead to human cloning. It is unethical.
2. People's attitude toward life may change. When it becomes possible to bring a once-dead pet back to life, people may start thinking less about the value and sanctity of life.
3. Cloning a pet will not give you a carbon copy of your dead pet. The personality of a cloned pet would be different from that of the original one. Like human beings, the environment affects the formation of an animal's personality.

面接

**4.** (p. 165)
1. It is inhumane to execute a person even if that person has committed murder. Most advanced countries have recognized this and abolished capital punishment.
2. Innocent people are sometimes convicted of murder and wrongfully sentenced to death. If a convicted person is found innocent after the execution, there will be no way to bring that person back to life.
3. Life imprisonment in place of capital punishment is good enough. As long as a murderer is inside a prison, he or she will never be able to do any harm to society.

**5.** (p. 166)
1. Voter turnout is low in many elections. This means that people are becoming more indifferent to political affairs.
2. Some people assert their rights under democracy in a way that violates the rights of others. For example, hate speech threatens and offends others and is against democratic principles.
3. Politicians avoid meaningful discussions of policies from a long-term perspective. They highlight policies that appear beneficial for people but only in the short term, and they often condemn other parties and the government to gain and maintain their popularity among voters.

**6.** (p. 167)
1. If we look at the photo of the cabinet members, the number of female lawmakers is very small. The proportion of female lawmakers is much less than 20 percent, the lowest among advanced countries.
2. Companies remain male-dominated. The wage gap between male and female workers is still very large. Gender proportions in managerial positions show female workers have far fewer opportunities for promotion.
3. The number of child care centers and after-school day care centers is still too small. Women continue to shoulder too large a share of child-rearing and housework. It is often difficult to re-enter full-time work after giving birth.

**7.** (p. 168)
1. Employment regulations that prohibit workers from having second jobs have no legal basis.
2. They can improve their quality of life with the extra money, for example by a larger apartment or investing in self-improvement, such as learning a foreign language.
3. A second job gives a worker an opportunity to access external knowledge and skills. Allowing a worker to have a second job is important to make the workplace more attractive.

# 話すだけでは、話す力は伸びない！

　ここでは、スピーチに必要な力は何か、またその力を得るためには、日ごろからどのような練習をし、どういう心掛けでいるべきかを簡単に説明しよう。

## スピーチに必要な力とは

　スピーチに必要な力は、以下の３つである。

### 1. トピックについて語ることを思いつける力

　知識や体験の蓄えがあり、そこから、関連したことを取捨選択して引き出すことができる力が求められる。

### 2. まとまりに構成していく力

　Introduction、Body、Conclusion というまとまりに構成していく力。つまりこれは、伝えたい内容を聞き手にわかりやすいように組み立てていくことに他ならない。

### 3. 語彙表現、文構造を使いこなす力

　語彙表現を獲得し続けること、また、必要に応じて、手持ちの語彙表現を取り出し、上手に使う練習をすることも大切だ。道具に例えれば、新しい道具を獲得しつつ、持っている道具はいつも整理整頓と整備を心掛け、いざとなれば、すぐに使えるようにしておく、ということだ。

## 一次試験対策にもスピーキングは必要

　リーディングの「キソトレ！」では「読む→伏せる→語る」活動を、リスニングでは、1) 聞く、2) わかったことをつぶやく（できればスマホなどに録音してみる）という活動を紹介した。これらの活動は、手持ちの語彙表現を「必要に応じて、取り出し、上手に使う練習」にもなる。英語を読みっぱなし、聞きっぱなしにせずに、知りえたことをできればまとめる気持ちで口に出してみよう。

　また、ライティングの「キソトレ！」では、「使える英語で、書ける範囲で」書くことが大切である、と説明した。ライティングに比べてスピーキングでは、一層平易な表現を心掛けなければならない。口に出して語るときは、書くときよりも短い時間で言葉を選ぶ必要があるので、複雑な構文や、普段言い慣れない表現は避け、内容の構成により多くの思考力を使った方がよい。

# 具体的な練習法と気持ちの持ち方

ここまで本書を読んできた皆さんは、「読む、書く、聞く力」は、それぞれ別々に伸ばすものではないということが、すでにおわかりだろう。「話す力」についても、それ単体で伸ばせるものではない。「聞いて語る／書く」、「読んで語る／書く」、といった、総合的な活動で、効果的に伸ばしていこう。

さらに話す力を向上することに照準を当てた、生活場面を利用したこんな練習もある。

## ●身近にある物や出来事について語る

例1）駅に立つと、目の前に自動車学校の看板がある。→自動車学校について、英語でつぶやいてみよう。

「自動車学校の看板が見える。昔、自分は×××にある自動車学校に行った。路上教習を受ける前に、仮免許を取らねばならなかったのだが、仮免取得にずいぶん苦労した。検定試験を受けて不合格だと、また、余分にお金を払って補講訓練を受けないと、検定試験に再チャレンジできなかった。大変だったなぁ」

That's the billboard of a driving school. I went to a driving school in XXX many years ago. We had to get a learner's license before taking driving lessons on the road. It was not easy for me to get a learner's license. In order to get a learner's license, I had to pass a test. I failed the test several times. When I failed the test, I had to take some extra lessons before challenging the test again. Of course, I had to pay for the extra lessons. I had quite a hard time then.

などと、できるだけ平易な表現でつぶやいてみる。

その後、「仮免許、路上教習、検定試験、補講訓練」などの気になる表現、さらに、「不合格だと余分にお金を払って補講訓練を受ける必要があった」などについて、もっと楽な言い方がないか、あるいは、自分が使った表現が良いものかどうかを確認する。

例2）キッチンで食器を洗う。→食器洗いに必要な水について、英語でつぶやいてみよう。

「水を大切にしないといけないな。水にもお金がかかるし、水道使用量に応じた排水処理にだってお金は必要だ。つまり使用量を減らすと、ずいぶん節約になるということだ」

I have to use water carefully. I have to pay for the amount of water that I use and they also charge for processing the sewage in proportion to how much water I use. If I use less water, I think I can save a lot of money.

さらに「水道使用量に応じて、排水処理」などの気になる表現について確認する。

こうした練習は、特に準備も要らず、隙間時間を有効に使うことにつながる。スピーチのIntroductionでは、このような身近な話題から入ると、あとが楽になる。また

いろいろな表現を使うので、話す内容を素早く発想する（これまでに獲得した知識や経験とトピックを関連付ける）練習にもなる。

## ●十八番の表現パターンを身に付ける

「実践トレーニング！」のStep 2で勧めたように、いろいろなトピックを想定して練習をするときは、必ず録音をして聞き直そう。言いよどんだり、まったく言えなかった部分について、手持ちの表現を使って、どう言えばよかったのか振り返り、ノートに書き溜めたりするとよい。

かつて、どんなトピックでも、必ず When it comes to ...（…の話といえば）で話し始める生徒さんがいた。練習相手をしていると「またかぁ」と気になるのだが、お互い初対面の面接試験で受験者が When it comes to ... と切り出しても、「またかぁ」と面接官は思わないだろう。実際、When it comes to ... を使えば、語り出し部分が、楽になるのだ。

例えば環境問題について尋ねられると、ほとんどの人は、「成すべきことはわかっているが実現は難しい」と結論づける。国家安全保障というトピックになれば、「食料、軍事、経済、情報などの多分野をカバーするので、それぞれに細分化して考えるべき」という流れになることが多い。英語教育については、「多くの人がさまざまな意見を言うが、それを教壇で実践できる人は少ない」が一般的だろうか。それぞれ When it comes to environmental issues ... 、When it comes to national security, we have to ...、When it comes to English education, a lot of people say different things. のように、When it comes to ... は時と場合を選ばずに使える。こうした十八番の表現パターンを身につけておくといい。

## ●最後に一言

練習では、多少背伸びもしながら、あれこれ悩んでほしい。しかし試験本番では、「自分は専門家ではないので、ここで専門的な分析を繰り広げる必要はない。コミュニケーション能力の試験だと考え、与えられたトピックに絡んだ話を2分間続けることができればよい」のだ、と考えて、「なんとかなるさ」ぐらいのリラックスした気持ちで臨むとよいだろう。Good Luck!

# Chapter 7

# 模擬試験

これまでの学習、お疲れ様でした。
本番と同じ問題数・問題形式の模擬試験で
総まとめをしよう。

一次試験　筆記 ⏱100分　　　　　（解答用紙はp.198にあります）

## Grade 1

**1** To complete each item, choose the best word or phrase from among the four choices. Then, on your answer sheet, find the number of the question and mark your answer.

**(1)** As he delivered his remarks, Mr. Stevens said that his policies would be aimed at addressing the (　　　　) that divide the rich and the poor in our country.

**1** envoys　　　**2** vestiges　　　**3** disparities　　　**4** labyrinths

**(2)** *A:* How was your job interview? Did they ask for a detailed account of your past experience?

*B:* No. They didn't seem to be that interested in my past. In fact, the whole thing was quite (　　　　).

**1** perfunctory　　　**2** legislative　　　**3** sedentary　　　**4** tentative

**(3)** The summer advertising campaign uses images of snowstorms, glaciers and arctic wildlife to (　　　　) consumers to buy its line of cold drinks.

**1** repeal　　　**2** quell　　　**3** alienate　　　**4** entice

**(4)** The image of her waving goodbye as the train left the railway platform remains (　　　　) etched in his memory.

**1** recklessly　　　**2** indelibly　　　**3** inadvertently　　　**4** fastidiously

**(5)** The closer a hotel is to the amusement park, the more expensive it is. And the ones inside the park grounds charge absolutely (　　　　) rates.

**1** gregarious　　　**2** venerable　　　**3** exorbitant　　　**4** poignant

**(6)** Mean-spirited insults are, of course, (　　　　) to a constructive debate. But there's nothing wrong with honest criticism.

**1** lavish　　　**2** fervent　　　**3** trite　　　**4** detrimental

**(7)** As parents, we have an obligation to (        ) in our children desirable personality traits, like enthusiasm and compassion, and to provide positive examples to follow.

    **1** instill        **2** dissipate        **3** wane        **4** devolve

**(8)** The price of long-staple cotton rose after mishaps at production mills convinced many that demand would (        ) the volume of arriving shipments.

    **1** entail        **2** outstrip        **3** decipher        **4** petrify

**(9)** Michael and Betty are the best of friends, despite the (        ) between their views on matters of politics.

    **1** decoy        **2** hunch        **3** chasm        **4** brunt

**(10)** The prime minister managed to hold on to power, remaining (        ) in his refusal to acknowledge any connection with the payments received by members of his family.

    **1** steadfast        **2** deluged        **3** pungent        **4** latent

**(11)** Four horses were made to pull at the tree stump using ropes, but even then, it would not (        ).

    **1** dwindle        **2** eschew        **3** crease        **4** budge

**(12)** Trade negotiations broke down after reaching an (        ) regarding import tariffs. Each side remained unwilling to compromise.

    **1** impasse        **2** oppression        **3** aversion        **4** aptitude

**(13)** Safety on the factory floor is essential. Any worker who notices a safety hazard should have no (        ) about pressing the button that shuts down the production line.

    **1** reciprocations    **2** qualms        **3** flaws        **4** viabilities

**(14)** Each local union office sent a (        ) to speak and vote on its behalf at the nationwide conference of union representatives.

    **1** reproach        **2** delegate        **3** penchant        **4** whim

**(15)**     Birds expend so much energy in flight that hunting prey to obtain caloric intake is a task of (      ) importance.

    **1** resplendent      **2** fleeting      **3** paramount      **4** frivolous

**(16)**     In addition to being an insightful and important historian, she was also an (      ) observer of contemporary culture and fashion.

    **1** inclement      **2** imminent      **3** obtuse      **4** astute

**(17)**     People tell me this series of mystery novels is clever and imaginative, but on the contrary, I find the writing (      ) and unimaginative.

    **1** defunct      **2** sumptuous      **3** hackneyed      **4** vehement

**(18)**     *A:* How have you been feeling since you started your new diet and exercise program?

    *B:* I have to say that it took a bit of willpower at first. But I'm starting to enjoy it. I'm sleeping soundly, and I don't feel as (      ) in the mornings as I did before.

    **1** tantamount      **2** auspicious      **3** inveterate      **4** lethargic

**(19)**     After her initial job interview didn't go very well, Renee was (      ) when the company called her back for a second meeting.

    **1** jubilant      **2** menial      **3** salient      **4** immaculate

**(20)**     The two-week cruise is a (      ) version of the cruise line's month-long cruise, designed to accommodate travelers who don't have so much vacation time.

    **1** covert      **2** curtailed      **3** reclusive      **4** stipulated

**(21)**     Trying in secret to break the rules of the game is bad enough, but to openly (      ) them is a challenge to the authority of the referee.

    **1** concede      **2** defy      **3** verify      **4** observe

**(22)**     I have heard and responded to your complaint, so I see no reason why I should listen to you continue to (      ) the wrongs that you feel were done to you.

    **1** mull over      **2** harp on      **3** zero in on      **4** gloss over

**(23)** Regulatory authorities are working to (          ) the practice of overly aggressive bill collection tactics targeting elderly consumers.

    **1** factor in       **2** stamp out       **3** rack up       **4** succumb to

**(24)** You really should come with me to the product development conference on Saturday. You'll be able to meet lots of professionals in the field and (          ) a wealth of knowledge and experience.

    **1** rattle off       **2** tap into       **3** peter out       **4** stir up

**(25)** As new employees, you will be expected to read and understand the company's code of conduct. We all must (          ) its rules at all times.

    **1** back out       **2** abide by       **3** bank on       **4** meddle in

# 2

# Mobility as a Service

Mobility-as-a-Service, or MaaS, is a way of making it easier to get around by combining all kinds of transportation into one easy-to-use service. A MaaS customer will typically be able to use one simple smartphone app to arrange taxi, bus, light rail or train trips. MaaS eliminates the hassle of having to buy separate tickets and pay separate fares for every vehicle or service used. Payments are all charged to a credit card automatically, either as a monthly subscription fee or on a pay-as-you-go basis. MaaS ( **26** ) with efficient, seamless transport and effortless payment, which makes it valuable to customers.

In addition to being customer-oriented, MaaS also has ( **27** ). Because it is efficient and encourages public transportation, MaaS helps cities reduce the waste, traffic congestion and the pollution caused by the use of vehicles owned by individual consumers. Helsinki, Finland, was one of the first cities to establish a full-fledged MaaS system, called Whim. Helsinki city administrators are using Whim as a component of a broader plan to make personally owned vehicles obsolete in the city by 2025. MaaS is also a rich source of Big Data, yielding large amounts of information that can help city planners assess costs, adjust budgets and make informed decisions on infrastructure construction and maintenance.

Moving forward, MaaS systems are expected to incorporate more diverse types of transportation services, such as bicycle and electric scooter rentals. Airlines may also become integrated into MaaS services as cities across the globe form MaaS compatibility partnerships. And vehicle manufacturers are working together with ride-hailing and ride-sharing services to develop self-driving cars for use with MaaS systems. MaaS is developing step by step toward its ultimate ideal of ( **28** ).

(26)  **1** splits trips into short segments
      **2** saves time, money and worry
      **3** offers the best rebates and discounts
      **4** encourages responsible driving habits

**1** ethical hurdles to overcome
**2** advantages for city administrators
**3** links to the e-car industry
**4** programs for low-income neighborhoods

**(28)** **1** improving transport in aging societies
**2** shipping more freight at lower cost
**3** bringing urban convenience to rural life
**4** providing effortless worldwide mobility

# Genetic Science

The discovery of the structure of DNA in 1953 ushered in a new era of rapidly advancing genetic science. Even before this structure was understood, plant and animal breeders had been able to alter plants and animals, but the progress had been slow and alterations only incremental. The primitive technology being used at that time was derived from a premodern understanding of biology. Modern genetic science has ( **29** ). It is now possible to identify the complete set of genetic material present in a cell or organism and manipulate the content of genes.

The ability to delete, insert or change the genes of plants and animals, including ourselves, places awesome power in the hands of human beings. The genes of virus proteins can be edited in ways that impart therapeutic value. Rather than giving the patient a fever and a stomachache, a virus can be made to kill cells that cause disease while remaining otherwise harmless. Or it can be made to replace disease-causing defective genes with properly functioning genes. Scientists are working to apply these techniques to more effective therapies for cancer, Alzheimer's disease and other diseases. Other benefits of genetic editing include an enhanced ability to solve intractable crimes, increase crop yields and even to restore extinct species to their ecosystems. As genetic science develops further, however, the ( **30** ) are becoming clear.

Gene editing can be used not just to make alterations that are necessary but also those that are merely desired. For instance, parents will soon have the option to pay extra for "designer babies" with a greater likelihood of having a preferred eye, hair and skin color or having enhanced height, health, intelligence and overall attractiveness. Some scientists are taking things further, working to produce human-animal hybrids, and genetic replicas of living people. Will wealthy parents create a privileged class of "superior" humans? Will children sickened or left with undesired traits by failed attempts at genetic enhancement be loved and cared for? Will a human-animal hybrid have human rights? Like nuclear science, artificial intelligence and other new technologies, genetic technology challenges our humanity with tough moral dilemmas. We will all have to consider its implications together and ( **31** ).

---

**(29)**
   **1** justified hereditary titles
   **2** removed many of these limitations
   **3** preserved the craft of breeding
   **4** injected children with vaccines

**(30)**
   **1** causal links with poverty
   **2** financial costs of the research
   **3** regional differences it causes
   **4** unsettling dangers of its potential

**(31)**
   **1** pursue progress with greater urgency
   **2** put a stop to criminal activity
   **3** base decisions on ethical principles
   **4** detect and treat illness early on

**3** Read each passage and choose the best answer from among the four choices for each question. Then, on your answer sheet, find the number of the question and mark your answer.

# Population Decline and Tax Incentives: Hungary's Example

The recent trend toward lower birthrates and longer life spans in developed nations has resulted in aging and shrinking populations. In the European Union, for example, the total fertility rate, defined as the average number of children a woman is forecast to have throughout her lifetime, was about 1.6 in 2017. In some EU countries, the total fertility rate had fallen as low as about 1.3. The consequences could be serious; a population needs a rate of at least 2.1 to replenish itself internally. Dwindling rates of childbirth coupled with increasing life spans can cause labor shortages and insufficient tax revenue for social welfare programs just when more funds are needed to care for needy elderly populations. Today's social welfare systems were planned for demographically stable populations with more young people working and paying taxes to care for relatively few elderly people. Young couples often respond to the resulting high taxes and other economic pressures by having even fewer children.

Some factors contributing to this trend include a higher awareness of birth control methods, greater confidence that a baby will survive into adulthood, the higher costs of child rearing and a tendency to forego or postpone marriage and childbirth. Identifying and addressing specific root causes, however, is proving difficult. For example, although the tendency among women to postpone or forego marriage and to have fewer children correlates with lower birthrates, the latter cannot be simply blamed on advances in education for women. Education leads to careers, and, as studies in South Korea and Japan have shown, the development of practical social welfare support and cultural moral support for working women usually lags behind the speed at which women advance in the workplace. Many career-oriented young men and women respond by putting off or even giving up on traditional marriage and family life. Addressing root causes would thus require comprehensive changes in traditional attitudes, corporate culture and personal expectations.

Despite such complexities, national governments in Russia, Serbia, Italy, Germany, Japan, South Korea and elsewhere are trying to address declining birthrates by offering various incentives to encourage young families to have more children. One of the most aggressive of these programs is being pursued in Hungary, where the fertility rate is down to about 1.5. The government there announced in 2019 that each young couple would be offered an interest-free loan worth about $36,000, which would not have to be paid back if they had three or more children. In addition, any woman who bore four or more children would be exempted for life from paying income taxes. Critics say such programs disproportionately benefit wealthy and upper-middle class citizens, who pay more income tax than poor people do. Some also say the plans, aimed at boosting the total fertility rate to at least 2.1 by 2030, amount to overly nationalistic attempts to expand the native labor force while clamping down on immigration. Critics and supporters alike regard Hungary as a case study, the result of which will be clear by the time the new decade is out.

---

**(32)** According to the author of the passage, why are modern social welfare systems in danger?

**1** They were designed on the assumption that the populations they serve would maintain robust workforces without extending life spans.

**2** The subsidies have been expanded to stem the dwindling of birthrates while providing free education and other services less relevant to elderly populations.

**3** Young couples are placed under economic pressure by shrinking job markets just as uncertainty arises about new forms of taxation in addition to income tax.

**4** As the elderly proportion of national populations increase, governments have difficulty incentivizing commensurate growth in private-sector elder care industries.

**(33)** The most basic factors that cause birthrates to decline

**1** have developed over many decades of social change and require solutions that include a legislative component.

**2** have been academically isolated and analyzed, but they have proven difficult to address with simplistic solutions such as financial incentives.

**3** are numerous, complex and unlikely to be resolved without sweeping change involving culture, business and personal life.

**4** correlate with a recent increase in young adults who report feeling pressured by family members to have children before establishing their careers.

**(34)**    What is one of the general criticisms of the tax incentive programs noted in the passage?

**1** They provide unequal benefits to parents with public-sector careers, such as school administrators or postal service workers.

**2** They offer greater economic advantages to segments of the population in which economic need is less urgent.

**3** They tend to cause resentment between members of the native population and immigrant minority groups.

**4** They have not been standardized across the European Union and, therefore, cannot be assessed effectively.

# Good News on Worldwide Poverty

Extreme poverty, which has been a scourge of humanity for all of recorded history, may be disappearing. According to World Bank projections, the number of people living in extreme poverty — surviving on $1.90 or less per day — is estimated to have fallen below 10 percent of the global population for the first time ever. To understand what an extraordinary achievement this is, we only need to look back in time. As recently as 1990, about 37 percent of the global population was estimated to be living in extreme poverty, and about two centuries ago, in 1820, everyone in the world but a tiny rich minority struggled to get by on the personal economic buying power equivalent to today's $1.90 or less. In 2017, the World Poverty Clock organization estimated that one person now rises out of extreme poverty every second of every day. Poverty is also declining among those who suffer less-severe degrees of hardship. Each year, a lower percentage of the world's population is living on $3.00 or less per day, on $5.00 or less per day and on $10.00 or less per day.

One key factor in reducing poverty over the past quarter-century has been a poverty reduction effort undertaken as part of the push to achieve the United Nations Millennium Development Goals (MDGs). In addition to reductions in extreme poverty, the MDGs included reductions in disease and child mortality as well as worldwide improvements in universal education, women's empowerment, maternal health, environmental sustainability and economic development. According to World Bank Group President Jim Yong Kim, this sweeping, comprehensive approach is part of the reason poverty is declining. "We are the first generation in human history that can end extreme poverty," he said in 2015, when preparations were underway to replace the MDGs with an even more ambitious set of Sustainable Development Goals (SDGs). At the top of the list of SDGs, to be achieved by target year 2030, is a big one: "End poverty in all its forms everywhere."

The reason for the replacement of the MDGs with the SDGs is to push toward 17 goals, which now apply to every country in the world rather than just to developing nations. The sweeping, ambitious nature of the SDGs is not limited to erasing poverty. Others on the list include ending hunger and ensuring health, equality, clean water, economic sustainability and justice for everyone in the world. Critics have called the SDGs overambitious — something more like a utopian wish list than a set of realistic objectives. The 17 SDGs do, however, include specific targets toward which progress can be measured. Progress in terms of economic development through small and large business start-ups, as well as child health and education, is already being seen in areas such as sub-Saharan Africa, where public order and economic stability have been chronically fragile. Even the critics are hopeful that meeting these sub-targets of the SDGs will continue to make life better for everyone as the world works toward the high standards set by the SDGs over the coming decade.

---

(35) The evidence for an ongoing decline in extreme poverty is
1 becoming available for the first time due to the ability of organizations like the World Bank to finance research projects.
2 bolstered by commensurate declines in less extreme states of poverty defined by higher definitional thresholds.
3 regarded as unreliable by some scholars due to the lack of systematic worldwide data and analysis from the 19th century and earlier.
4 contradicted by the fact that people considered wealthy 200 years ago lacked many high-tech conveniences that make modern life comfortable.

(36) World Bank Group President Jim Yong Kim has said that
1 among the reasons for continued progress toward eliminating poverty is the exhaustive approach undertaken by the MDGs.
2 although 2030 has been established as the target year for the SDGs, a new set of goals will be established regardless of whether the SDGs are reached.

**3** the expansion in scope of goals that came with the transition from MDGs to SDGs has been controversial but will prove beneficial by the target date.

**4** advanced industrial nations that reach their SDGs earlier than 2030 will be organized to help developing nations reach theirs.

**(37)** Some critics have argued that the SDGS

**1** should be given a more long-term deadline than 2030, given their sweeping and comprehensive nature and the cultural changes they call for.

**2** are being applied to many advanced industrial nations that have already achieved them and to the poorest countries, where they amount to a wish list.

**3** will be more difficult to achieve in countries like those in sub-Saharan Africa where it has been difficult to maintain public order and economic stability.

**4** are more aspirational than realistic, despite the fact that they include concrete subordinate targets toward which progress can be quantified.

# Our Flat Earth

We know from the musings of ancient Greek philosophers, such as Pythagoras and Eratosthenes, that they understood the shape of the earth to be spherical. Scientific experiment, measurement and observation, voyages of discovery, aerospace travel and photography have all confirmed it: we live on a big ball that bulges a bit at the equator due to the centrifugal force of its rotation. As this scientific understanding has developed, however, so has a persistent parallel fringe movement with adherents steadfast in their conviction that the earth is flat. They are convinced that the idea of a spherical earth is a hoax orchestrated to dupe the gullible masses.

The major flat-earth theories generally assert that the shape of the earth conforms to our ordinary direct sensory experience of our planet, and that this direct experience must be given priority over all other evidence. The earth, accordingly, must be a flat disc. For confirmation, they say, one need only look at the flat ground beneath one's feet, and the great circle of the horizon.

Attempts to extend the theory beyond this simple deduction result in is not only a denial of scientific evidence but also a ludicrous patchwork of extravagant justifications. The North Pole, for example, is supposed to be at the center of the great flat disc. Antarctica must then be an "Ice Wall" around the earth's outer rim that blocks curious explorers and prevents the oceans from draining into space. The sun and moon are spheres, each measuring 32 miles in diameter, which move in circles 3,000 miles above the ground. They move beneath the stars, which are 100 miles higher. The sun and moon work like spotlights, illuminating and casting shadow to orchestrate our 24-hour day-night cycle. Gravity is a mere illusion. In fact, we are told, the earth accelerates upward at 32 feet per second squared, propelled by "dark energy."

Advocates of the theory are often bright, educated and well-spoken. They enjoy explaining in intricate detail how the model works. For sincere believers, however, a confrontation with scientific or photographic evidence reveals a darker, conspiratorial side of flat-earth thinking that verges on paranoia. The theory holds, for example, that employees of the U.S. National Aeronautics and Space Administration (NASA) patrol the southern "Ice Wall", using deadly force to prevent anyone from passing. Photos of the interior of continental Antarctica and of the earth from space are all fakes, they say, as is lunar and space exploration. The believers assert that air travel over Antarctica is a lie, and pilots, passengers and everyone else involved are either dupes of the conspiracy or are in on it. This tendency toward conspiratorial thinking among flat-earthers is sometimes accompanied by belief in other unrelated conspiracy theories, imagining deep mysteries behind the assassination of U.S. President John F. Kennedy, for instance, or U.S. government orchestration of the terrorist attacks of September 11, 2001. For many flat-earthers, however, such unseen, mysterious forces are limited to the effort to fool the public into believing in a spherical earth.

It is not known exactly how many people seriously believe that the earth is flat. Numerous organizations have emerged since the late 20th Century with thousands of members purporting to be devoted to spreading the "truth" about the earth's shape. Some of these groups seem to be parodies, and even earnest organizations such as the Flat Earth Society admit that some of their members join purely for the novelty of having a membership certificate to display as a jest. Surveys of dubious scientific value often muddy the waters, making it difficult to determine how many thousands of flat-earthers there are. Perhaps the best indicator of the theory's importance is its staying power, the thousands of people who have attended international flat-earth conferences in recent years, and the intelligence, education and articulateness of many of its outspoken believers.

An encounter with a thoroughly prepared, articulate and persuasive flat-earther can be a jarring experience for a non-believer because the believer will have spent enormous personal resources of time, energy and money developing sophisticated, if absurd, arguments to support the theory. The vast majority of people rightly assume that the earth is spherical, Antarctica exists and the moon landings were real. We are rarely, however, forced to make a convincing case to a hostile audience. It can therefore be difficult to conclusively demonstrate proof of these well-known facts on the spur of the moment. Psychologists say that persuasive flat-earthers benefit from a phenomenon called "minority influence." Experiments have verified that any fringe viewpoint presented forcefully and in an erudite, engaging and persistent way can be more influential than the facts merit. Some questions, however, do seem to stump flat-earth believers. To tell the difference between a scientist and a pseudoscientist, one might ask, "What kind of evidence would be necessary to conclusively prove this theory wrong?" A true scientist must have a disprovable hypothesis, and will therefore have a ready answer. Flat earthers, on the other hand, will usually change the subject.

**(38)** According to the author of the article, adherents of the flat-earth theory
  **1** have developed an alternative pseudoscientific theory that has its roots in the medieval practice and philosophy of alchemy.
  **2** believe that the earliest voyages of discovery did occur, although firsthand accounts of early ocean travel have been lost.
  **3** assert that the commonly held notion of a spherical earth is in fact a popular delusion that is deliberately encouraged.
  **4** were influential among ancient Greek philosophers until the writings of Pythagoras and Eratosthenes were popularized.

**(39)** What is demonstrated by the example of the "Ice Wall"?
  **1** An international consortium has erected several physical barriers to keep wandering travelers from discovering the truth.
  **2** The geographical claims of those who advance the flat-earth theory are the easiest to disprove, and also the most persistent of proponents' beliefs.
  **3** Given that gravity is a mere illusion, the wall is not actually needed to prevent the oceans from being depleted.
  **4** The flat-earth theory begins with immediate sensory observations, then puts forward a framework of seemingly ridiculous conclusions.

**(40)**     What does the author say about conspiratorial thinking among flat-earth believers?

**1** Belief in the flat-earth theory sometimes coincides with other popular conspiracy theories, but not in all cases.

**2** Conspiracy theories surrounding the assassination of U.S. President John F. Kennedy play a tangential role in the flat-earth theory.

**3** When it was reported that NASA does not patrol an Antarctic "Ice Wall," a media coverup was added to the theory.

**4** Flat-earth believers go to great lengths to conceal their meetings and activities from government and law-enforcement authorities.

**(41)**     How does the phenomenon of "minority influence" benefit the flat-earth theory?

**1** It enables flat-earth believers to respond effectively to questions about the falsifiability of their theory.

**2** It enables a well-prepared, self-assured believer to exert more influence than is justified by the facts alone.

**3** It hides the fringe nature of the theory by demonstrating that actual Antarctic exploration is more expensive than falsified evidence of it.

**4** It suggests that a small number of authoritative aviation experts can intimidate larger numbers of colleagues who have less authority.

**4** *English Composition*

- Write an essay on the given TOPIC.
- Give THREE reasons to support your answer.
- Structure: introduction, main body, and conclusion
- Suggested length: 200-240 words
- Write your essay in the space provided on p. 197.

**TOPIC**

*Is it okay for parents to monitor teens' Internet use?*

## Grade 1 | *Listening Test*

| There are four parts to this listening test. | | |  Track 125 |

| Part 1 | **Dialogues:** | 1 question each | Multiple-choice |
|---|---|---|---|
| Part 2 | **Passages:** | 2 questions each | Multiple-choice |
| Part 3 | **Real-Life:** | 1 question each | Multiple-choice |
| Part 4 | **Interview:** | 2 questions | Multiple-choice |

※ Listen carefully to the directions.

**Part 1**  *Tracks 126-135*

No. 1
**1** Around 10:15 a.m.
**2** Shortly before 12:00 p.m.
**3** Between 3:00 and 4:00 p.m.
**4** A quarter past noon.

No. 2
**1** They should stop bickering about the air conditioner.
**2** The repair she proposed is not worth the cost.
**3** Summer heat can put stress on a car's engine.
**4** Safety is more important than saving money.

No. 3
**1** Five weeks is a long time to be traveling.
**2** He should show her his hometown in Italy.
**3** They should try to save money on airfare.
**4** She can get a valid passport before traveling.

No. 4
**1** To use cups that keep hot drinks hot.
**2** To encourage more people to attend her party.
**3** To serve drinks in recyclable cups.
**4** To reduce the amount of plastic trash.

No. 5   **1** Consult with Mr. Michaels about dental treatment.
           **2** Introduce him to a colleague of the dental hygienist.
           **3** Tell the hygienist about Mr. Michaels' time constraint.
           **4** Ask the dentist to come to the front desk.

No. 6   **1** He already went on a vacation this year.
           **2** He will travel at peak times with kids someday.
           **3** He would rather work than go on vacation.
           **4** His wife prefers traveling at off-peak times.

No. 7   **1** She is an experienced negotiator.
           **2** She had a work shift that ended at midnight.
           **3** She wants a lower price than the man will offer.
           **4** She expected the man to wrap up the negotiations today.

No. 8   **1** Produce a TV advertisement for a drug company.
           **2** Meet with the client early the following week.
           **3** Analyze past business results in the billboard advertising field.
           **4** Attend a meeting with Brentways Pharma on Monday.

No. 9   **1** Continue paying about the same amount each month.
           **2** Subscribe to a special sports programming package.
           **3** Cancel his subscription to the special introductory offer.
           **4** Take advantage of a two-year special promotional offer.

No. 10 **1** Ask for help in organizing the school festival.
           **2** Apply for a paid job at the public library.
           **3** Reduce his overtime hours at their company.
           **4** Cut out one of his unpaid jobs.

(A)  No. 11  **1** Gingivitis is a serious illness that happens around the teeth.
    **2** It is preventable by using mouthwash.
    **3** It may have related to all types of cancers.
    **4** Serious gum disease may have something to do with diabetes.

No. 12  **1** It may be not good enough to prevent oral problems.
    **2** It is recommended to be used especially after eating snacks.
    **3** Most dentists are doubtful about its effectiveness.
    **4** There are too many commercials these days.

(B)  No. 13  **1** It may soon encompass 50 percent of freelance workers.
    **2** It is larger in more economically powerful countries.
    **3** It has depleted locally available talent pools.
    **4** It occupies less than half of the national workforce.

No. 14  **1** Subsidies in the form of reduced payroll taxes.
    **2** A stable source of funding for employee benefits.
    **3** Economical access to sophisticated expertise.
    **4** Training programs shared between companies.

(C)  No. 15  **1** It seeps into the soil, nourishing friendly plants.
    **2** Its use correlates with famous inventions and art.
    **3** It was first synthesized in ancient times.
    **4** It can be toxic, but only when it's highly concentrated.

No. 16  **1** By noting the amounts of money paid for coffee and tea.
    **2** By indicating the numbers of people who consume it.
    **3** By recounting problems that have arisen from tea shortages.
    **4** By explaining the biochemical mechanisms of addiction.

**(D)**     **No. 17**   **1** An accidental byproduct of satellite design.

                         **2** The result of orbits that have become unstable.

                         **3** The burning of outdated satellites in the earth's atmosphere.

                         **4** The reflection of the sun from solar power generating panels.

           **No. 18**   **1** They are becoming dimmer as mirrored surfaces age.

                         **2** They are being scheduled to provide a "shooting star" service.

                         **3** They are decreasing in number and frequency.

                         **4** They are becoming brighter as old satellites are updated.

**(E)**     **No. 19**   **1** Videos of top-secret U.S. Navy aviation technology.

                         **2** Three videos of two encounters with apparent flying objects.

                         **3** Maneuvers by American fighter jets that defy explanation.

                         **4** The controversial tracking of civilian jets with Navy radar.

           **No. 20**   **1** Fanciful interpretation of unclear images.

                         **2** Optical illusions occurring over water.

                         **3** Testing of advanced military technology.

                         **4** Defects in video imaging systems.

**(F)**    **No. 21 Situation:** During March, you will be hosting a tour of the facilities on the 16th floor of your company's office complex. Several of the visitors use wheelchairs. Today you are attending a staff meeting.

**Question:** What should you do to accommodate your visitors?

**1** Contact the receptionist at the building entrance.

**2** Send an email to the Security Department.

**3** Guide the visitors to the East Wing elevators.

**4** Reschedule the visit for the first week of March.

**(G)**    **No. 22 Situation:** You are visiting the doctor for a follow-up visit after a recent check-up and blood test. You have felt unusually tired during the winter months.

**Question:** What should you do first?

**1** Visit the nurse's station for a blood test.

**2** Get prescribed pills from a pharmacy.

**3** Buy over-the-counter vitamin supplements.

**4** Follow an eight-week low-cholesterol diet.

**(H)**    **No. 23 Situation:** Your company is exhibiting its products at a trade show that begins tomorrow. Your team leader leaves you a voice message.

**Question:** What should you do next?

**1** Practice responding to unexpected questions.

**2** Go to the exhibit venue to set up the booth.

**3** Contact the TV crews to schedule their visits.

**4** Get contact information from your email.

**(I)**    **No. 24 Situation:** After a long flight, you have just arrived at your destination and boarded a shuttle bus. As you seat yourself, the guide begins giving instructions.

**Question:** What should you do?

**1** Make sure you didn't leave anything behind on the bus.

**2** Exchange your cash for local currency.

**3** Check to make sure you haven't lost anything.

**4** Place your handbag under the seat.

**(J)**   **No. 25 Situation:** You have been placed in charge of a repair project in the parking facility of your office building. A contractor leaves you a voice-mail message.

**Question:** What should you do tomorrow?

**1** Decide whether to pay extra for Plan B.

**2** Submit Plans A and B to the inspector's office.

**3** Offer the property for sale at a 4% discount.

**4** Meet the county inspectors at the worksite.

## Part 4    Tracks 148-149

**No. 26**  **1** It provides women with corporate administrative skills.

**2** It enables disadvantaged students to pursue post-graduate education.

**3** It provides a highly-skilled pool of potential manufacturing employees.

**4** It enables Covey Aerospace to receive certification under international standards.

**No. 27**  **1** It enables her to inspire female students to pursue high-tech careers.

**2** It is similar to that of an elementary and secondary school administrator.

**3** It requires extensive travel and experience with advanced aircraft.

**4** It involves re-training older employees for STEM-centered job skills.

## 筆記　解答欄

| 問題番号 | | 1 | 2 | 3 | 4 |
|---|---|---|---|---|---|
| 1 | (1) | ① | ② | ③ | ④ |
| | (2) | ① | ② | ③ | ④ |
| | (3) | ① | ② | ③ | ④ |
| | (4) | ① | ② | ③ | ④ |
| | (5) | ① | ② | ③ | ④ |
| | (6) | ① | ② | ③ | ④ |
| | (7) | ① | ② | ③ | ④ |
| | (8) | ① | ② | ③ | ④ |
| | (9) | ① | ② | ③ | ④ |
| | (10) | ① | ② | ③ | ④ |
| | (11) | ① | ② | ③ | ④ |
| | (12) | ① | ② | ③ | ④ |
| | (13) | ① | ② | ③ | ④ |
| | (14) | ① | ② | ③ | ④ |
| | (15) | ① | ② | ③ | ④ |
| | (16) | ① | ② | ③ | ④ |
| | (17) | ① | ② | ③ | ④ |
| | (18) | ① | ② | ③ | ④ |
| | (19) | ① | ② | ③ | ④ |
| | (20) | ① | ② | ③ | ④ |
| | (21) | ① | ② | ③ | ④ |
| | (22) | ① | ② | ③ | ④ |
| | (23) | ① | ② | ③ | ④ |
| | (24) | ① | ② | ③ | ④ |
| | (25) | ① | ② | ③ | ④ |

## 筆記　解答欄

| 問題番号 | | 1 | 2 | 3 | 4 |
|---|---|---|---|---|---|
| 2 | (26) | ① | ② | ③ | ④ |
| | (27) | ① | ② | ③ | ④ |
| | (28) | ① | ② | ③ | ④ |
| | (29) | ① | ② | ③ | ④ |
| | (30) | ① | ② | ③ | ④ |
| | (31) | ① | ② | ③ | ④ |

## 筆記　解答欄

| 問題番号 | | 1 | 2 | 3 | 4 |
|---|---|---|---|---|---|
| 3 | (32) | ① | ② | ③ | ④ |
| | (33) | ① | ② | ③ | ④ |
| | (34) | ① | ② | ③ | ④ |
| | (35) | ① | ② | ③ | ④ |
| | (36) | ① | ② | ③ | ④ |
| | (37) | ① | ② | ③ | ④ |
| | (38) | ① | ② | ③ | ④ |
| | (39) | ① | ② | ③ | ④ |
| | (40) | ① | ② | ③ | ④ |
| | (41) | ① | ② | ③ | ④ |

## リスニング　解答欄

| 問題番号 | | 1 | 2 | 3 | 4 |
|---|---|---|---|---|---|
| 1 | No.1 | ① | ② | ③ | ④ |
| | No.2 | ① | ② | ③ | ④ |
| | No.3 | ① | ② | ③ | ④ |
| | No.4 | ① | ② | ③ | ④ |
| | No.5 | ① | ② | ③ | ④ |
| | No.6 | ① | ② | ③ | ④ |
| | No.7 | ① | ② | ③ | ④ |
| | No.8 | ① | ② | ③ | ④ |
| | No.9 | ① | ② | ③ | ④ |
| | No.10 | ① | ② | ③ | ④ |
| 2 | No.11 | ① | ② | ③ | ④ |
| | No.12 | ① | ② | ③ | ④ |
| | No.13 | ① | ② | ③ | ④ |
| | No.14 | ① | ② | ③ | ④ |
| | No.15 | ① | ② | ③ | ④ |
| | No.16 | ① | ② | ③ | ④ |
| | No.17 | ① | ② | ③ | ④ |
| | No.18 | ① | ② | ③ | ④ |
| | No.19 | ① | ② | ③ | ④ |
| | No.20 | ① | ② | ③ | ④ |
| 3 | No.21 | ① | ② | ③ | ④ |
| | No.22 | ① | ② | ③ | ④ |
| | No.23 | ① | ② | ③ | ④ |
| | No.24 | ① | ② | ③ | ④ |
| | No.25 | ① | ② | ③ | ④ |
| 4 | No.26 | ① | ② | ③ | ④ |
| | No.27 | ① | ② | ③ | ④ |

# 4 ライティング解答欄

5

10

15

20

## 執筆者

**中西哲彦**（なかにしてつひこ）

愛知教育大学教育学部外国語教室卒。大手英語学校、三重県立高校で教鞭を執り、日本福祉大学国際福祉開発学部国際福祉開発学科にて准教授。現在はアルファ英語会、茅ヶ崎方式英語会顧問として幅広い層に英語を教える傍ら、金城学院大学、岐阜県立中津高校講師も務める。過去には、英検セミナー派遣講師として各地の特別授業や英語教育セミナーにて活躍し、日本英語検定協会の学習サイト「めざせ１級！英語上級者への道〜 Listen and Speak III」http://www.eiken.or.jp/eikentimes/listen3/ にも登場。

# 完全攻略！ 英検®1級

発行日：2020年4月20日（初版）

著者：中西哲彦

編集：株式会社アルク　出版編集部
英文作成協力：Braven Smillie ／Owen Schaefer
編集協力：春日聡子／霜村和久
　　　　　Margaret Stalker ／Peter Branscombe ／Randy Grace
カバーデザイン：大村麻紀子
本文、オビデザイン、イラスト：伊東岳美
ナレーション：Jack Merluzzi ／Rachel Walzer ／Marcus Pittman
音声録音・編集：株式会社メディアスタイリスト
DTP：伊東岳美
印刷・製本：日経印刷株式会社

発行者：田中伸明
発行所：株式会社アルク
　　　　〒102-0073 東京都千代田区九段北4-2-6 市ヶ谷ビル
Website：https://www.alc.co.jp/

地球人ネットワークを創る

アルクのシンボル
「地球人マーク」です。

# 完全攻略！

# 英検<sub>®</sub>1級

中西哲彦 著

## 別冊 解 答 ・ 解 説

## Step 5の解答 (pp. 58-59)

**解答**
(1) **3**　(2) **2**　(3) **3**　(4) **1**　(5) **2**　(6) **4**　(7) **2**　(8) **3**　(9) **2**　(10) **1**

### (1) 解答 3
The applicants sought political asylum in that country but were forcibly (repatriated) because they were not refugees in the legal sense of the word.
**1** crunched　**2** reprimanded　**3** repatriated　**4** tormented
設問 志願者たちはその国で政治的亡命を求めたが、法的な意味での難民ではないという理由で強制的に送還された。
選択肢 **1** バリバリ砕いた　**2** 叱責された　**3** 送還された　**4** 苦しめられた
解説 repatriate は「（難民や亡命者を）本国に送還する（帰還させる）」という意味。expatriate は「（刑罰として）本国から追放する」と逆の意味になるが、名詞として「国外居住者」「海外駐在者」を指す場合もある。1の crunch は crunch the numbers の形で「計算する」の意味。

### (2) 解答 2
Doctors (diagnosed) the condition as Creutzfeldt-Jakob disease which is considered incurable.
**1** refurbished　**2** diagnosed　**3** eradicated　**4** deployed
設問 医師たちはその症状を、難治性と考えられているクロイツフェルト・ヤコブ病と診断した。
選択肢 **1** 改装した　**2** 診断した　**3** 根絶した　**4** 配備した
解説 2と3で迷うかもしれないが、文中の as に注目しよう。diagnose A as B（A［人や症状］をBと診断する）に気付けば、2が正解とわかる。

### (3) 解答 3
UN peacekeeping efforts were often (hampered) by coordinated offensives from the south and east.
**1** subsidized　**2** submerged　**3** hampered　**4** demolished
設問 国連平和維持活動は、南部と東部の統合ゲリラ攻撃によって、妨害されることが多かった。
選択肢 **1** 助成した　**2** 水に沈んだ　**3** 妨害された　**4** 解体された
解説 問題文中の offensives で悩んだかもしれない。offensive は、形容詞でよく使われるが、ここでは「攻撃」という意味の名詞。offense も名詞として「攻撃」を意味する。defensive, defense は、いずれも名詞で「防衛」を意味する。また、defensive は形容詞としても使われる。4つをセットで覚えておこう。

## (4) 解答 1

With the economy to beginning to stabilize, attention is turning to measures for preventing a (recurrence) of the economic crisis.

**1** recurrence  **2** fungus  **3** cramp  **4** vicinity

設問 経済が安定し始めている中、経済危機の<u>再発</u>を防止するための対策に、注意が向くようになっている。

選択肢 **1** 再発  **2** 菌  **3** けいれん  **4** 周辺

解説 cramp が持つ語感に惑わされたかもしれない。経済の「けいれん」であれば、ありうるかもしれないが、経済危機の「けいれん」とは言わないだろう。文脈上、最も適切なのは「経済危機再発」を防止することである。

## (5) 解答 2

Local residents filed a suit for the (eviction) of travelers who had set up camp in a local park.

**1** ravage  **2** eviction  **3** hoax  **4** clamor

設問 地元住民は、地域の公園にキャンプを張った旅行者たちに<u>立ち退き</u>を求めて訴訟を起こした。

選択肢 **1** 荒廃、惨害  **2** 立ち退き  **3** いたずら、悪ふざけ  **4** どよめき、抗議の声

解説 file a suit for ... は「～を求めて訴訟を起こす」。あまり好ましくない例ではあるが、A filed a suit for divorce against B.（A は、B に対して離婚を求める訴訟を起こした）などのように使う。「キャンプを張る（設営する）」にあたる set up もすぐには出てこないかもしれない。この機会に覚えておこう。

## (6) 解答 4

Among middle-aged hikikomori, 76 percent were men. The reason most gave for becoming a (recluse) was the loss of their job.

**1** stint  **2** tantrum  **3** catalyst  **4** recluse

設問 中年の引きこもりの中で、76 パーセントは男性だった。ほとんどの人が挙げる<u>隠遁</u>者になる理由は、職を失ったことだ。

選択肢 **1**（仕事などの）任期  **2** かんしゃく  **3** 要因、触媒  **4** 隠遁者

解説 「引きこもり」を意味する語としては、recluse、withdrawal などが良く使われる。hermit（世捨て人、隠遁者）も一緒に覚えておこう。

## (7) 解答 2

The leader of the Afghan (interim) government was pleased that the international community had committed to donate 4.5 billion dollars.

**1** lacquered  **2** interim  **3** cryptic  **4** mundane

設問 アフガニスタン<u>暫定</u>政府のリーダーは、国際社会が45億ドルの寄付を約束したことを喜んだ。

選択肢 **1** 漆塗りの、ラッカー塗りの  **2** 暫定の、一時的な  **3** 暗号に関する、秘密の  **4** 世俗の

解説 クーデタが起きる→旧体制（ほとんど独裁政権体制）が崩壊する→期限付きの

国家のリーダーが定められ、期限付きで新政権がとりあえず発足する。これがinterim government（暫定政権）であり、transitional governmentとも呼ばれる。その後、民主主義を目指して本格的な選挙が行われ、民主国家が生まれる、という流れが多い。

## (8)　**解答**　3

In Japan, the term "(Intangible) Cultural Properties" refers to various cultural assets, such as stage arts, music and craft techniques that have high historical or artistic value for the country.

**1** Interminable　**2** Insurmountable　**3** Intangible　**4** Implacable

**設問**　日本において「無形文化財」とは、さまざまな文化的資産、例えば舞台芸術や音楽、そして工芸技術といった国にとって歴史的、芸術的に高い価値を持つものを指す。

**選択肢**　**1** 延々と続く、冗長な　**2** 克服できない　**3** 無形の　**4** 執念深い

**解説**　無形文化財を英語で定義するとこうなる、という英文。このまま覚えれば、日本の伝統文化を語るときに使える。

## (9)　**解答**　2

The former governor, trying to push the Pope out of politics, suggested that the pontiff shouldn't (weigh in on) climate change.

**1** plug away at　**2** weigh in on　**3** measure up to　**4** wriggle out of

**設問**　元州知事は、法王が政治に口出ししないよう、ローマ教皇は気候変動について論争に加わるべきではないと言った。

**選択肢**　**1** ～にコツコツ励む　**2** （論争など）に加わる　**3** （基準などに）かなう　**4** ～を切り抜ける

**解説**　問題文のpontiffで悩んだ人が多いかもしれない。the pontiffもthe Popeと同じ「ローマ教皇」のことである。

## (10)　**解答**　1

All of us (pine for) the days when we consumed and wasted less but enjoyed life more.

**1** pine for　**2** atone for　**3** gain on　**4** take on

**設問**　私たちは皆、より少なく消費し、無駄もより少なく、しかしもっと人生を楽しんでいた時代を恋しく思う。

**選択肢**　**1** ～が恋しい　**2** ～の償いをする　**3** ～に次第に追いつく　**4** ～を引き受ける、～を呈する

**解説**　pineは、名詞として植物の「松」を意味する単語としてよく知られているが、動詞として「恋焦がれる、懐かしく思う」という意味がある。pine for ...、pine after ...と句動詞の形で目的語を伴って使われることが多い。

## Step 5の解答　(p. 73)

■解答■

(1) **2**　(2) **4**　(3) **3**

■パッセージの訳■

### PDV のまん延

　アザラシ・ジステンパー・ウイルス (PDV) は、アザラシなどの海洋哺乳類に感染して命を奪う病気である。PDV はイヌジステンパーと密接に関連しており、イヌとアザラシの接触が、ウイルスがイヌ個体群から海洋動物へ移動した経路である可能性が非常に高い。この2つの病気は遺伝的系統を共有しており、したがって、呼吸困難、発熱、胃腸障害、神経系障害などの同じような症状を引き起こす。PDV は、これらの症状から直接死をもたらすこともあれば、狩りができないほど具合が悪くなった動物を単に餓死させることもある。

　このウイルスが西ヨーロッパのアザラシ集団で最初に発見されたのは1988年ごろで、このころ一連の集団発生により、ヨーロッパおよび大西洋の北極地方で何千頭ものゴマフアザラシが死亡した。これでは問題として十分ではないかのように、気候変動がこれをさらに拡大させる役割を果たしているように思われる。

　科学者たちは現在、太平洋の北極地方に生息する動物から、PDV ウイルスおよび多くの類似した変異体を確認している。アザラシだけでなく、ラッコも含まれている。海洋哺乳類に影響するウイルスは、大陸を挟んでどのように海から海へと広がっていくのだろうか。西海岸の動物でウイルスを検査した研究者たちは、極地で記録的な氷の消失が起こるたびに、感染した西海岸の動物の数も増加することを発見した。開水域が異常に大きくなり、ウイルスを保有する動物が西海岸を拠点とする個体に伝染させやすくなる。それだけでなく、海氷の不足は、環境圧力をこれらの動物にかけることになり、その結果 (これらの動物は) 平常時よりも遠くまで食べ物を求めて動き回ることになり、2つの個体群が接触する可能性を高める。

　これまでのところ、西海岸の感染は大規模な個体数の激減をもたらしてはいない。しかし、科学者たちは、このウイルスが北極からさらに太平洋へと広がり、ハワイなどの絶滅危惧種に影響を与える可能性を懸念している。

## (1)　■解答■　**2**

■選択肢の訳■

**1** 識別可能な特性を持たない　　**2** 同様の症状を引き起こす
**3** 1つの考えられる治療法を提案する　**4** 特定のワクチンが必要

■解説■　4行目、The two diseases share (2つの病気は共有しているものがある) からtherefore (したがって) と読み取って、さらに such as ～ (例えば)、labored breathing, fevers, gastrointestinal problems and nervous system disorders (呼吸困難、発熱、胃腸障害、神経系障害と、症状 (symptoms) が挙げられている。選択肢2が正解。

4

## （2）　解答　4

選択肢の訳

**1** ヨーロッパに住むラッコ　　　**2** 西太平洋
**3** 気候変動の問題　　　**4** 海洋哺乳類に影響するウイルス

解説　このウイルスに感染したのは（第2段落）「Europe and across the Arctic region of the Atlantic ocean（ヨーロッパおよび大西洋の北極地方）」にいる動物であった。ところが（第3段落、第1文）科学者は、PDVと、多くの似通った変異体を、「animals living in the Arctic regions of the Pacific Ocean（太平洋の北極地方に住む動物）」に確認している。この問題文から先は、どのようにそれが「spread from one ocean to another = from the Atlantic Ocean to the Pacific Ocean（大西洋から太平洋へと広がったのか）」と、展開する。選択肢4を選ぶ。

## （3）　解答　3

選択肢の訳

**1** ウイルスが他の株に変異する
**2** アザラシが氷の上で動けなくなる
**3** 2つの集団が接触する
**4** PDVに感染した動物がPDVを人に感染させる

解説　どのようにウイルス感染が広がったのか、説明が続く。「loss of ice（氷の消失）」が「unusually large expanses of open water（異常に大きい開水域 = 障害物のない、広い水域）」につながり、「it becomes easier for animals to carrying the virus to infect individuals from the west coast.（西海岸を拠点とする個体に伝染させることが容易になる）」。さらに the lack of sea ice（海氷の不足）が environmental pressure（環境圧力）となり、食料を求めて、range farther（さらに広く歩き回る）ことになった。「その結果、どんなことになったのか」をこの問題文が述べているはず。選択肢3を選ぶ。

## Step 5の解答　(p. 78)

解答

(4) **2**　(5) **1**　(6) **2**

パッセージの訳

### ディープフェイク・ビデオ

「ディープフェイク」ビデオという現象を聞いたことがある人は、近い将来そうしたビデオについてもっと聞くようになると覚悟しておいた方がよさそうだ。ディープフェイクの背景にある技術を使えば、ユーザーは、実在する人が、実際にはやったことのないことをやっているコンピューター生成ビデオを作ることができる。一方、技術は絶えず向上している。視覚イメージに対する私たちの信頼は、以前と同じではなくなるだろう。

特殊効果や不正に加工した写真は、写真と同じくらい昔からあるものだ。デジタル時代には『Photoshop』のようなソフトウェアによって、一般の人が画像をより簡単に加工してリアルに見せられるようになった。それでも、これをうまくきちんと行うには、芸術的な感覚とソフトウェアに対する深い理解が必要であった。ディープフェイクビデオでは、ある人の顔を別の人の体

に貼り付ける技術は、もはや骨の折れる作業ではない。このソフトウェアは難しい作業を人工知能に頼っているが、処理する能力は平均的なユーザーの手が届かないものではなくなっている。現在何千人もの人が使っている顔の交換アプリは、最も基本的な例であり、簡単にダウンロードできる。一方、本物のディープフェイクのビデオははるかに洗練されており、たまたまそれを目にする人は自分がディープフェイクビデオを見ていることに気づくことさえないかもしれない。

　YouTube のようなサイトには面白い例がたくさんあるが、その一方、ディープフェイクには本当に危険な可能性がある。脅迫者は、（見る人が）信じ込むような被害者のビデオを作成し、被害者の配偶者に見せると脅すだけでよい。ストーカーは、有名人が何か人種差別的なことを言っているビデオを作ることで、その有名人の評判を台無しにできる。米国大統領は、外国が核攻撃を準備している映像を作り、それを利用して自分の攻撃を正当化することで、核戦争を開始することができる。

　どうすればいいだろうか？　その質問には真の答えはない。いくつかの組織は、ディープフェイクを検出するソフトウェアの開発にせっせと取り組んでいる。残念なことに、技術が進歩すれば、偽物も進歩する。やがて、人間もコンピューターも、将来のディープフェイクを本物のビデオと見分けがつかないと思うようになりそうだ。そうなれば、健全な懐疑主義と信頼できるメディアによる事実調査への信頼に頼るしかないだろう。

........................................................................................

## （4）　■解答■　2

### ■選択肢の訳■

**1** 作成がほぼ不可能になった
**2** もはや手間のかかるプロセスではない
**3** スーパーコンピューターの使用を必要とするもの
**4** 一緒に働く人々のチームを必要とする

　■解説■　これまでのソフトウェアは、an artist's touch（芸術的な感覚）や、deep understanding（深い理解）が必要だった。deepfake videos では、簡単、楽になったのだろうか。空所の後の文に、the processing power is no longer out of reach for the average user（処理する能力は、もはや平均的なユーザーの手の届かないものではない）とあるので、選択肢2を選ぶ。

........................................................................................

## （5）　■解答■　1

### ■選択肢の訳■

**1** 脅迫者は単純に説得力のあるビデオを作ることができる。
**2** ディープフェイクをつくる人は家を知っているかもしれない。
**3** 各ユーザーには、考える責任がある。
**4** ある人物が許可なく、ディープフェイクに登場するかもしれない。

　■解説■　直前に、deepfakes have the potential to be genuinely dangerous（本当に危険な可能性がある）とあり、その例が列挙されている。空所に入るのはその例の一つになるはず。「被害者の〜で threaten to show it to the victims spouse（被害者の配偶者にそれを見せるぞと脅迫する）」とある。配偶者に見られるとまずいビデオを偽造して、脅迫に使うのだとわかるので、選択肢1を選ぶ。

## (6) ■解答■ **2**

■選択肢の訳■
**1** 偽物から本物を見分ける方法
**2** 未来のディープフェイクは本物のビデオと見分けがつかない
**3** これらのビデオは、真剣に心配するものではない
**4** インターネット上にディープフェイクの動画は残されない

■解説■ Several organizations are hard at work creating software（いくつかの組織が、[ディープフェイクビデオであることを突き止める] ソフトを、躍起になってつくっている）が、Unfortunately, as technology improves, so will the fakes.（残念ながら技術の進歩とともに偽物も進歩する）とあることから、選択肢2を選ぶ。

## Step 5の解答 (p. 85)

■解答■
(7) **4** (8) **1** (9) **1** (10) **2**

■パッセージの訳■
### フレンチブルドッグ：人気の子犬が深刻な倫理問題を引き起こす

2018年の終わり頃、犬の世界に混乱が起こり、動物の飼い主の将来に深刻な問題を提起した。約30年間、英国ケネルクラブに登録された純血種の犬の中でナンバー・ワンは、ラブラドール・レトリーバーだった。しかし、2018年、この賢くて忠実で頑健な犬は、人気ランキングのトップの座を、フレンチブルドッグに取って代わられた。ケネルクラブのキャロライン・キスコ氏は誰よりも衝撃を受けた。「フレンチブルドッグのような劇的な人気上昇は見たことがありません」と、彼女は述べた。「フレンチー」の突然の人気や、この品種に固有の病気や苦しみは、かわいいペットを意図的に販売すること、そして所有することについての倫理的問題を浮き彫りにした。

大きな丸い目、しわの寄った額、コウモリのような耳を持つフレンチブルドッグは、インスタ映えする顔をしている。彼らは小さく、手入れが簡単で、のんびりした、ときには間抜けな性格をしている。その愛らしい一面が、この犬をイギリス、アメリカ、そして世界中で大人気にした。残念なことに、一部の犬に関連する団体は、この新たな人気は、動物の育種が不適切なまで極端な域に達したことを示していると懸念している。彼らは、フレンチブルドッグは自然界には存在せず、何世紀にもわたる段階的な育種の結果でも、人間と調和した共生進化の結果でもないと指摘する。これらの動物は、特に消費者の気まぐれに訴える身体的および行動的特徴を最大化するために育種家によって「デザイン」されたのだ。そういう意味では、生きたファッション雑貨なのだ。

自然の発達からのこの極端な逸脱は、問題を引き起こしている。「彼らを可愛くすることが、彼らを病気にするのです」と、ブルーパール獣医パートナーズのニューヨーク店の医療責任者、フィリッパ・パヴィア氏は言う。フレンチブルドッグは筋骨格系の構造が不自然なため、正常に繁殖できないことがよくある。そのため、人工授精や帝王切開を必要とする。また、多くのフレンチブルドッグは、生活を悲惨なものにしかねない複数の健康上の問題を抱えやすく、一般的に生涯を通じてさらなる手術が必要である。多くの鼻の平らな犬と同様に、彼らはしばしば短頭症を持っており、その状態は変形した気道と関連しており、そのせいで運動ができない状態

になる可能性がある。さらに、皮膚や耳の感染症、脊椎の痛みを引き起こす尻尾の内方成長、嘔吐やガスによる腹部膨張を起こしやすくする胃腸の問題などもある。

　これらの問題が動物にもたらす苦しみの他に、フレンチーを飼うことは、莫大な、予想外の獣医費用をもたらす可能性もある。医療を受けさせる余裕のない人々は、フレンチーを路上や動物保護施設に置き去りにしてしまうことがある。そうした場所では、さらに苦しんだり、早死にするのが普通である。北米動物愛護協会会長兼CEOのキティ・ブロック氏は、一部の飼い主は「歳をとるにつれて、たくさんの手術が必要になることに気づかずにこれらの動物を買っているのです……犬にとっても飼い主にとっても最悪です」と述べた。

　これらは、人間が動物を意図的に作り出す「デザインする」ことに飛びついたときに生じる倫理的ジレンマの一部にすぎない。しかし、フレンチブルドッグのような問題を、より単純で純粋な時代の小さな問題として振り返る日が来るかもしれない。遺伝子工学技術はすでに、所詮、従来の繁殖技術の延長にすぎなかったフレンチブルドッグの誕生よりも、はるかに大胆で無謀な繁殖の冒険を容易にしている。同時に、かわいいペットに対する消費者の尽きることのない要求は、育種業者に次のファッショナブルな動物を考え出すように強い経済的圧力をかけ続けている。この2つの要素が組み合わさると、深刻なモラルハザードを引き起こすことになる。フレンチブルドッグの問題は、そうしたモラルハザードに対する単なる警告サインにすぎない。われわれは、他の生物に対する人間の責任を伴う未知の領域に、盲目的に突き進んでいる。

........................................................................................

**（7）** ■**解答** **4**

　■**質問と選択肢の訳**■

**Q** フレンチブルドッグの人気の理由の一つとして、挙げられているものは何か？

**1** 子どもがいる家庭にお薦めである。

**2** 他の犬よりも訓練が簡単である。

**3** 立派な番犬に成長する。

**4** 魅力的な顔と穏やかな性格をしている。

　■**解説**■　第2段落の最初に人気の理由が①large round eyes、② wrinkled foreheads、③ bat-like earsと書かれている。これら3つの特徴について、French bulldogs have an Instagram-ready face.（インスタ映えする顔立ちだ）と続いている。さらに① small、② easy to groom、③ relaxed and sometimes goofy personalitiesと、顔立ち以外の特徴が述べられ、Their loveable aspect made these dogs hugely popular（こうした愛らしい一面が大変な人気を得ている）と書かれている。選択肢1、2、3は文中で述べられていない。

........................................................................................

**（8）** ■**解答** **1**

　■**質問と選択肢の訳**■

**Q** フレンチブルドッグについて、諸団体が表明している懸念の一つは何か？

**1** 経済的、美的動機から考案された犬であること。

**2** 人の健康に対する潜在的な脅威となること。

**3** 特別に管理された食事なしでは生きていけないこと。

**4** 補助動物（介護犬や盲導犬など）として働くように訓練することはできないこと。

　■**解説**■　第2段落の第4文目から、第2段落の最後までをまとめると、選択肢1になる。まず、some dog-related groups worry（一部の犬に関連する団体が、懸念している）こと

は、this popularity represents ~（この新たな人気は、以下のことを表している）の後に、animal breeding taken to improper extremes（育種が不適切なまでに極端な域に達した）と述べられている。さらに彼らが指摘するのは、① French bulldogs are not found in nature.、② neither are they the result of centuries of gradual breeding / the result of symbiotic evolution in harmony with humans. とある。続く部分で French bulldogs [These animals] were designed to maximize physical ... characteristics that appeal to ... consumers.（フレンチブルドッグは、消費者にアピールする特徴を最大化するようにデザインされた）とまとめている。

........................................................................................................................

## (9) ■解答■ 1

■質問と選択肢の訳■

**Q**「フレンチー」が抱える問題の一つは、何か？

**1** 自然分娩ができない雌犬が多い。

**2** 脊椎痛と内方成長した尻尾は消化不良を起こしやすい。

**3** 平たい鼻が、しばしば過呼吸症候群を起こす。

**4** 呼吸困難を避けるためには、継続的な運動が必要である。

■解説■ 第3段落に、どんな問題を抱えているか具体的に書かれている。① French bulldogs often cannot reproduce normally.（自然な子づくりができない）、したがって、② they require artificial insemination（人工授精が必要である）、③ they require C-section birth（帝王切開が必要である）。ほかにも、deformed breathing passages（気道が変形し）、unable to exercise（運動ができない）状態になる、skin and ear infections（皮膚、耳の感染症）にかかりやすい、ingrown tail（尻尾が内方成長）するので、spinal pain（脊椎の痛み）を生じることがある、消化器系の問題として、vomiting and flatulence（嘔吐やガスによる腹部膨張）が挙げられている。正解は1。

........................................................................................................................

## (10) ■解答■ 2

■質問と選択肢の訳■

**Q**「より単純で純粋な時代」と、記事が述べているのはなぜか？

**1** フレンチブルドッグの人気が出る前の時代を描写している。

**2** 現在の問題は、これから出てくるであろう問題ほど悪くはない。

**3** 著者は、畜産業とペットを飼うことを比較している。

**4** 犬がかかりやすい感染症の中には、人間にとって重大な脅威となるものがある。

■解説■ 第5段落の最後から2つ目の文、These two factors will combine（これら2つの要素が一緒になる）、その結果、to pose serious moral hazards（深刻なモラルハザードがもたらされる）、そのモラルハザードに対して、for which problems with the French bulldog are a mere warning sign.（フレンチブルドッグの問題は、単なる警告のサインにすぎない）とある。その2つの要素とは、① Genetic engineering technology is already facilitating far more drastic and reckless adventures in breeding than the creation of the French bulldog, which, after all, was merely an extension of conventional breeding techniques.（遺伝子工学はすでに、所詮、従来の繁殖技術の延長にすぎなかったフレンチブルドッグの誕生よりも、はるかに大胆で無謀な繁殖の冒険を容易にしている）、② endless consumer demand for cute pets continues to place intense economic pressure on breeders to come up with the next fashionable animal.（かわいいペットに対する消費者の尽きることのない要求は、育種業者に次のファッショナブルな動物を考え出すように強い経済的圧力をかけ続けている）を指す。

　最後は、We are plunging ahead blindly into uncharted territory involving human responsibility toward other living things.（他の生物に対する人間の責任を伴う未知の領域に、盲目的に突き進んでる）と締めくくられている。従来の交配技術を使ったフレンチブルドッグや他のペットにとどまらず、今後、遺伝子工学を使って designing animals（意図的に動物を作る）ことが行われるのではないか、と示唆している。そうなると、今まで以上に深刻な問題がいろいろ出てくる可能性があるので、それを逆に述べた選択肢2がふさわしい。

## Step 5の解答　(p. 93)

**解答**

(11) **4**　(12) **3**　(13) **1**　(14) **4**

**パッセージの訳**

### トランスジェンダーに関するスポーツ論争

　現代社会は、より開かれ、人間の多様性を受け入れる方法を育んできた。この傾向の一環として、トランスジェンダーの人々が、世間に表明する性別でもって、ますます広く受け入れられている。スポーツは、こうした変化が激しい論争を巻き起こしている試みがなされている分野の一つである

　男性の性的特徴がスポーツにおいて有利であるという強力な科学的証拠がある。平均すると、男性は女性よりも大きな骨構造、より大きな肺活量、より大きな心臓のポンプ機能、より高いテストステロンを有している。テストステロンが高い結果の一つに、男性の筋肉は女性の筋肉よりも、"タイプ2"、すなわち「速筋繊維」の割合が"タイプ1"、すなわち「遅筋繊維」よりも高いということがあげられる。これにより、男性は女性よりも強く、爆発力が高い筋力を持つことになる。このため、競技種目を男女別に分けるのが公平だと考えられている。

　スポーツ選手の競技上の性別が、生まれつきの性と合法的に違うこともある、という考えは、20世紀末になるまで、真剣に取り上げられることはなかった。男性は、医師による簡単な身体構造の目視検査によって、女性運動選手の格好をすることを妨げられた。その後、生物学的性の決定的な証明を得るために、遺伝子血液検査が用いられた。しかし、それ以来、社会は、考え方の変化を遂げてきた。この変化は大きなスポーツニュースとして1977年に初めて浮上した。元男子選手でトランスジェンダーのテニスプロ、レニー・リチャーズが女性として競技を始めたのだ。手術とホルモン療法で性転換の処置を受けたリチャーズ選手は、米国テニス協会に対する訴訟に勝利した。この判決のおかげで、リチャーズは女性として全米オープンのテニストーナメントに出場することができた。

　近年、同様の転換を行う選手が急増している。重量挙げから水泳、短距離走、さらにはラグビーまで、「性転換した女性」は、トランスジェンダーではない女性の競争相手に、多くの場合、圧勝している。顕著な例の一つには、ニュージーランドの重量挙げのローレル・ハバード選手は、かつては男性パワーリフターとして競技に参加していたが、現在は女性の中で国内記録を樹立しているというものがある。カナダのスプリントの自転車競技者で、同じく元男性アスリートのレイチェル・マッキノンは現在、女性スポーツ界で世界記録を樹立している。かつて

の男性ボクサーやラグビー選手も、圧倒的なパワーとスピードで、女性を負かし、時には負傷させている。

　トランスジェンダーの人たちのスポーツへの参加を支持する人々は、トランスジェンダーの女性アスリートは単にルールに従っていて、正直に本当の自分のアイデンティティーの中で競い合っていると主張する。この見解によれば、トランスジェンダーの女性は完全に女性であり、女性のスポーツに参加する市民権を持っている。従って、社会全体がその権利を守る義務があるということになる。その結果、たとえば、女性スポーツの競争の力学に与える影響などといったことは、話の要点からは外れる。自転車競技者のマッキノンが言うように、男性が不正な手段で女性になりすますことによって不正行為を行うといった極めてまれな事例についてのみ、異議申し立ては正当化される。ほとんどすべての性転換は誠実に行われているので、このような法的に詐欺と呼べる行為は、非現実的といわれるほど珍しい。「この現実ではほとんど起こらないこと（幻想）により、全く罪のない人々がスポーツをする権利を行使できない、という考えは、トランスジェンダーの女性とトランスフォビアの辞書上の定義に対する不合理な恐怖である」とマッキノンは言う。この観点からすると、トランスジェンダーのスポーツ参加への反対は、トランスジェンダーの人々に対する妄想的な嫌悪の兆候である。それは外国人嫌悪や人種差別に似ている。

　論争の別の側面においては、多くの選手や審判、スポーツファンは、自分たちもまた、正直さと公平さを高めようとしているだけだと言う。「これはばかげていて、ずるいことだ」と、かつて世界的テニススターだったマルチナ・ナブラチロワは述べた。彼女は、スポーツに秀でたトランスジェンダーの女性は、公正な競争が不可能なほど圧倒的優位に立つ傾向があると指摘した。典型的な例は、2019年4月、トランスジェンダーの重量挙げ選手で元男性のメアリー・グレゴリーが全競技を制覇し、一つの大会で女性の世界新記録を4つ樹立したことだ。英国の元オリンピック水泳選手シャーロン・デイビスは、グレゴリーは「男性の生理機能を備えた男性の身体を持ち、世界記録を樹立し、女性種目で優勝する……女性の生態では太刀打ちできません」と書いた。この発言は、スポーツにおける男性から女性への性転換行動は、実は男性が女性を支配し、排除し、黙らせるためのもう一つの方法に過ぎないという見解を反映している。英国の陸上競技オリンピック選手であるケリー・ホームズは、多くの女性が今では競技をボイコットしたり、やめたり、何も言わずに避けたりするのではないかと懸念している。トランスジェンダーのスポーツ選手にけがをさせられる心配が増大しているラグビーやボクシングのような接触型スポーツでは、すでにこのようなことが起きていると言う専門家もいる。

　トランスジェンダーの支持者の中には、反対派はより心を開いた態度を「発達させる」だろうと予測する者もいる。トランスジェンダーの運動選手には、平均すれば、ほとんど身体的な優位性があるわけではないという人もいる。ホームズらは、トランスジェンダーの選手だけを対象にした新たな競技分類の創設を提案している。ますます多くのトランスジェンダーの女性たちが競技に参加し、勝利を収め続けているので、双方への訴訟は山積しており、論争は激化しそうだ。スポーツ関係者やスポーツ選手、そのファンたちは、今後数年間で厄介な問題に取り組むことになるだろう。

## （11）　解答　4

### 質問と選択肢の訳

Q タイプ1、タイプ2の筋肉繊維の意味について、この記事は何と言っているか？

1 思春期に発生し、成人期初期になると発達が止まる細胞組織の例である。

2 タイプ2の「速筋繊維」は生理的「闘争・逃走」反応とともに進化したと考えられている。

3 一部のトランスジェンダーのアスリートが優れている理由の一つとして、肺活量の変動率との相関が挙げられている。

4 2つのタイプの比率は、生化学がどのようにして男性の方がより高いスポーツ能力を持つ傾向にあるとしているのかを示している。

### 解説

第2段落には、運動能力において、男性が女性に優る科学的根拠が書かれている。①larger bone structure（大きな骨構造）、②greater lung capacity（肺活量が多い）、③larger heart pumping capacity（心臓のポンプ能力が高い）、④higher levels of testosterone（テストステロンのレベルが高い）、その結果、⑤Type-Two or "fast-twitch" muscle fibers（タイプ2の速筋繊維）の割合が高くなる、と書かれている。これにより、This gives men stronger, more explosive muscle power than women.（男性の筋肉の方が、女性よりも強く、爆発的な力を持っている）とあるので、選択肢4を選ぶ。

## （12）　解答　3

### 質問と選択肢の訳

Q 英文は20世紀中ごろ以来、どのような大きな変化があったと伝えているか？

1 運動能力向上薬の不正使用に関する懸念は、オリンピックのいくつかの世界記録に疑問を投げかけた。

2 女性は、数十年前に男性が記録したものと同等の新記録を打ち立てている。

3 社会は、生物学的性別とは異なる性を持つ人々をより受け入れるようになった。

4 スポーツ管理者は、性別を決定するために視認検査と遺伝子検査の組み合わせを使用することに戻った。

### 解説

第3段落に、社会の変化について書かれている。第4文に Since then, however, society has undergone a shift in attitudes.（しかし、それ以来、社会は、考え方の変化を遂げてきた）と書かれている。それまでは、どうだったかというと、Men were prevented from suiting up as female athletes through simple visual anatomical exams by doctors.（男性は、医師による簡単な身体構造の目視検査によって、女性運動選手の格好をすることを妨げられた）、さらに、genetic blood tests were employed to provide definitive proof of biological sex.（生物学的性の決定的な証明を得るために、遺伝子血液検査が用いられた）とあることから、男性が女性であると主張して、女性の競技に参加することは認められていなかったことがわかる。ところが、第5文以降には、1977年に変化が起きたと書かれている。一つは、transgender tennis pro Renee Richards ... began competing as a woman（元男子選手でトランスジェンダーのテニスプロ、レニー・リチャーズが女性として競技を始めた）、さらに、Richards won a lawsuit against the United States Tennis Association（米国テニス協会に対する訴訟に勝利した）、そして女性として全米オープンに出場したとある。こうした社会情勢を表している選択肢3が正解。

## （13） 解答 1

**質問と選択肢の訳**

Q 筆者が2019年4月のメアリー・グレゴリーの成功について触れているのはなぜか？

1 圧倒的な差での勝利が不公平な優位性を示唆していることを示すため。

2 何年にもわたる努力が成功への最善の道であるという原則を示すため。

3 優れたコーチングと訓練が、不可能を乗り越えることを説明するため。

4 男性が女性を黙らせるには、偏見の告発が一つの方法だという主張を支持するため。

**解説** 第5段落では、性転換をした女性が、女性として競技に参加できることを支持する考えについて書かれている。それに対し第6段落は、On the other side of the debate（論争の別の側面においては）で始まるので、第5段落への反論が書かれていることがわかる。

かつて世界的に有名なテニス選手であったマルチナ・ナブラチロワは、スポーツに秀でたトランスジェンダーの女性は、tend to dominate（優位に立つ傾向がある）と言い、しかも、どの程度まで優位かというと to such an overwhelming degree that fair competition is impossible（公正な競争が不可能なほど圧倒的な程度）だと指摘した。この主張の typical example（典型的な例）としてメアリー・グレゴリーについて書かれているので、選択肢1が適切。

## （14） 解答 4

**質問と選択肢の訳**

Q この論争の解決の助けになる目的でなされた一つの提案は何か？

1 若い世代の選手たちに、すべての選手に対し平等に敬意を払うことを教える。

2 男性が女性になりすまして不正行為を行わないことを確実にする規則を制定する。

3 主要なスポーツ大会から性別やジェンダーの区別をなくす。

4 トランスジェンダーの選手のみが競技する別のカテゴリーを作る。

**解説** 全文が、transgender athletes を巡る議論について、その経緯と賛否の見解を紹介している中で、解決策が提案されているのは、第7段落にある... have suggested creating a new competitive classification exclusively for transgender athletes.（トランスジェンダーの選手だけを対象にした新たな競技分類の創設を提案している）という、この1カ所だけである。

## A　Step 3 の模範解答　(p. 101)

First, (for many elderly people a car is their only means of transportation. For those who live in rural areas, they need to drive to go shopping and to the hospital).

Second, (if we set an age limit, it will not be fair to many elderly drivers. While some people lose their ability to drive safely, say in their early 70s, there are many who are still able to drive safely at the age of 80 and older. People do not lose their ability at the same pace.)

Third, (being forced to give up one's driver's license would have a negative psychological effect on the elderly. Giving up a driver's license voluntarily is likely to have much less negative impact.)

**訳**　まず、(多くの高齢者にとって車が唯一の交通手段である。地方に住んでいる人は、車で買い物や病院に行く必要がある)。第二に、(年齢制限を設定すると、多くの高齢ドライバーにとって不公平になる。70歳代前半などで安全運転ができなくなる人もいるが、80歳以上でもまだ安全運転ができる人はたくさんいる。人は同じペースで能力を失うわけではない)。第三に、(免許を手放さなければならないことは、高齢者の心理に悪影響を与える。自発的に運転免許を手放すことは、悪影響がかなり少なくなる可能性が高い)。

## B　Step 3 の模範解答　(p. 103)

Although immigration is seen as necessary to support Japan's aging population in the years ahead, I do not think Japan is well-prepared to accept immigrants.

Firstly, Japan's strict immigration laws have not been modified enough to attract people from other countries. It is difficult for migrants to get permanent resident status. This means people cannot plan a future in Japan if they cannot be sure that they will be allowed to stay. Secondly, when immigrants arrive they generally need some support in their own language. However, many local governments do not provide this. That makes it difficult for overseas residents to follow the procedures and complete the forms, etc. that they have to. The language barrier is also a problem when communicating with doctors and staff at hospitals. Thirdly, local communities are not welcoming to immigrants. Housing is a bureaucratic nightmare for anyone, but it's even worse for foreigners who many real estate agents see as a problem rather than a business opportunity. Moreover, local residents need to be taught about the benefits of immigration to make them feel less worried and more welcoming.

For the reasons stated above, it is clear that Japan is not as well-prepared to accept immigrants as it should be.

**訳**　今後、日本の高齢化社会を支えるためには移民が必要だと見られているが、日本に

は移民を受け入れる十分な準備ができていないと思う。

　第一に、日本の厳格な移民法は外国からの人々を引きつけるほど十分に修正されていない。移住者が永住権を取得するのは難しい。つまり、日本での滞在が許されるかどうか確信が持てなければ、日本での将来の計画は立てられない。第二に、移民が到着したとき、彼らは一般的に彼らの言語での支援を必要とする。しかし、多くの地方自治体はこれを提供していない。そのため、在留外国人にとって必要な手続きを踏んだり書類などに記入することは難しい。言葉の壁は、医師や病院のスタッフとコミュニケーションを取る際にも問題になる。第三に、地域社会は移民を歓迎していない。住宅は誰にとっても手続きが煩雑な悪夢だが、多くの不動産業者がビジネスのチャンスというよりも問題だと考えている外国人にとっては、さらに大変だ。加えて、地元住民に移住のメリットを教えて、不安を和らげ、受け入れてもらう必要がある。

　以上のような理由から、日本が移民を受け入れる態勢が、本来あるべき状態に比べて十分でないことは明らかである。

## C　Step 3の模範解答　(p. 105)

I agree that the internet has done more harm to teenagers than good.

First, the most obvious harm is that teenagers waste a lot of time on the internet. They spend far too much time playing online games. This has a double negative impact on their schoolwork. Not only do they spend less time studying and doing homework, but because they have been playing games instead of sleeping they are also often too sleepy to learn in class. Second, another big problem with the internet is bullying on social networks. We see bullying among adults online, but the problem is even worse for teenagers who are still emotionally immature and extremely sensitive to criticism. Because users can choose to be anonymous online, it lets people say things to others that they would never say if they were face to face. Third, there is a concern that relying on the internet means teenagers are no longer using their brains effectively. What happens when they need to think for themselves and can't simply look up the answer to something on the internet? Without a certain amount of knowledge in their minds, it is possible teenagers will not be able to develop their critical thinking ability.

Taking all the above into consideration, I think the internet has done more harm to teenagers than good.

　**訳**　私はインターネットが10代の若者に益よりも害を与えたことに同意する。

　まず、最も明らかな害は、10代の若者がインターネットで多くの時間を無駄にしていることだ。彼らはオンラインゲームにあまりにも多くの時間を費やしている。これは彼らの学業に二重のマイナスの影響を与える。勉強や宿題にかける時間が減るだけでなく、寝ずにゲームばかりしているので、授業中に眠くて学べないことも多い。第二に、インターネットのもう一つの大きな問題は、SNS上のいじめだ。オンラインでは大人の間でのいじめが見られるが、まだ情緒が未熟で、批判に対して非常に敏感な10代の若者にとっては、この問題はさらに深刻だ。ユーザーはオンライン上で匿名を選択できるため、対面なら決して言わないようなことを他人

に言うことができる。第三に、インターネットに頼ることは、10代の若者がもはや自分の脳を効果的に使っていないことを意味するという懸念がある。自分で考える必要があるのに、インターネットで答えを検索できない場合はどうなるのか？　ある程度の知識がなければ、10代の若者は批判的思考能力を発達させることができない可能性がある。

以上のすべてを考慮すると、インターネットは10代の若者に良い影響よりも、害を与えてきたと思う。

## D　Step 3の模範解答　(p.107)

Yes, I believe companies should retain the lifetime employment system. I think keeping the system will benefit both the companies and society in general.

First, society is rapidly graying, which is leading to a shrinking labor force. In this situation, it has become more difficult for companies to attract and keep employees. However, one way they can attract and keep them is by offering lifetime employment, which guarantees the employees job security. This leads to my second point, which illustrates another benefit for companies. One of the greatest merits of lifetime employment for companies is that workers guaranteed permanent employment are more likely to have high morale. It is well-known that workers with high morale are more productive. Therefore, by increasing the number of workers with lifetime employment, companies can improve their productivity. Finally, the lifetime employment system also has a more general benefit for society. There has traditionally been an income gap between non-regular workers and those with guaranteed lifetime employment, but if that gap becomes too great it may lead to social unrest. Therefore, retaining lifetime employment can help to maintain the stability and harmony of society.

For these reasons, I think companies should retain the lifetime employment system.

**訳**　はい、企業は終身雇用制を維持すべきだと思う。制度を維持することは、企業にとっても社会全体にとっても有益だろう。

第一に、社会は急速に高齢化が進んでおり、労働力人口が減少している。このような状況下で、企業が従業員を引きつけ、維持することはますます難しくなった。しかし、彼らを引きつけ、維持する一つの方法は、従業員の雇用の安定を保証する終身雇用を提供することである。これは私の二番目の要点につながり、それは会社にとってのもう一つの便益の説明になる。企業にとっての終身雇用の最大のメリットの一つは、終身雇用を保証された労働者の士気が高まる傾向が強いことである。士気の高い労働者のほうが生産性が高いことはよく知られている。従って、終身雇用の労働者の数を増やすことによって、企業は生産性を向上させることができる。最後に、終身雇用制度は社会により一般的な利益をもたらす。従来、非正規雇用と終身雇用を保証された社員との間には所得格差が存在していたが、その格差が大きくなりすぎると社会不安につながる。従って終身雇用を維持することが社会の安定と調和を維持することにつながる。

これらの理由から、私は企業は終身雇用制を維持するべきだと思う。

## Step 5の解答 (pp. 129-130)

**解答**

(1) **1**  (2) **2**  (3) **2**  (4) **3**  (5) **1**  (6) **4**  (7) **2 / 2**

## (1)

**Man:** Grace, can you take Marcus to baseball practice tomorrow evening? I have to work overtime.

**Woman:** You know I can't. I've got a sales meeting in Boston, and my return flight isn't until 7 p.m. You'll have to take him.

**M:** But my company just pushed our production deadline ahead. They'll never let me out early. Marcus will have to stay home. I'll call a sitter.

**W:** No, that's ridiculous. I'll just call my mother. I'm sure she will be overjoyed to take him. There's no need to resort to a sitter.

**Question 1:** What is the main problem?
**1** Neither speaker is able to take Marcus to his baseball practice.
**2** Marcus's baseball practice has been canceled.
**3** The man's company is slowing down its production.
**4** The woman has to reschedule her meeting in Boston.

**解答** **1**

**解説** 質問は、主な問題(二人が抱えている問題)は何か、ということ。二人の息子マーカスは明日の夕刻に野球の練習がある。男性は仕事で、早退も無理。女性(グレース)は、ボストンに出張で、帰りの飛行機は午後7時までない。「二人とも、息子のマーカスを野球の練習に連れて行けない」ということが問題になっている。1が正解。

**質問と選択肢の訳**

**男性:**グレース、マーカスを明日の夕方野球の練習に連れて行ってくれる? 残業しなきゃいけないんだ。

**女性:**それはできないわ。ボストンで販売会議があって、帰りの便が午後7時までないの。あなたにマーカスを連れて行ってもらわなきゃ。

**男性:**うちの会社はちょうど製造期限を先延ばしにしたところなんだ。絶対、早く帰ってくれないよ。マーカスは家にいなきゃだめだろうね。シッターを呼ぼう。

**女性:**いいえ、それは馬鹿げているわ。母にちょっと電話してみるわ。大喜びでマーカスを練習に連れていくでしょうよ。ベビーシッターに頼む必要はないわ。

**Q 1** 主な問題は何か?
**1** どちらの話者もマーカスを野球の練習に連れて行くことができない。
**2** マーカスの野球の練習が中止になった。
**3** 男性の会社は生産を減速している。

**4** 女性はボストンでの会議の日程を変更しなければならない。

## (2)

**Woman:** Why are you scowling at the newspaper? Another political scandal?

**Man:** It's this conference on genetics in Italy. They're discussing making it easier to experiment on human genes. It's insane.

**W:** I don't know. I think a lot of good could come out of it. There are a lot of diseases we might be able to cure with more research in genetics.

**M:** Maybe, but they're talking about cloning cells. How long will it be before they start cloning humans?

**W:** I think you're letting your imagination get ahead of the facts.

**Question 2:** What is the man worried about?

**1** A political scandal in Italy.
**2** Experimentation on human genes.
**3** The outbreak of a new disease.
**4** Funding cuts for cloning research.

■ **解答** ■ **2**

■ **解説** ■ It's insane. には、「正気の沙汰ではない」という気持ちがこもっている。新聞をにらみつけるように読んでいた男性は、ヒト遺伝子の実験がより簡単にできるようになると、ヒト細胞の複製が作られるようになり、ほどなくヒトのクローンが作られると心配している。したがって、2が正解。

■ **質問と選択肢の訳** ■

**女性:** なぜ新聞をにらみつけているの？ また政治スキャンダル？

**男性:** イタリアで行われている遺伝学に関する会議についてだよ。彼らは、ヒト遺伝子の実験をしやすくすることについて議論しているんだ。正気じゃない。

**女性:** さあどうかしら。そこからたくさんいいことも生まれるんじゃない。遺伝学の研究を進めていけば、治療できるかもしれない病気はたくさんあるから。

**男性:** そうかもしれないけど、彼らは細胞のクローンを作ることについて話しているんだよ。人間のクローンを作るまでそれほど長くないはずだ。

**女性:** あなたは、自分の想像を、現実を超えた先へとめぐらせているわ（現実離れした想像をしているわ）。

**Q2** 男性は何を心配しているのか？

**1** イタリアの政治スキャンダル。
**2** ヒト遺伝子の実験。
**3** 新たな疾病の発生。
**4** クローン研究のための資金削減。

## (3)

**Woman:** Why is the laundry on the floor, and still soggy? I thought you were dealing with it.

Man: I was, and then the clothesline broke! I told you we needed a new one.

W: Well, why didn't you just go buy one?

M: Because most of the time we use the dryer. Now the dryer is busted, and I don't have the tools I need to fix the clothesline.

W: Well, I guess I'm off to the laundromat.

M: And I'm off to the hardware store.

......................................................................................

**Question 3:** What is the man's immediate plan?

**1** To put the clothes in the dryer.
**2** To buy some new tools.
**3** To go to the laundromat.
**4** To hang the clothes on the line.

■解答■ **2**

■解説■ 男性が「乾燥機は壊れてるし、物干し用ロープの修理に必要な道具もない（Now the dryer is busted, and I don't have the tools I need to fix the clothesline.）」と言っていることから、ホームセンター（hardware store）へ行くのは、物干し用ロープの修理に必要な「用具を買いに行く（to buy some new tools）」ためだとわかる。

......................................................................................

■質問と選択肢の訳■

**女性：**なぜ洗濯物が床にあるの？　まだ湿ってるし。あなたがやってくれてると思ってたけど。
**男性：**そうだったんだけど物干しロープが切れたんだよ！　新しいのがいるって言ったよね。
**女性：**じゃあ、どうして買いに行かなかったの？
**男性：**だって、だいたい乾燥機を使うからね。乾燥機も壊れてるわ、物干しロープを直すのに必要な道具もないわ、ってこと。
**女性：**じゃあ、私はコインランドリーに行くわ。
**男性：**それならぼくは、ホームセンターに行くよ。

**Q3**　男性の当面の計画は何か？
**1** 衣類を乾燥機に入れること。
**2** 新しい用具（道具）の購入。
**3** コインランドリーに行くこと。
**4** ロープに服を掛けること。

## (4)

Man: How was the hotel they set you up in during your visit to Singapore? I've heard it's pretty glamorous.

Woman: I don't know. I mean, we received complimentary massages, and the breakfast buffet was good. But the rooms were pretty basic.

M: Are you sure you're not just being a little bit fussy? It's supposed to be one of the most expensive hotels in the city.

W: But that's my point. I'm not fussy at all. For the price we paid, I just don't think it's that special.

**Question 4:** What does the woman say about her hotel?
**1** The staff were too fussy.
**2** It is located too far from Singapore.
**3** It isn't worth the price.
**4** The complimentary breakfast was too basic.

**■解答■ 3**

**■解説■** 女性はホテルについて「支払った料金を考えると、それほど特別ではない（For the price we paid, I just don't think it's that special.）」と言っている。that special の that は、副詞で「それほど」の意味。選択肢3、「払った料金に見合わない（It isn't worth the price.）」が正解である。

**■質問と選択肢の訳■**

**男性：**シンガポール訪問中、滞在用に手配してもらったホテルはどうだった？　とても魅力的だって聞いたけど。
**女性：**さあどうかしらね。つまり、無料のマッサージを受けたし、朝食ビュッフェも良かったわ。でも、部屋はかなり普通だったわよ。
**男性：**細かいことにちょっとこだわりすぎじゃない？　市内で最も高いホテルの一つのはずだよね。
**女性：**つまり、そこなのよ。私は細かいことにこだわってるわけじゃないわ。支払った料金を考えると、それほど特別だとは思えないの。

**Q4**　女性は泊まったホテルについて何と言っているか？
**1** スタッフが神経質すぎた。
**2** シンガポールから遠かった。
**3** 料金に見合っていない。
**4** 無料の朝食は普通すぎた。

## (5)

**Woman:** The backyard is so overgrown, it's starting to look like a jungle. We need to do some work out there.
**Man:** I kind of like it that way. Nature should be wild, shouldn't it? Sometimes I sit in the house and watch the birds through my binoculars.
**W:** The birds will still visit the backyard if we pull up the weeds and prune the rose bushes.
**M:** OK, you're right. I'll get the clippers out of the shed. We can start by trimming that hedge.

**Question 5:** What is the woman unhappy with?
**1** The backyard has not been cared for.
**2** The birds are ruining the rose bushes.
**3** The man has been using her binoculars.
**4** The jungle is being cut down illegally.

**解説** 裏庭（backyard）について、女性は、草木が伸び過ぎて（overgrown）、ジャングルのようだ（look like a jungle）と、ぼやいている。つまり裏庭の手入れがされていない（The backyard has not been cared for）のが不満なのだ。

**質問と選択肢の訳**

**女性：** 裏庭の植物が伸び過ぎて、ジャングルのように見え始めてきたわ。一仕事しないといけないわね。

**男性：** そのままでいいようにも思うけど。自然は野性味があるべきだよね？　家の中に座って、双眼鏡で鳥を観察するときもあるし。

**女性：** 雑草を抜いてバラの茂みを剪定（せんてい）しても、鳥は裏庭に来るわよ。

**男性：** わかった、君が正しいよ。物置から剪定ばさみを出すよ。あの生け垣の刈り込みから始めよう。

**Q 5** その女性は何が不満なのか？

**1** 裏庭が手入れされていない。

**2** 鳥がバラの茂みを台無しにしている。

**3** 男は彼女の双眼鏡を使っていた。

**4** ジャングルが違法に伐採されている。

## (6)

**Supervisor:** John, you need to be more careful when you are loading your truck.

**John:** What do you mean? I loaded it exactly the way I'm supposed to. Everything is strapped down and safe.

**S:** I'm not talking about safety standards. You had three packages in there that aren't on your designated route. They were for Walnut Road. You're lucky I spotted them before you left.

**J:** But I deliver to Walnut Road. It's in the middle of my route. I was there just yesterday.

**S:** No, you deliver to Walnut Drive. Walnut Road is in a completely different area code. It's a rural address.

**J:** Well, that's the sorting department's fault, not mine. Those packages were all brought to me at the same time.

**S:** I understand that. But my point is that you need to verify the addresses yourself as you're loading them. That way we don't inadvertently send something to the wrong place. Accuracy is important in this job. Our customers are guaranteed to get things by a certain date, and mistakes like this cost money.

**J:** OK. You're right. I'll make sure to double-check everything.

**Question 6:** What is John's supervisor complaining about?

**1** John delivered a package to the wrong address.

**2** John has been writing the street name incorrectly.

**3** John has not been following safety standards when driving.

**4** John didn't notice a mistake as he was loading the truck.

**解答** **4**

**解説** 監督（supervisor）は、「荷物を積み込むときに、住所を自分で確認する必要がある（you need to verify the addresses yourself as you're loading them）」と伝え、さらに「こうしたミスはコストがかかる（損失につながる）（and mistakes like this cost money）」と、その理由を伝えている。要するにジョンが間違いに気づかなかったことに不満を言っている4が正解。

**質問と選択肢の訳**

監督：ジョン、トラックに荷物を積むときはもっと注意が必要よ。

ジョン：どういう意味ですか？　言われている通りに積みました。すべてのものが固定されて安全です。

監督：安全基準について話しているんじゃないの。指定された配達ルートにない荷物が3つあったわ。この3つはウォルナットロードへの配送よ。あなたが出発する前に私が気づいてよかったわ。

ジョン：でも私は、ウォルナットロードへ配達に行きますよ。この荷物の配送先はルート上にあります。つい昨日そこに行きました。

監督：いいえ、あなたはウォルナットドライブに配送するのよ。ウォルナットロードは、地域コードが全く違うところにあるのよ。郊外の住所だわ。

ジョン：ええと、それは仕分け部門のミスで、私の間違いじゃありません。それらの荷物は、全て同時にここに運ばれてきたんです。

監督：それは理解できるわ。でも、私が言いたいのは、積み込みをするときに住所を自分で確認する必要があるということなの。そうすれば、うっかり間違った場所に何かを送ることがなくなるわ。この仕事では正確さが重要なのよ。お客様には、一定の期日までに商品が届くことが保証されていて、このようなミスはコストがかかるのよ。

ジョン：わかりました。おっしゃるとおりです。これからはすべて再確認するようにします。

**Q6** ジョンの監督者は何について不満を言っているか？

**1** ジョンは間違った住所に荷物を届けた。

**2** ジョンは通りの名前を間違って書いている。

**3** ジョンは運転の際に安全基準を守っていない。

**4** ジョンはトラックに荷物を積む際に間違いに気付かなかった。

---

## (7)

Vince: I can't take it, Carol. I'm seriously considering leaving my job.

Carol: Wow, Vince. Things were going so well for you the last time we met! Didn't you just get a promotion?

V: That's exactly the problem. The promotion came with a little extra pay, and a lot of extra responsibility.

Patrick: Well, that's to be expected, isn't it?

V: To a certain extent, sure, but the company has changed since you left, Patrick. It's so impersonal now. They gave me new responsibilities, but they didn't take away the old ones. So, I'm basically doing the job of two people.

**P:** OK, that's pretty outrageous. They can't just get a two-for-one deal like that. Is this because of the merger?

**V:** I think so. The company that bought us claims they're going to hire someone to fill my old role, but it's been almost a year.

**C:** Well, I can understand your exasperation. You should tell a few people that you're considering leaving. If the rumor gets around, maybe they'll reconsider.

**V:** Or maybe they'll just decide that I'm redundant, and hire someone else.

**C:** I don't think that would happen.

........................................................................................

**Question 7-a:** What does Vince imply about Patrick?

**1** He is going to receive a promotion soon.

**2** He used to be one of Vince's co-workers.

**3** He is responsible for the company merger.

**4** He should offer Vince a job with his firm.

**■解答■** 2

**■解説■** Vince が、「君が辞めてから、会社は変わったんだよ（the company has changed since you left）」と言っていることから、元同僚だったことがわかる。Carol と Vince は冒頭で名前が出てくるが、Patrick という名前の呼び掛けも聞きもらさないよう注意しよう。

**Question 7-b:** What does Vince think of Carol's suggestion?

**1** He thinks she makes an excellent point.

**2** He suspects it might be a risky idea.

**3** He wants her to recommend it to the new company.

**4** He doesn't believe that it's possible to enact.

**■解答■** 2

**■解説■** Carol の発言の、噂が広がれば「会社は考え直すかもしれない」（maybe they'll reconsider）の後で、Vince は、「あるいは、もしかしたら僕を余剰人員だと判断して」（or maybe they'll just decide that I'm redundant）、「他の人を雇うかもしれない」（and hire someone else）と言っていることから、選択肢2が正解。

........................................................................................

**■質問と選択肢の訳■**

**ヴィンス：**がまんできないよ、キャロル。僕は退職を真剣に考えてるんだ。

**キャロル：**ちょっと待ってよ、ヴィンス。この前会ったときは、とても順調だったじゃない！　昇進したばかりじゃないの？

**ヴィンス：**まさにそれが問題なんだ。昇進して、給与はほんのちょっと増えて、責任はものすごく増えた。

**パトリック：**それはわかってたことじゃないのかい？

**ヴィンス：**ある程度まではもちろんそうだけど、でも、君が辞めてから会社は変わったんだよ、パトリック。今はあまりにも人間味がない。ぼくに新しい責任を負わせたのに、古い責任をはずしてくれなかったんだ。つまり、基本的には二人分の仕事をしてるんだよ。

**パトリック：**なるほど、それはかなりひどいね。そんなふうに、一人に二人分の仕事なんて、うまい取引なんかしてはいけないな。これは合併のせい？

**ヴィンス**：だろうね。うちを買った会社は、僕の以前からの役割を果たす人を雇うと言ってるけど、もう1年近くになるんだ。

**キャロル**：そうねぇ、あなたが憤慨するのはわかるわ。何人かに退職を考えていることを伝えるべきよ。うわさが広がれば、会社も考え直すかもしれない。

**ヴィンス**：あるいは、もしかしたら僕のことを余剰人員だと判断して、他の人を雇うかもしれない。

**キャロル**：そうはならないと思うけど。

**Q 7-a**　ヴィンスはパトリックについて何をほのめかしているか？

**1** 彼はもうすぐ昇進する。

**2** 彼はかつてヴィンスの同僚だった。

**3** 彼は会社合併の責任者である。

**4** 彼はヴィンスに、彼の会社の仕事をオファーすべきである。

**Q 7-b**　ヴィンスはキャロルの提案をどう思っているか？

**1** 彼は彼女が素晴らしい主張をしていると思っている。

**2** 彼はそれがリスクを伴う考えかもしれないと感じている。

**3** 彼女にそれを新会社へ推薦してもらいたい。

**4** 彼は法制化が可能だとは信じていない。

## Step 5の解答 (pp. 139-140)

**解答**

(8) **1** (9) **2** (10) **2** (11) **3** (12) **4** (13) **1**

### (A) The Changing Medical View of Body Temperature

In the U.S., it has long been believed that the normal body temperature is 98.6 degrees Fahrenheit. But a new study argues that that number is outdated.

The 98.6 figure came from measuring a total of 83,900 Union Army veterans of the Civil War between 1862 and 1930. However, it has steadily fallen over time, and women's body temperature has fallen as well. Now the average American seems to run more than a whole degree Fahrenheit lower.

Researchers say the lower figure results from a combination of factors, including warmer clothing, indoor temperature controls, a more sedentary way of life and — perhaps most significantly — a decline in infectious diseases. Research on the Tsimané, an indigenous people who live in lowland Bolivia, suggests that infections can boost average body temperature.

The lowering of the average body temperature does not mean that the standard for a fever — generally considered to be more than 100 degrees F for adults — should be changed. Temperature can be helpful in determining whether or not you're ill and how ill you might be. It also indicates whether you are getting better or how you are responding to medication, although how you feel is most important.

**Question 8:** According to the article, what could be the major reason of the dropping of the body temperature?

**1** Fewer people get contagious illnesses.
**2** People do not exercise as much as they used to.
**3** The outside temperature is higher.
**4** The body temperature of women lowered the overall average.

**解答** 1

**解説** 体温が下がったのは、いくつかの要因が組み合わさった結果である (the lower figure results from a combination of factors) とある。その要因として、①より暖かい衣類 (warmer clothing)、②室内温度のコントロール (indoor temperature control)、③以前より座りがちな生活様式 (a more sedentary way of life) とあって、おそらくもっとも著しい (perhaps most significantly) のは、④伝染病が減ったこと (a decline in infectious diseases) が挙げられている。選択肢1の contagious illness も「伝染病」を意味する。

**Question 9:** What can be said about the body temperature?

**1** We should reconsider the standard for a fever.
**2** It can be used to determine if you are ill or not.
**3** It is higher among people in the United States than those in Bolivia.
**4** The higher the temperature, the better it is.

**■解答■** 2

**■解説■** 体温は見極めるのに役立つ（Temperature can be helpful in determining）として、①病気にかかっているかどうか（whether or not you're ill）、②どれくらい病気が重いか（how ill you might be）、さらに体温はこういうことも示す（It also indicates）と続け、③回復しつつあるのか（whether you are getting better）、④投薬治療にどのように反応しているのか（how you are responding to medication）と述べている。従って正解は選択肢2。選択肢3に惑わされたかもしれないが、アメリカの人とボリビアの人の体温の比較については述べられていない。

┈┈┈┈┈┈┈┈┈┈┈┈┈┈┈┈┈┈┈┈┈┈┈┈┈┈┈┈┈┈┈┈┈┈┈┈┈┈┈┈┈┈┈┈┈┈┈┈┈┈

**■質問と選択肢の訳■** **（A）体温に関する医学的見解の変化**

アメリカでは、平熱は華氏98.6度と昔から信じられている。しかし、最新の研究によると、この数字は時代遅れだという。

98.6という数字は、1862年から1930年の間に南北戦争に従軍した北軍の退役軍人計8万3,900人を測定したものだ。しかしこれは年月とともに着実に低下しており、女性の体温も同様に下がっている。今では平均的なアメリカ人の体温は、華氏1度分を超えるほど低下していると見られている。

研究者らによると、この低下した数値は、より暖かい衣類、室内温度のコントロール、以前より座りがちな生活様式、そしておそらく最も著しいのは、伝染病の減少などの要因が組み合わさった結果だという。ボリビアの低地に住む先住民のチマネに関する研究では、感染症によって平均体温が上昇することが示唆されている。

平均体温が下がったからといって、発熱の基準――一般に成人では華氏100度以上と考えられている――が見直されるべき、というわけではない。体温は、病気かどうか、また病気の程度を判断するのに役立つ。また、回復しつつあるかどうかや、投薬にどう反応しているかを示す。とはいえ、自分がどんな気分なのかが一番大切である。

**Q8** この記事によれば、体温低下の主な原因と思われることは何か？
**1** 伝染病にかかる人数が少なくなった。
**2** 以前に比べて、人々は運動しなくなった。
**3** 以前より屋外の気温が高くなった。
**4** 女性の体温が、全体の平均を下げている。

**Q9** 体温について何が言えるか？
**1** 発熱の基準を考え直すべきである。
**2** 病気かそうでないかを見極めるために使える。
**3** アメリカ人の体温はボリビアに住む人たちよりも、高い。
**4** 体温は高ければ高いほどよい。

---

## （B）Harry Houdini

You most likely know Harry Houdini as an American escape artist. The

Hungarian-born performer started out as a simple card magician, but soon found he had a knack for escaping. By the early 1900s, he had escaped from handcuffs, straitjackets, prison cells, sealed barrels full of water and a Siberian prison transport van. He had traveled the world with his act, and amazed thousands of people.

What fewer people know is that Houdini had another pastime which he pursued alongside his escapes. Even though the business of magic requires keeping the workings of your tricks a secret, Houdini started to expose the trickery used by spiritualists — those who claimed they communicate with the dead. He found the idea of the supernatural laughable, and felt that most spiritualists were doing little more than stealing money from grief-stricken widows. At the time, many so-called magic acts tried to claim ties to the spirit world, and Houdini was a vociferous opponent of this kind of deception. He visited many supposed mediums and clairvoyants, sometimes in disguise, and he was adept at exposing the tricks they used. It made him many enemies, but also cemented his reputation as a no-nonsense illusionist and escape artist.

**Question 10:** How did Harry Houdini become known to the world?
**1** By doing more astonishing card tricks than those of other magicians.
**2** By performing various feats of escape from difficult conditions.
**3** By doing performances such as retrieving underwater barrels.
**4** By visiting prisons to teach magic tricks to inmates.

■解答■ **2**

解説 手錠、拘束服、独房、水で満たされ密封された樽、シベリアへの囚人護送車から脱出し(escaped from handcuffs, straitjackets, prison cells, sealed barrels full of water and a Siberian prison transport van)、これらの出し物をしながら、世界を旅し(traveled the world with his act,)、また多くの人を驚かせた(amazed thousands of people)と述べられていることから、選択肢2を選ぶ。feat は「妙技」の意味。

**Question 11:** Why did Houdini make so many enemies?
**1** He used illusions taken from other escape artists.
**2** He had stolen money from a number of widows.
**3** He had exposed the tricks of fake spiritualists.
**4** He claimed to be able to make contact with the dead.

■解答■ **3**

解説 彼はこのような欺瞞(ぎまん)に声高に反対する人であった(a vociferous opponent of this kind of deception)とある。この前には、降霊術者について、お金を盗むのと大差がない(doing little more than stealing money)と、考えていたことも述べられている。彼はまた、そうしたトリックを暴露する名人だった(adept at exposing the tricks they used)とあり、そうしたことが彼に多くの敵を作った(It made him many enemies)と、結びで語られている。

**（B）ハリー・フーディーニ**

　ハリー・フーディーニはアメリカの脱出師として、たぶんご存知だろう。ハンガリー生まれのこのパフォーマーは、最初は単純なトランプの手品師だったが、すぐに脱出術の才能を持っていることに気づいた。1900年初頭までに、彼は手錠、拘束服、刑務所の独房、水で満たされ密封された樽、そしてシベリアへの囚人護送車から脱出した。彼はその自分の出し物をもって世界を旅し、何千人もの人々を驚かせた。

　ほとんど知られていないのは、フーディーニには脱出術と並行して追求した別の興味があったことだ。マジックの仕事ではトリックの仕組みを秘密にしておく必要があるが、フーディーニは降霊術者たちが使っている策略を暴露し始めた——降霊術者とは、死者とコミュニケーションがとれると主張する人たちだ。彼は超自然現象という考えは、ばかばかしいとし、ほとんどの降霊術者は、悲嘆に暮れた未亡人から金を盗むのと大差ないことをしていると感じた。当時、多くのいわゆる奇術師たちは霊界との結びつきを主張しようとしたが、フーディーニはこの種の欺瞞（ぎまん）に声高に反論した。時には変装して、多くの霊媒者とか透視者とかと言われる人たちを訪ね、彼らが使ったトリックを暴露することに長けていた。おかげで彼は多くの敵を作ったが、同時に、まじめな奇術師として、また脱出師としての彼の名声を確固たるものにした。

**Q10**　ハリー・フーディーニは、いかにして世界に知られるようになったか？
**1** ほかの手品師よりももっと観客を驚かせるトランプのトリックで。
**2** 難しい状況下でのさまざまな脱出の妙技を演じることで。
**3** 水面下の樽を回収するというようなパフォーマンスで。
**4** 刑務所を訪れて、受刑者たちにマジックの仕掛けを教えることで。

**Q11**　なぜフーディーニは多くの敵を作ったのか？
**1** 彼は他の脱出マジシャンたちのイリュージョン（錯覚を起こさせる術）を利用した。
**2** 彼は多くの未亡人からお金を盗んだ。
**3** 彼は偽の降霊術者たちのトリックを暴露した。
**4** 彼は死者と接触できると主張した。

## （C）When Volunteering Doesn't Help

You may be unfamiliar with the term "voluntourism," but as you can probably infer, it involves traveling abroad and taking some time to help less-fortunate people while you're there. On the surface, it appears to combine selfless giving and exotic travel. What could be better? Helping to build a library while visiting Kenya, for example, is a good and noble endeavor. However, problems arise when casual volunteers are invited to help at orphanages.

Sadly, many institutions claiming to be orphanages are simply using disadvantaged children to make a profit. In fact, many institutionalized children are not orphans at all, but have been given up or sold by parents and relatives who are desperately poor. Well-meaning volunteers are invited to visit these institutions, to teach and make donations. Unfortunately, the children rarely benefit from any of this money, and the ever-changing roster of volunteers becomes a revolving door of strangers. Children need stability, and there is no stability in relationships that end every few days. If we want to stop the harm that this kind of volunteering brings to children, we need to stop participating.

**Question 12:** What do we learn about voluntourism?

**1** Participation in voluntourism provides less-fortunate people with exotic experiences.

**2** Voluntourism is always dangerous for the people involved.

**3** The selfless giving of voluntourism brings a lot of profit to travel agents.

**4** Some opportunities provided by voluntourism can be genuinely helpful.

■解答■ 4

■解説■ これ以上のことはあるだろうか？（What could be better?）として、ケニアに旅しながら図書館建設の手伝いをする例を挙げ、立派で崇高な試みである（good and noble endeavor）と述べている。これを言い換えて genuinely helpful としている 4 が正解。1, 2, 3 については文中で述べられていない。

⋯⋯⋯⋯⋯⋯⋯⋯⋯⋯⋯⋯⋯⋯⋯⋯⋯⋯⋯⋯⋯⋯⋯⋯⋯⋯⋯⋯⋯⋯⋯⋯⋯⋯⋯⋯⋯⋯⋯⋯⋯⋯⋯

**Question 13:** Why do participants of voluntourism programs possibly do harm to children at orphanages?

**1** Most participants spend only a few days with children.

**2** Many volunteers face loss of mental stability.

**3** Some participants refuse the request of donation.

**4** Children are forced to study by them.

■解答■ 1

■解説■ 「子どもたちに害をもたらす（do harm to children）」ことについては、Unfortunately, the children rarely benefit from ... で始まる第2段落4文目以降で述べられる。ころころ変わるボランティアの当番表（ever-changing roster）は、数日ごとに終わる人間関係（relationships that end every few days）と同じことを表している。子どもたちは安定性を必要としているが、こんな人間関係から安定性は生まれない（there is no stability in relationships that end every few days）。以上の解釈から、選択肢 1 を選ぶ。

⋯⋯⋯⋯⋯⋯⋯⋯⋯⋯⋯⋯⋯⋯⋯⋯⋯⋯⋯⋯⋯⋯⋯⋯⋯⋯⋯⋯⋯⋯⋯⋯⋯⋯⋯⋯⋯⋯⋯⋯⋯⋯⋯

■質問と選択肢の訳■ **（C）ボランティアが助けにならないとき**

「ボランツーリズム」という言葉には馴染みがないかもしれないが、おそらくみなさんが推測できる通り、海外に旅行することと、そこにいる間に恵まれない人々を助けるために時間を費やすことが含まれている。表面的には、無私無欲の与える行為と異国情緒あふれる旅行を組み合わせているように見える。これ以上のことはあるだろうか？　例えば、ケニアを訪れている間に図書館の建設を支援することは、立派で崇高な試みである。しかし、孤児院に思い付きのボランティアが招かれて救いの手を差し伸べるときに、問題が生じる。

　残念なことに、孤児院を名乗る多くの施設は、恵まれない子どもたちを利用して利益を上げているだけだ。実際、施設に収容されている子どもの多くは孤児ではなく、極貧の親や親族によって捨てられたり売られたりした子どもたちだ。こうした施設に善意のボランティアが招かれ、教育や寄付を行っている。残念なことに、子どもたちがこのお金の恩恵を受けることはほとんどなく、ころころ変わるボランティアの当番表は、見知らぬ人たちが行きかう回転ドアになっている。子どもには安定性が必要なのに、数日ごとに終わる人間関係に安定性はない。この種のボランティア活動が子どもたちにもたらす害を止めたいのであれば、参加をやめる必要がある。

**Q12**　ボランツーリズムについて、何が学べるか？

**1** ボランツーリズムへの参加は、あまり恵まれていない人々に、異国の経験を提供する。

**2** ボランテツーリズムは、参加する人にとって、いつも危険である。

**3** ボランツーリズムの無私無欲の与える行為は、旅行業者に多大な利益をもたらす。

**4** ボランツーリズムによって提供される機会には、純粋に役に立つことがある。

**Q13**　ボランツーリズムのプログラムの参加者は、孤児院の子どもたちに、なぜ害をもたらす可能性があるのか？

**1** ほとんどの参加者は、子どもたちとほんの数日しか過ごさない。

**2** 多くのボランティアたちが心の安定を失うことに直面する。

**3** 寄付の依頼を断る参加者もいる。

**4** 子どもたちはボランティアたちに、学ぶように強いられる。

## Step 5の解答 (p. 149)

**解答**

(14) **3** (15) **1** (16) **3**

---

**(1)**

You have 10 seconds to read the situation and question.

**Situation:** You are building a wooden fence around your yard. You need a drill that you can use outside, far from the house, all day. You've budgeted $160 for it, and are at the hardware store listening to one of the staff.

Basically, the least expensive option is this corded hammer drill. It requires a wall outlet, of course, but it only costs $130. It will take just about anything you can throw at it. These two, here, are regular cordless drills, and both come with a rechargeable battery. The $150 one will work almost all day on a single charge. The $120 one is cheaper, but runs down fairly quickly, so I'd recommend buying an extra battery. Those run $60 each. This $200 drill is a cordless hammer drill. It has a larger battery, but it needs more power to work, too. So it has about the same battery life as the $120 drill. They can all be used to drive in screws, but if you're planning to drill hard materials like concrete or brick, you'll need one of the hammer drills. That's why they're more expensive.

.........

**Question 14:** What should you do?

**1** Buy the $120 cordless drill with an extra battery.
**2** Buy the $130 corded hammer drill.
**3** Buy the $150 cordless drill.
**4** Buy the $200 cordless hammer drill.

**解答** **3**

**解説** 予算は160ドルである。130ドルのドリルはコード付きなので、家から離れて戸外で使うのには適さない。150ドルのドリルはコードレスで、1回の充電でほぼ一日使える。120ドルのドリルは、バッテリーの消耗が早いので予備のバッテリー1個60ドルを買うことになる。合計180ドルとなり、予算をオーバーする。200ドルのドリルは、もともと予算オーバー。コンクリートやれんがに打ち込むわけでもない。選択肢3を選ぶ。

**質問と選択肢の訳**

**状況：** あなたは庭の周りに木の塀を作っています。家から離れた屋外で1日中使えるドリルが必要です。予算は160ドルで、あなたは今、ホームセンターにいてスタッフの一人の話を聞いています。

基本的に一番安いのは、このコード付きハンマードリルです。壁コンセントはもちろん必要ですが、価格はたったの130ドルで、ものすごく頑丈です（何を投げつけても壊れません）。こちらの2つは、通常のコードレスドリルで、どちらも充電式電池が付属しています。150ドルの

ものは、1回の充電でほぼ終日使えます。120ドルの方が安いのですが、すぐにバッテリーが消耗するので、予備のバッテリーを買うことをお勧めします。1つ60ドルかかります。この200ドルのドリルはコードレスハンマードリルです。他と比べバッテリーは大きいのですが、動作するためにはより大きい電力が必要です。120ドルのドリルと同じくらいのバッテリー寿命です。これらはすべてビスの打ち込みに使用できますが、コンクリートやレンガなどの硬い材料にドリルで穴をあけようとお考えの場合は、こうしたハンマードリルが必要になります。そのため、価格が高くなっています。

**Q14** あなたはどうするべきか？
**1** 120ドルのコードレスドリルを、追加のバッテリーと合わせて買う。
**2** 130ドルのコード付きハンマードリルを買う。
**3** 150ドルのコードレスドリルを購入する。
**4** 200ドルのコードレスハンマードリルを買う。

## (2)

You have 10 seconds to read the situation and question.
**Situation:** You organize a yearly convention for fans of mystery novels. The convention has just finished its second year, which was more expensive than the first. You've hired a data analysis company to survey your attendees. You would like to bring the cost down for the next year. A consultant for the company is describing the survey results.

So, as you know, your attendance numbers were up. In fact, the attendees this year would not have fit in last year's venue, and there's still room to grow. Most impressions of the new venue are excellent, saying it was a great improvement. People were impressed with the food services and the restroom facilities. The lowest point in the survey concerns the security staff. Many felt that the level of security was disproportionate to the event. Some said they felt belittled or insulted by the staff. I think the disparity between this year and the first year is due to the new security group you hired. They were more expensive and very thorough, but their methods are probably better suited to nightclubs. Regardless, visitors seem satisfied with the exhibitors and talks, with most describing them as better than last year.

**Question 15:** What should you do next year?
**1** Use the security company from the first year.
**2** Hire a different data analysis company.
**3** Move the event to a smaller venue.
**4** Improve the quality of the presentations.

**解答** 1
**解説** 1年目と比べて評判が悪かったのは、警備について (The lowest point in the survey concerns the security staff) であった。警備のレベルがイベントに見合わない (the level of security was disproportionate to the event)、警備員から小馬鹿にされたり、侮辱されたと感じた人がいた (Some said they felt belittled or insulted by

the [security] staff) など。新しい警備グループを雇ったことが原因だ（due to the new security group you hired）とはすなわち、昨年（初年度）の方が良かったということ。

**状況：** あなたは推理小説のファンのために、毎年恒例の大会を開催しています。2年目の大会がちょうど終わりましたが、1年目の大会より高くつきました。あなたは参加者にアンケートを行うためにデータ分析会社を雇いました。来年はコストを下げたいと思っています。会社のコンサルタントが調査結果を説明しています。

　ご存じのように、出席者数は増加しました。実際、今年の参加者は昨年の会場には収まらなかったでしょうし、まだ伸びる余地があります。新しい会場の印象はほとんどが素晴らしく、非常に良くなったと言っています。みなさん食事のサービスや化粧室に感銘していました。調査の最低点は警備員に関するものです。多くの人が、警備のレベルはイベントに不釣り合いだと感じました。警備員に小馬鹿にされたり侮辱されたと感じたと言う人もいました。今年と最初の年の差は、あなたが採用した新しい警備グループのためだと思います。彼らには、よりたくさんお金がかかり、また、警備は非常に徹底していましたが、彼らの方法はおそらくナイトクラブのほうが適しているでしょう。いずれにせよ、来場者は出展者や講演に満足しているようで、そのほとんどが昨年よりも良いと評価しています。

**Q 15**　来年あなたはどうすべきか？
**1** 初年度の警備会社を利用する。
**2** 別のデータ分析会社を採用する。
**3** イベントをより小さな会場に移動する。
**4** プレゼンテーションの質を向上させる。

---

## （3）

You have 10 seconds to read the situation and question.

**Situation:** Your office is being renovated, and your boss is asking you to make some adjustments to the schedule. It is Monday, and all of the work needs to be finished before the weekend.

　The renovations are coming along quickly, so that's good to see. The builders finally have the new walls up, and the light fixtures should be in by tomorrow. The way things are at the moment, we have painters coming in on Friday to do the walls. The only thing that concerns me about that is the floors. The floor is being refinished Thursday. The painters said they can put down a tarp, but I think there's still a chance they'll damage the new floors. See if you can shift the schedule around so that the floors get installed last. We've got all the office furniture arriving on Saturday, so there isn't much room for negotiation. Maybe you can call the moving company too, and make sure that they're arriving in the morning. I don't want to be here all day waiting for them.

**Question 16:** What should you do?
**1** Ask the builders to put up the light fixtures today.
**2** Have the floors installed one day earlier.
**3** Change the painting date to Wednesday.

**4** Ask the moving company to come next Monday.

**■解答■ 3**

**■解説■** まずは、明日火曜日に壁と照明器具、木曜日に床の改装、金曜日に壁塗り、土曜日にオフィス家具の搬入、というスケジュールをとらえよう。床をきれいにした後に壁を塗ると、新しい床が汚れる（damage the new floors）可能性があるので、床を一番最後に作業したい、という。空いているのは水曜日なので、水曜日に壁を塗ってしまえば、木曜日の床の作業に差し障りがないことがわかる。従って「（壁の）塗装日を水曜日に変更する」という3が正解。

**■質問と選択肢の訳■**

**状況：**あなたのオフィスは改装中で、上司はあなたにスケジュールの調整を依頼しています。今日は月曜日で、すべての仕事を週末前に終わらせなければなりません。

改装工事は迅速で、これはいいことです。施工業者は最終的に新しい壁を設置し、明日には照明器具が入るはずです。今の状況だと、金曜日に塗装業者が来て壁塗りをします。私が気になるのは床だけです。フロアは木曜日に改装されます。塗装工は防水シートを敷くことができると言っていたけれど、新しい床を傷つける可能性は残ります。フロアが最後に設置されるようにスケジュールを調整できるかどうか確認してもらえますか。オフィス家具はすべて土曜日に届くので、交渉の余地はあまりありません。引っ越し業者にも電話して、確実に午前中に届くようにしてもらえるといいかもしれません。私は一日中ここで業者を待ちたくないので。

**Q16** あなたはどうすべきか？
**1** 施工業者に、今日、照明を取り付けてもらうよう頼む。
**2** 1日早く、床を設置する。
**3** 塗装日を水曜日に変更する。
**4** 引っ越し業者に来週の月曜日に来てもらう。

## Step 5の解答　(p. 153)

**解答**

(17) **2** (18) **4** (19) **1**

---

**Woman (interviewer):** We are here today with Richard Nilsson, head of the coastal impact branch of the Environmental Research Agency. Richard, welcome.
**Man (Richard Nilsson):** Thank you. It's very good to be here.
**W:** Can you tell us a little about the research you're doing right now?
**M:** Well, essentially my job is to look at coastal erosion and the impact it will have in the next decade, or, well, even over the next 100 years. And it's not like this is anything new — the ocean is always eating away at the land. But, um, here in Britain the east coast is eroding at a faster rate than most places. We've estimated that something like 7,000 homes, homes and buildings and, you knows, barn, are in danger of falling into the ocean this century. In fact, there are some projections that suggest that entire coastal cities are, um, just going to disappear. So my job is to assess which areas are in greatest jeopardy, and the speed of the erosion.
**W:** Now, you said the ocean is always eroding the land. So, does that mean this isn't an environmental crisis … in the same way that global warming is?
**M:** Um, yes and no. I mean, houses on the coastline have been falling into the sea since time immemorial. However, climate change is a real factor in coastal studies. You can't, you can't underestimate the impact of that. As the atmosphere and the oceans warm up, what we will see is, uh, a larger number of violent storms. And when a storm surge eats away at the base of a cliff, that land is going to wash away more quickly than it would have with, you know, with the regular tide.
**W:** I guess the rising sea levels will do this as well, right?
**M:** Sure. Well, rising sea levels mean that the shoreline moves inland, so yes. The thing is, the human toll here is very real. I mean, not in terms of lives directly lost to the ocean, but in terms of livelihoods. People can't sell these doomed properties. Nobody wants them. So, so they lose their house, their farmland, everything they've invested in. They end up with nothing.
**W:** Wow. Yes, I suppose they do. So, what can we do about this?
**M:** That's the hardest part about doing all this. I mean, sadly, there isn't much, really. The UK has, uh, 2,300 kilometers of protected coast, but those protections can only do so much. As I've said, erosion is a natural process and Mother Nature is a powerful force. Seawalls and breakwaters can mitigate the damage from storm surges. Uh, concrete pylons and other obstacles can

slow things down, but they need constant management. You know, upkeep. Unfortunately, in the end it's really a matter of estimating which areas are in the greatest danger, and, uh, unfortunately these decisions end up being very pragmatic and political. That leaves the people living there feeling like nothing is being done to help them. Sometimes it's just a losing battle.

**W:** But isn't this a problem everywhere? Is it worse here in Britain for some reason?

**M:** It entirely depends on the geology of a region. I mean, in Britain, even without taking into account climate change, areas like East Anglia experience up to two meters of erosion every year because of the chalky, uh, soil. But in a place like Scotland, the rate is far slower — only a few centimeters per year, almost nothing, really. If you have hard igneous geology, rather than chalk or, like, sandstone, erosion is much slower.

**W:** Well, thank you for taking the time to speak with us, Richard.

**M:** Thanks so much for having me.

---

**Question 17:** What is the problem facing people living on the coast?
**1** They are in danger of their homes being flooded.
**2** No one wants to buy their house or land.
**3** They are building substandard seawalls.
**4** Storms erode the foundations of their houses.

**■解答■ 2**

**解説** Richard が、「建物や家が海に落ちてしまう危険性がある（in danger of falling into the ocean）、こうした崩壊の危機にある不動産は売れない（People can't sell these doomed properties）、誰も、そのような不動産を欲しいとは思わない（Nobody wants them=doomed properties）」と言っていることから、選択肢2を選ぶ。

---

**Question 18:** What does Richard say about barriers such as concrete pylons?
**1** They are easily washed away in storm surges.
**2** They increase the rate of erosion.
**3** They are considered a danger to local residents.
**4** They need to be constantly maintained.

**■解答■ 4**

**解説** 事の運び（浸食）の速度は抑えてくれるが、常に維持管理が必要（concrete pylons and other obstacles can slow things down, but they need constant management. You know, upkeep）と言っていることから、選択肢4を選ぶ。

---

**Question 19:** Why does Richard say that the rate of erosion is slower in Scotland?
**1** The coast of Scotland has a harder geology.
**2** There is a longer area of protected coastline in Scotland.
**3** There are fewer storms in Scotland.

**4** The Scottish coast is mainly composed of sandstone.

■解答■ **1**

■解説■ 白亜質の土壌（chalky soil）のイースト・アングリアのような場所に比べて、スコットランドのような場所では浸食の速度がかなりゆっくりである（in a place like Scotland, the rate is far slower）と続けて、硬い火成の地質があれば浸食はゆっくりになる（If you have hard igneous geology, .... erosion is much slower.）と言っていることから、選択肢1を選ぶ。

■■■ 質問と選択肢の訳 ■■■

**女（インタビュアー）**：本日は、環境研究局の沿岸影響部門の責任者リチャード・ニルソン氏とご一緒しています。リチャード、ようこそ。

**男（リチャード・ニルソン）**：ありがとうございます。ここに来られてとてもうれしいです。

**女**：あなたが現在行っている研究について少し教えていただけますか？

**男**：基本的に私の仕事は沿岸浸食と、それが今後十年間、あるいは、ええと、100年以上にわたって与える影響を調べることです。これは何も新しいことではありません——海は常に陸地を浸食しています。しかし、えーと、ここイギリスでは、東海岸がほとんどの場所よりも速い速度で浸食されています。7000軒ほどの家が……家と建物や、ええとつまり、納屋や……今世紀中に海に落ちる危険があります。実際、沿岸都市全体が、つまり、消滅するという予測もあります。私の仕事はどの地域が最も危険にさらされているか、そしてその浸食の速度を査定することです。

**女**：海は常に陸地を浸食しているとおっしゃいましたね。ということは、これは環境危機ではないということですか……地球温暖化と同じような形での？

**男**：あー……そうだともそうでないとも言えます。海岸沿いの家々は、太古の昔から海に落ちているんです。しかし、気候変動は沿岸研究における実物的要因です。過小評価は……その影響を過小評価することはできません。大気と海が温まるにつれて、私たちが目にするのは、えーと、より多くの激しい嵐です。そして高潮が崖の底を浸食してしまうと、その土地は通常の潮汐による浸食よりも速く押し流されてしまいます。

**女**：海面の上昇も同じことをしていますよね？

**男**：そうです。つまり、海面が上昇するということは、海岸線が内陸に移動するということですから、その通りですね。問題は、ここでの人的犠牲が非常に現実的だということです。つまり、海で直接失われる命のことではなく、生活のことです。人々は、こうした崩壊の危機にある不動産を売ることができません。誰も欲しがらない。だから……だから彼らは家や農地、投資したものすべてを失ってしまう……何も残らないのです。

**女**：なんという。ええ、そうなのでしょうね。では、どうすればいいのでしょう？

**男**：この調査全体で最も難しい部分です。つまり、悲しいことに、実際にはできることはあまりないのです。英国には保護された（浸食対策がなされた）海岸が2300キロメートルありますが、保護活動はそこまでのことしかできません。私が言ったように、浸食は自然の作用であり、母なる自然は強力です。防潮堤や防波堤は、高潮からの被害を軽減します。えー、コンクリート製の消波ブロックやその他の（消波のための）障害物は、物事を遅らせる可能性がありますが、常に管理する必要があります。つまり……維持しなければなりません。残念なことに、最終的には、どの地域が最も危険にさらされているかを見積もるという問題になり、残念ながら、これらの決定は非常に実際的で政治的なものになってしまいます。そのため、

そこに住んでいる人々は、自分たちを助けるために何もなされていないと感じることになるのです。ただの負け戦になることもあります。

**女**：しかし、これは全ての場所での問題ではありませんか？　ここイギリスではより悪いという理由が何かあるんですか？

**男**：すべては地域の地質次第なのです。つまり、イギリスでは、気候変動を考慮に入れなくても、イースト・アングリアのような地域では、白亜質の、えーと、土壌のせいで、毎年、最大２メートルまで浸食されています。しかし、スコットランドのような場所では、その速度はずっと遅く、年に数センチしかありません……ほとんどゼロです。白亜や砂岩などではなく、硬い火成の地質であれば、浸食はずっと遅いのです。

**女**：私どもにお時間をいただきありがとうございます、リチャード。

**男**：お招きいただきありがとうございました。

**Q17**　沿岸部に住む人々が直面している問題は何ですか？
**1** 自宅が浸水する危険がある。
**2** 誰も彼らの家や土地を買いたがらない。
**3** 彼らは基準を満たしていない防潮堤を作っている。
**4** 暴風雨は彼らの家の基礎を浸食する。

**Q18**　コンクリート製の消波ブロックなどの障壁について、リチャードは何と言っていますか？
**1** 高潮で流されやすい。
**2** 浸食速度を増加させる。
**3** それらは地域住民にとって危険であると考えられる。
**4** それらは常に維持管理される必要がある。

**Q19**　リチャードはなぜスコットランドでは浸食の速度がより遅いと言っているのか？
**1** スコットランドの海岸は地質が硬い。
**2** スコットランドでは保護された海岸線がより長い。
**3** スコットランドでは嵐が少ない。
**4** スコットランドの海岸は主に砂岩でできている。

## Step 3の模範例 (pp. 162-168)

### 1. Should the mandatory retirement age system be abolished? (p. 162)

Yes, the system should be abolished.

First, abolishing this system will help our society solve the labor shortage problem caused by the declining birthrate and aging population. People who have reached the retirement age are forced to retire even though many of them are still healthy and able to continue working. By abolishing this system, those who can still work will remain in the labor force.

Another reason is that young workers will have more time to learn from elderly workers. In the long term, this will lead to an improvement in productivity.

Finally, people who retire have to reduce their quality of life suddenly as they start to live on their pensions. The income from pension plans is shrinking year by year because of a decrease in revenue. If the system is abolished, many elderly workers will continue to gain a salary. Then, they can maintain their quality of life and save for the days when they can no longer work.

For these reasons, I think we should abolish the mandatory retirement age system.

**訳** 定年制は廃止されるべきか？

はい、廃止すべきです。

第一に、この制度を廃止することは、少子化と高齢化による労働力不足問題の解決につながります。定年を迎えた人は、その多くがまだ健康で働き続けることができるにもかかわらず、退職させられます。この制度を廃止すれば、まだ働ける人は労働力として残ります。

もう一つの理由は、若い労働者が年配の労働者から学ぶ時間が増えることです。長期的には、これは生産性の向上につながるでしょう。

最後に、退職した人は年金で生活するようになると、急に生活の質を落とさなければなりません。年金制度からの収入は歳入減で年々減少しています。この制度が廃止されれば、多くの高齢労働者は給与を得続けます。そうすれば、彼らは生活の質を維持し、働けなくなる日のために蓄えることができます。

このような理由で、私は定年制を廃止すべきだと思います。

### 2. Should Japan allow patients to end their lives with dignity, as some other countries permit? (p. 163)

I agree with this idea. Choosing a dignified death should be recognized as one of our human rights. I don't mean that assisted suicide should be allowed for anyone, but this option should be permitted as a human right for a person who is suffering unbearable pain without any hope of cure from a disease.

In addition, their families may be facing enormous stress and financial hardships supporting such terminally ill patients.

And I hesitate to say this, but I think we can use the money spent on life-prolonging treatments of patients in vegetative states or who are brain dead to improve the quality of education or for other such purposes. We can devote fewer National Health Insurance resources for their medical care and use more money for nurturing young people.

It is true that this issue should be discussed more as it involves emotional and ethical aspects, but my opinion is that a dignified death should be an option and it should be recognized as one of our human rights.

**訳** 数カ国の外国が認可しているように、日本は尊厳死を許すべきか？

私はこの考えに賛成です。尊厳ある死を選ぶことは、私たちの人権の一つとして認められるべきです。誰に対しても自殺ほう助が許されるべきだと言っているのではありません。病気の治癒の望みもなく、耐え難い痛みに苦しんでいる人の人権として許されるべきです。

その上、家族はこのような末期患者を支えるために、多大なストレスと経済的困難に直面しているかもしれません。

それと、これは言いにくいのですが、植物状態や脳死状態の患者さんの延命治療にかけられるお金は、教育の質の向上や、他のこうした目的に使えると思います。医療のための国民健康保険の資金を減らし、より多くの資金を若者の育成に使うことができます。

感情的、倫理的な側面があるので、この問題はもっと議論されるべきだと思いますが、尊厳死は一つの選択肢であるべきで、人権の一つとして認められるべきだと思います。

## 3. Should cloning one's pet after its death be allowed? (p. 164)

I understand the sadness of losing one's pet, but cloning a pet should not be allowed.

First of all, if cloning a pet is allowed, then the next step could be the cloning of a family member after his or her death. Human cloning might begin, and that would be unethical.

Secondly, if it is allowed, people's attitude toward life may change. When it becomes possible to bring a once-dead pet back to life, people may start thinking less about the value and sanctity of life.

Thirdly, cloning a pet will not give you a carbon copy of your dead pet. Genetically speaking, a clone is the same as the original animal, but the personality of a cloned pet would be different from that of the original one. Like human beings, the environment affects the formation of an animal's personality. The clone may behave very differently from the original pet.

I know a lot of people suffer grief from the loss of a pet, but I think cloning a pet should not be allowed for these reasons.

**訳** ペットの死後にクローンを作ることは許されるべきか？

ペットを失う悲しみは理解できますが、ペットのクローンは許されるべきではありません。

まず、ペットのクローン化が認められれば、次のステップは家族の死後に、その家族をクローン化することになりかねません。人間のクローン化が始まるかもしれず、それは倫理に反します。

第二に、もしそれが許されれば、生命に対する人々の態度が変わるかもしれません。一度死んだペットを生き返らせることが可能になると、人々は生命の価値や神聖さについてあまり

考えなくなるかもしれません。

　第三に、ペットをクローン化しても、死んだペットの生き写しは得られません。遺伝的にはクローンは元の動物と同じですが、クローン化されたペットの性格は元の動物の物とは異なります。人間と同様に、環境が動物の性格形成に影響を与えるからです。クローンは、元のペットとは非常に異なる行動をするかもしれません。

　多くの人がペットを失った悲しみに苦しんでいることは知っていますが、こうした理由から、ペットのクローンを作ることは許されるべきではないと思います。

## 4. Agree or disagree: Japan should abolish capital punishment. (p. 165)

In many advanced countries, capital punishment has been abolished. Japan is one of the few advanced countries that have capital punishment. I agree with the idea that Japan should abolish capital punishment. Let me give you some reasons why.

First, as has been recognized in many other countries, it is inhumane to execute a person, even if that person has committed murder. Most advanced countries have recognized this and abolished capital punishment, and Japan has been criticized in the international community for failing to do so.

Second, some times innocent people are convicted of murder and wrongfully sentenced to death. If a convicted person is found innocent after the execution, there will be no way to bring that person back to life.

Finally, life imprisonment in place of capital punishment is good enough. As long as a murderer is inside a prison, he or she will never be able to do any harm to society.

Capital punishment should be abolished not only because it is against humanity but also to avoid an error that cannot be rectified.

**訳** 賛成か反対か：日本は死刑を廃止すべきだ。

　多くの先進国で死刑は廃止されています。日本は死刑制度を持つ数少ない先進国の一つです。私は日本が死刑を廃止すべきという考えに賛成です。理由をいくつか挙げます。

　第一に、他の多くの国で認められているように、たとえ殺人を犯した人であれ、処刑するのは非人道的です。先進国のほとんどがこれを認めて死刑を廃止しており、日本はそれを怠ったとして国際社会から批判されています。

　第二に、罪のない人々が殺人で有罪となり、不当に死刑判決を受けることがあるからです。死刑が執行された後に無罪とわかった場合、その人を生き返らせる方法はありません。

　最後に、死刑の代わりに終身刑で十分だということです。殺人犯が刑務所の中にいる限り、社会に危害を加えることはできません。

　人道に反するだけでなく、是正できない過ちを避けるためにも死刑は廃止されるべきです。

## 5. Agree or disagree: Democracy is facing many challenges in today's world. (p. 166)

I agree. I believe that democracy is the ideal form of government. However, I think democracy is facing many challenges in today's world. Let me explain why I agree with this statement.

Recently, voter turnout is so low in many elections that people are becoming more indifferent to political affairs and have forgotten the most important principle of democracy: People have the sovereignty.

Another challenge is that some people assert their rights under democracy in a way that violates the rights of others. For example, hate speech threatens and offends others. It is totally against democratic principles.

The other challenge is populism. Politicians avoid meaningful discussions of policies from a long-term perspective. They highlight policies that appear beneficial for people but only in the short term, and they often condemn other parties and the government just to gain and maintain their popularity among voters.

These are the challenges that democracy is now faced with.

**訳** 賛成か反対か：民主主義は今日の世界で多くの課題に直面している。

同感です。私は民主主義が理想的な政治形態だと信じています。しかし、今日の世界では、民主主義は多くの課題に直面していると思います。私がなぜこの意見に賛成するかを説明します。

最近、多くの選挙では投票率があまりに低迷し、国民は政治的な事柄に無関心になり、民主主義の最も重要な原則である「主権は国民にある」を忘れてしまっているほどです。

もう一つの課題は、民主主義の下で、他人の権利を侵害する形で権利を主張する人々が一部にいることです。例えばヘイトスピーチは他人を脅かし、不快な気持ちにさせます。それは完全に民主主義の原則に反します。

もう一つの課題は大衆迎合主義です。政治家たちは長期的な視点に立った有意義な政策論議を避けています。国民の利益になるように見える短期的な政策を強調し、有権者の支持を獲得し維持するために、しばしば他の政党や政府を非難します。

これらは民主主義が現在直面している課題です。

. . . . . . . . . . . . . . . . . . . . . . . . . . . . . . . . . . . . . . . . . . . . . . . . . . . . . . . . . . . . . . . . . . . . . . . . . . . . . . . . .

**6.** Agree or disagree: The empowerment of women has been successfully advanced in Japan. (p. 167)

To my great disappointment, I have to say that I disagree. The Japanese government as well as local governments seems to be trying hard to enhance women's empowerment but their documents, requests and regulations have not brought about the anticipated results. I have three reasons why I think so.

First, if we look at the photo of the cabinet members of the present government, the number of female lawmakers is very small, fewer than five. The proportion of female lawmakers is much less than 20 percent, the lowest among advanced countries.

Second, companies remain male-dominated. The wage gap between male and female workers is still very large. Gender proportions in managerial positions show female workers have far fewer opportunities for promotion.

Finally, the number of child care centers and after-school day care centers is still too small. Women continue to shoulder too large a share of child-rearing and housework, making it often difficult for them to re-enter full-time work after giving birth.

For these reasons, I am sad to say that the empowerment of women has failed to be successfully advanced in Japan.

**訳** 賛成か反対か：日本では女性の社会的地位向上がうまく進んでいる。

非常に残念なことに、私は同意できません。日本政府も地方自治体も、女性の社会的地位を高めようと努力しているようですが、その公文書、要望、規制は期待された成果をもたらしていません。私がそう思う理由は3つあります。

まず、現政権の閣僚の写真を見ると、女性議員の数は非常に少なく、5人未満です。女性議員の割合は20％を大きく下回り、先進国の中で最も低いのです。

第二に、企業は依然として男性優位です。男女の間には依然として大きい賃金格差があります。管理職に占める男女比から女性の昇進の機会ははるかに少ないとわかります。

最後に、保育所や学童保育所の数はまだ少なすぎます。女性は育児や家事の大きすぎる負担を抱え続けるため、出産後にフルタイムの仕事に復帰するのは難しいことが多いのです。

このような理由で、残念ながら日本では女性の社会的地位向上がうまく進んでいないと言わざるを得ません。

---

### 7. Agree or disagree: All Japanese companies should allow their employees to have second jobs. (p. 168)

I think for the benefit of both employees and companies, every employee should be allowed to have a second job. Let me explain why I think so by offering you three reasons.

First of all, many companies have regulations that prohibit their workers from having second jobs. However, they don't have any legal basis. Companies are not allowed to intervene in workers' private lives.

Second, workers can make extra money by having second jobs. They can improve their quality of life with the extra money, for example by renting a larger apartment room or investing in self-improvement, such as learning a foreign language.

Third, an additional job gives workers an opportunity to access external knowledge and skills that they can use at their main companies. Allowing workers to have second jobs is as important as limiting overtime work to make the workplace happier and more attractive.

For these reasons, I think companies should allow their workers to have second jobs, not only for the benefit of workers but also for the benefit of companies.

**訳** 賛成か反対か：すべての日本企業は、従業員に副業を許可するべきだ。

社員のためにも会社のためにも、社員全員に副業を許すべきだと思います。私がなぜそう思うのかを、3つの理由で説明させてください。

まず第一に、多くの企業が従業員の副業を禁止する規定を設けています。しかし、それには法的根拠がないのです。企業が労働者の私生活に介入することは許されません。

第二に、労働者は副業を持つことで副収入を得ることができます。例えば、より広いアパートを借りたり、外国語学習などの自己啓発に投資するなど、余分なお金で生活の質を向上させることができます。

第三に、追加の仕事は、労働者が主たる企業で使える外部の知識や技能を入手する機会を与えます。職場をより幸せで魅力的なものにするためには、残業を制限することと同じくらい、労働者に副業を認めることが重要です。

このような理由で、企業は労働者の利益のためだけでなく、企業の利益のためにも、労働者に副業を許すべきだと思います。

# Chapter 7 　模擬試験

## 一次試験　筆記

### 大問1

**指示文**　4つの選択肢から最適な語句を選択して各文を完成させてください。その上で、解答用紙上に問題番号を見つけ、解答をマークしてください。

....................................................................................

**(1)** **解答** 3

**設問**　所見を述べる中でスティーブンズ氏は、自身の政策は、この国における貧富を分けている格差に取り組むことが目的だ、と述べた。

**選択肢** **1** 使節　**2** 名残　**3** 格差　**4** 迷宮

**解説**　divide the rich and the poorとある。「富める人々と、貧しい人々を分けている」ものがカッコに入るので、disparities（格差）を選ぶ。「所得格差」は disparity in income、「都市部と農村部の格差」なら disparity between urban and rural areas となる。

....................................................................................

**(2)** **解答** 1

**設問**

A：就職面接はどうでしたか？ 面接官たちはあなたの過去の経験について、詳しい説明を求めましたか？

B：いいえ。彼らは私の過去についてさほど興味がないようでした。それどころか、全体的にかなりいい加減でした。

**選択肢** **1** 大雑把な、いい加減な　**2** 立法の　**3** 座っている　**4** 試験的な、仮の

**解説**　就職面接（job interview）についての会話。詳しく過去を聞いてこなかったことから、大雑把な雰囲気だったことがわかる。perfunctoryと同じ意味でよく使われるcursoryも覚えておこう。

....................................................................................

**(3)** **解答** 4

**設問**　夏の広告キャンペーンでは、消費者の気を引いて清涼飲料商品を買いたいと思わせるために、吹雪や氷河、北極圏の野生生物の画像を用いる。

**選択肢** **1**（法律などを）無効にする、廃止する　　**2**（暴動、反乱を）鎮める
**3** ～を遠ざける　　**4** 人の気を引く

**解説**　entice A to do 、あるいは entice A into doing は「Aの気を引いて～させる」と言いたいときに使う。「強要して～させる」（coerce A into ～）、「おだてて～させる」（cajole A into ～）などと一緒に覚えておこう。

....................................................................................

**(4)** **解答** 2

**設問**　電車がプラットホームから出発するときに、さよならと手を振っていた彼女の姿が、彼の記憶に消えることなく刻み込まれている。

**選択肢** **1** 向う見ずに　　　　　　**2** 消えることなく
**3** 不注意にも、うっかりして　**4** 非常に注意深く、潔癖なまでに

**解説**　腐食剤で銅板を部分的に腐食させて、窪みを「刻んでいく」という銅板画の一つの手法を etching（エッチング）と呼ぶ。彼女が手を振る姿を心、記憶に「刻む」のだから、「消えることなく」という意味の indelibly を選ぶ。形容詞 indelible は、「消せない落書き」（indelible graffiti）、「消せない事実」（indelible fact）のように使う。一緒に覚えておこう。

---

## （5）　**解答**　3

　　**設問**　遊園地に近ければ近いほどホテルは高くなる。そして、遊園地の敷地内にあるものはまったく法外な料金を請求する。

　　**選択肢**　1 社交的な　2 尊敬すべき　3（値段が）法外な　4 痛切な

　　**解説**　人気のある遊園地に近いホテルの料金は高く、その遊園地内となれば、さらに法外な料金になる、という意味なので、exorbitant（法外な）を選ぶ。この単語は、orbit（軌道、範囲）に、「はみ出ている」「外へ」という ex がついていることから、「常軌を外れた、範囲を超えた」、つまり「法外な」という意味になる。

---

## （6）　**解答**　4

　　**設問**　意地悪な侮辱的発言は、当然ながら、建設的な議論に有害だ。だが、率直な批評は何も問題ない。

　　**選択肢**　1 豪華な、ぜいたくな　2 熱心な　3 陳腐な　4 有害な

　　**解説**　「率直な批判には何も問題はない」が、「意地悪な侮辱的発言には、問題がある」という流れになるので、detrimental（有害な）を選ぶ。単語を知らなくても、detriment（損害、不利益、有害な）の de- には、「下降、下へ」という意味があり、trim には、「削る」という意味があると気づけば、ヒントになる。

---

## （7）　**解答**　1

　　**設問**　親として、私たちは子どもたちに、熱意や思いやりのような望ましい特性を教え込み、模範となる良いお手本を与える義務がある。

　　**選択肢**　1 ～を教え込む　　　2 ～を消散させる
　　　　　　　3 衰える　　　　　　4（義務・財産・権利を）譲渡する

　　**解説**　熱意や思いやりのような望ましい特性を、親は子供たちに、「植え付ける、学ばせる」、という流れになるので、instill A in/into B（A を B に植え付ける）を選ぶ。still は、「静止している、まだ」のほかに、「蒸留酒製造器」の意味もある（distill は「蒸留する」）。なお、still のもともとの意味は、「滴」。語源をたどれば instill は、「滴を注ぎ込む」であるとわかる。

---

## （8）　**解答**　2

　　**設問**　生産工場での不運な事故で、需要が到着する貨物の量を上回ると多くの人が確信したため、長繊維綿の価格は上昇した。

　　**選択肢**　1 ～を必然的に伴う　　　　2 ～より勝る、～をしのぐ
　　　　　　　3 ～を解読する　　　　　　4（恐怖で人や動物を）ぼうぜんとさせる

　　**解説**　価格が上昇するのは、需要が供給を上回るときなので、outstrip（～より勝る、～をしのぐ）を選ぶ。strip には、元々、「素早く動く」という意味があり、outstrip には、「走って誰かを追い越す」ということを表した、と言われている。問題文中の mishap は、mis と hap に分ければ覚えやすい。hap は happy の hap。mis がついて、「不幸、不運」という意味に

なる。

........................................................................................

## (9) 解答 3
設問 マイケルとベティは、政治のこととなると、意見に大きな隔たりがあるにも関わらず、とても仲が良い。
選択肢 **1** おとり　**2** 直観、予感　**3** 深い裂け目、深遠　**4** 矢面、攻撃の矛先
解説 despite とあるので、普段は仲が良いのだが、その反対のことが続くと考えて、chasm（深い裂け目、深遠）を選ぶ。ch- は、[k] と発音。chasm of death（死の淵）、chasm between the haves and have-nots（持てる者と、持たざる者の隔たり）など。

........................................................................................

## (10) 解答 1
設問 首相は何とか権力を保持し続け、家族が受け取った報酬との一切の関わりを、頑として認めようとはしなかった。
選択肢 **1** 断固とした、不動の　**2** 殺到した、あふれた　**3** 強く刺激する　**4** 潜在的な
解説 家族が受け取ったお金との関わりを認めず、首相は地位を保持したのだから、in his refusal の前には steadfast（断固として）が入る。fast には「不変の、固くしまった」、stead も「確固たる、不動の」という意味がある。steadfast in one's faith であれば、「信念を曲げない」となる。

........................................................................................

## (11) 解答 4
設問 4頭の馬にロープを使って木の切り株を引っ張らせたが、それでも微動だにしなかった。
選択肢 **1** 次第に減少する　**2** 遠ざける、避ける　**3** 折り目がつく、しわになる　**4** ちょっと動く
解説 but even があるので、4頭で引っ張らせたがそれでも動かなかった、という流れになる。budge（ちょっと動く）を選んで、「少しも動こうとしなかった」となる。問題文中の pull at ～ は「～を引っ張る」、pull at someone's arm（人の腕を引っ張る）などと言うときにも使われる。

........................................................................................

## (12) 解答 1
設問 貿易交渉は輸入関税に関して行き詰まった後、決裂した。双方が妥協することを嫌がったままだった。
選択肢 **1** 行き詰まり　**2** 抑圧　**3** 嫌悪　**4** 才能
解説 どちらも、譲らず、妥協しないままだった、ということから、膠着状態を経て、決裂した、という流れになるので、impasse（行き詰まり）を選ぶ。passe からは pass を想起すると思うが、その通りで、im と組み合わさって、「通り過ぎることができない様子」、つまり、「行き詰まり」という意味になる。同じ意味を表す stalemate、dead end と一緒に覚えておこう。

........................................................................................

## (13) 解答 2
設問 工場の現場での安全は非常に重要だ。安全上の危険に気付いた作業者は、生産ラインを停止するボタンを押すことについて、何らためらうべきではない。
選択肢 **1** 返礼　**2** 不安、良心の呵責　**3** 欠陥　**4** 実現可能性
解説 異常や危険に気づいたら、生産ラインを止めて、危険回避の措置を取ることが優先

されていることが読み取れるので、「ためらわず（ボタンを押すことについて、不安や良心の呵責を抱かずに）停止ボタンを押すべき」という流れになる qualm（不安、良心の呵責）を選ぶ。qualm という単語は、元々は、「死」を意味するもので、そこから、「不安」という意味を持つようになったようだ。用例として、have no qualms about ～（～に何の不安も感じない）、have qualms about doing ～（～することに不安を覚える）も覚えておこう。

.....................................................................................................................

## （14）　解答　2
　設問　各地区の労働組合事務所は、全国代表者会議で、事務所を代表して発言し、投票する使節を派遣した。
　選択肢　**1** 叱責　**2** 代表、使節　**3** 傾向、好み　**4** 思い付き、気まぐれ
　解説　「代表者会議で、各地域の事務所を代表して発言し、投票する（人）を送った」とあるので、delegate（代表、使節）を入れるのが適切。同じ意味の deputation とともに、覚えておこう。

.....................................................................................................................

## （15）　解答　3
　設問　鳥は飛行中に非常に多くのエネルギーを消費することから、カロリー摂取量を得るための獲物の狩猟は、最も重要な仕事だ。
　選択肢　**1** 光輝くばかりの、まばゆい　　　**2** 一時的な、つかの間の
　　　　　**3** 最も重要な　　　　　　　　　　**4** 軽薄な、くだらない
　解説　飛ぶのにエネルギーをたくさん使うのだから、獲物をとらえてカロリーをきちんと摂取することは「大切な」ことである、という流れになるので、paramount（最も重要な）を選ぶ。para は「～を超えて」、mount は「上、上へ」というのが元々の意味。

.....................................................................................................................

## （16）　解答　4
　設問　彼女は、洞察力のある重要な歴史家であることに加えて、現代文化とファッションの鋭い評者でもあった。
　選択肢　**1**（天候が）荒れ模様の、厳しい　**2** 差し迫った　**3** 鈍い、鈍角の　**4** 鋭い、鋭敏な
　解説　歴史家としてだけではなく、評者としても評価が高いという流れになるので、astute（鋭い）を選ぶ。用例として astute diplomat（頭の切れる外交官）、astute doctor（洞察力のある医師）など。

.....................................................................................................................

## （17）　解答　3
　設問　このミステリー小説のシリーズは巧みで想像力に富んでいると人は言うけれど、むしろ、この文章は陳腐で想像力に欠けていると思う。
　選択肢　**1** 現存しない　**2** 豪華な、ぜいたくな　**3** 陳腐な、ありふれた　**4** 猛烈な、激しい
　解説　on the contrary の後には、前半の良い評価とは違うマイナスの評価が来るはずである。hackneyed（ありふれた）を選んで「ありふれた想像力に欠けた文章だ」という流れにする。hackney は、昔は「普通の馬、ゆっくり歩く馬」を意味したようだ。それが今では、「普通、平凡、陳腐」を表す言葉になり、「乗用馬（特別に速い馬ではなく、普通に乗る馬）」という名詞、また「使い古す」という動詞として、また hackneyed（陳腐な、ありふれた）という形容詞として使われている。

## (18)　解答　4

**設問**
A：新しいダイエット・運動プログラムを始めてから、体調はいかがですか?
B：最初は少し意志の力が必要だったと言わざるを得ません。ですが、楽しみ始めています。ぐっすり眠っていますし、以前ほど朝に気だるさを感じません。

**選択肢** 1 等しい　2 縁起のよい　3 常習的な　4 気だるい、無気力な

**解説** 食と運動の習慣を新しくして、最初はきつかったが調子が良くなってきた、ということなので、lethargic を選んで、以前のように朝、気だるく感じることがない、という流れにする。名詞は lethargy（不活発、無気力、昏睡状態）。ギリシャ神話に出てくる冥界にある忘却の川 Lethe から派生したといわれている。lethal（死を招く）も語源は同じと思われる。

## (19)　解答　1

**設問** 就職の一次面接がうまくいかなかったので、会社から2度目の面談に来るよう電話がかかってきたとき、レニーは大喜びした。

**選択肢** 1 喜びに満ちた　2 単調でつまらない　3 目立った、顕著な　4 染み一つない

**解説** 面接試験がうまくいかなかったと思っていたら、その会社から、もう一度面接に来てください、と電話があったのだから、jubilant（大喜びしている）を選ぶ。なお、jubilant は旧約聖書にある jubilee（50年目の聖なる年。その年には、奴隷は解放、借金は帳消し、穀物は収穫せず、野生のものを食べるよう書かれている）が語源で、「祝宴、祝祭」を意味する。動詞の jubilate（歓喜する）、名詞の jubilation（歓喜）と一緒に覚えておこう。

## (20)　解答　2

**設問** 2週間のクルーズは、この船旅会社の1カ月クルーズの短縮版であり、それほど長い休暇が取れない旅行者に対応するよう設計されたものである。

**選択肢** 1 秘密の　2 短縮した　3 隠遁している、孤立している　4 規定された

**解説** 2週間のクルーズは、1カ月も休暇が取れない旅行者のために組まれたもの、つまり短縮版、ということから curtailed（短縮した）を選ぶ。動詞 curtail は、curt（そっけない、言葉が短い）、tail（話）という2つの単語が一緒になって「切り詰める、削減する」という意味を表す。

## (21)　解答　2

**設問** こっそりと競技のルールを破ろうとするのは十分に悪いことだが、公然とルールに逆らうことは、審判の権限への反抗だ。

**選択肢** 1 〜をしぶしぶ認める　　　　　　2 〜に逆らう
　　　　　3 〜を（正しいかどうか）確かめる　　4 〜に従う

**解説** 審判の権威に挑戦することになるものを選ぶのだから、カッコには defy（逆らう）を入れて、公然と、審判の見ている前でルールに逆らうこと、という流れにすればよい。

## (22)　解答　2

**設問** 私はあなたの苦情を聞いて対応したので、あなたが不当に扱われたと感じる事柄についてくどくど話すのを、聞き続けなければならない理由がわからない。

**選択肢** 1 〜について熟考する　　　　2 くどくど繰り返す

3 ～に照準を合わせる　　　　4 言い繕う、うまく言い抜ける

**解説** 苦情を聞いて対応したので、なぜ、あなたの話を聞き続けなければならないのか、という流れである。harp on（くどくどと話す）を選ぶ。harp on the same string（ハープの同じ弦を弾き続ける）の意味で、転じて「同じことをくどくどと繰り返して言う」ということ。

........................................................................

## （23）**解答** 2

**設問** 規制当局は、高齢の消費者を狙った、過度に攻撃的な集金手口行動を撲滅することに取り組んでいる。

**選択肢** 1 ～を計算に入れる　2 ～を撲滅する　3 ～を獲得する　4 ～に屈する

**解説** 過度に攻撃的な、とあるので、何か悪いことだと考えられる。当然、規制当局は、そのようなことを「撲滅する、規制する」だろう。stamp out（撲滅する）を選ぶ。

........................................................................

## （24）**解答** 2

**設問** 土曜日の製品開発会議にぜひ一緒に来てください。その分野の多くの専門家に会って、豊富な知識と経験に触れることができますよ。

**選択肢** 1 ～をスラスラと言う　　　　2 ～と接触する、～との関係を持つ

3 ～（嵐など）が収まってくる　4 ～をかきたてる

**解説** 製品開発会議では、どんなことが可能か説明している部分である。専門家に会えること、さらに tap into（～と接する）を選んで、豊富な知識と経験に触れることができる、となればよい。tap into a database to get information（データベースを利用して情報を得る）、tap into consumers' wants（消費者の欲求をうまく活用する）などの用例も覚えておこう。

........................................................................

## （25）**解答** 2

**設問** 新入社員として、皆さんには会社の行動規範を読んで理解することが求められます。私たち全員が常にその規則を守らなければなりません。

**選択肢** 1 ～から手を引く　　2（規則など）に従う、～を守る

3 ～を当てにする　　4 ～に干渉する

**解説** 新入社員に伝える言葉なので、行動規範を読み、理解し、規則を守る、という流れが自然だ。従って abide by（～に従う）を選ぶ。abide には「住む、留まる」という意味があり、abide at ～（～に住む、～に滞在する）の形で良く使われる。また abide by は、abide by a cease-fire agreement（停戦協定を守る）という意味で使われたりする。

---

## 大問2

**指示文** 各パッセージを読み、4つの選択肢から空白に最適な語もしくは句を選択してください。その上で、解答用紙上に問題番号を見つけ、解答をマークしてください。

**パッセージの訳**

### 移動のサービス化

　移動のサービス化、いわゆる MaaS（マース）は、あらゆる種類の交通機関をひとつの使いやすいサービスに組み合わせることで、移動をより容易にする方法だ。通常、MaaS の利用者は、ひとつの簡単なスマートフォンアプリを使用して、タクシー、バス、路面電車、または電

車での移動を手配できる。MaaS は、乗り物やサービスを使うたびに、それぞれ個別にチケットを購入し、個別に料金を支払わなければならない煩わしさを解消する。支払いはすべて、月毎の使用料金として、または都度払い制で、自動的にクレジットカードに請求される。Maas は、効率的で途切れない輸送と簡単な支払いで、時間、お金を節約し、心配を減らすもので、それにより顧客にとって価値のあるものになる。

　顧客指向であることに加えて、MasS は都市行政担当にとっても利点がある。効率的で、公共交通機関を後押ししてくれるので、MaaS は個々の消費者が所有する車両の使用に起因する、廃棄物、交通渋滞、そして汚染を、都市が削減するのに役立つ。フィンランドのヘルシンキは、Whim（ウィム）と呼ばれる本格的な MaaS システムを確立した、最初の都市のひとつだった。ヘルシンキの都市行政担当は、2025 年までに、市内で個人所有の車両を廃止するための広範な計画の要素として、Whim を使用している。MaaS はビッグデータの豊富な情報源でもあり、都市計画者がインフラストラクチャーの構築と維持にかかる費用を評価し、予算を調整し、十分な情報に基づいた決定を下すのに役立てることができる、大量の情報を提供する。

　今後、MaaS システムには、自転車や電動スクーターのレンタルなど、より多様な種類の輸送サービスが組み込まれることが予想される。世界中の都市が、互いに MaaS を使え合える関係を築くことで、航空会社も MaaS サービスに統合される可能性がある。また、車両メーカーは、ライドヘイリング（自動車による送迎サービス）、およびライドシェアサービス（自動車の相乗りサービス）と協力して、MaaS システムを利用する自動運転車を開発している。MaaS は、世界規模の楽なモビリティを提供するという究極の理想に向けて、一歩一歩発展している。

⋯⋯⋯⋯⋯⋯⋯⋯⋯⋯⋯⋯⋯⋯⋯⋯⋯⋯⋯⋯⋯⋯⋯⋯⋯⋯⋯⋯⋯⋯⋯⋯⋯⋯⋯⋯⋯⋯⋯⋯⋯⋯⋯⋯⋯

## (26) ■解答■ 2

■選択肢■
**1** 旅を短い区分に分割する　　　　**2** 時間、お金を節約し、心配を減らす
**3** 最高の払い戻しと割引を提供する　**4** 責任ある運転習慣を奨励する

■解説■ 2 か 3 で迷ったかもしれないが、which makes it valuable to customers で終わっていることを考えると、MaaS というサービスの特徴、利点をまとめているのがこの文の前半に来るはずだ。3 を選ぶと、時間の節約、心配や不安がなくなる、という利点に触れないまま、「顧客にとって価値のあるものになる」という流れになってしまう。時間、お金、心配、と利点全体に触れることになる 2 が適切。

⋯⋯⋯⋯⋯⋯⋯⋯⋯⋯⋯⋯⋯⋯⋯⋯⋯⋯⋯⋯⋯⋯⋯⋯⋯⋯⋯⋯⋯⋯⋯⋯⋯⋯⋯⋯⋯⋯⋯⋯⋯⋯⋯⋯⋯

## (27) ■解答■ 2

■選択肢■
**1** 克服すべき倫理的障害　　　　　**2** 都市行政担当にとっての利点
**3** 電気自動車業界とのつながり　　**4** 低所得地域向けのプログラム

■解説■ 顧客志向であることに加えて、①廃棄物、交通渋滞、そして汚染を、cities（都市）が削減するのに役立つ。②MaaS が提供する大量の情報は、city planners（都市計画をする人々）がインフラの構築と維持に関して、決定を下すのに役立つという、2 つのことが述べられている。これらは、city administrators（都市行政に携わる人々）にとっての利点であることから、2 を選ぶ。

（28）　解答　4

選択肢

**1** 高齢化社会における輸送を改善する　**2** より低コストでより多くの貨物を輸送する
**3** 田舎暮らしに都市の利便性をもたらす **4** 世界規模の楽なモビリティを提供する

解説　MaaS の今後の可能性として、①自転車や電動スクーターのレンタルなど、より多様な種類の輸送サービスが組み込まれる、②世界中の都市が、互いに MaaS を使い合える関係を築くために航空会社も MaaS サービスに統合される、③車両メーカー（自動車メーカー）は、MaaS システムを利用する自動運転車を開発している、といったことが述べられているので、4を選ぶ。

パッセージの訳

### 遺伝子科学

　1953年の DNA 構造の発見は、急速に進歩し続ける遺伝子科学の新たな時代の到来を告げるものだった。この構造が理解される前から既に、動植物の育種家たちは、動植物を改変することができていたが、その進歩（改変、変化のスピード）はゆっくりしたもので、変化も少しずつでしかなかった。当時使われていた原始的な技術は、近代以前の生物学への理解に基づいたものだった。現代の遺伝子科学は、これらの限界の多くを取り除いた。今や、細胞や生物に存在する遺伝物質全体を特定し、遺伝子の中身を操作することが可能だ。

　自分たち自身を含め、動植物の遺伝子を削除、挿入、もしくは変えることができる能力は、人間の手に恐ろしいほどの力を与える。ウイルスタンパク質の遺伝子を、治癒的価値を加えるように編集することができる。患者に熱や腹痛を与えず、ウイルスに手を加えて、病気の原因となる細胞を殺しながら、それ以外は無害のままであるようにすることができる。あるいは病気を引き起こす欠損した遺伝子を、正常に機能する遺伝子に取り替えるよう手を加えることもできる。科学者たちはこれらの技術を、ガン、アルツハイマー病やその他の病気への、より効果的な治療法に応用しようと努力している。遺伝子編集のそのほかの恩恵としては、解決が困難な犯罪を解決する、作物収穫量の増加、さらには絶滅種を本来の生態系に復活させる能力の強化も含まれる。しかしながら、遺伝子科学がさらに発展する中で、その潜在能力の不穏な危険性が明らかになってきている。

　遺伝子編集は、必要な改変だけでなく、単に望まれているだけの改変を加えるために使うこともできる。例えば、近いうちに親は、追加の支払いをすれば、好みの色の目、髪、肌の色を有したり、背の高さ、健康、知性、そして総合的な魅力が増している可能性を高めた、「デザイナー・ベビー」を選ぶことができるようになる。中には、さらに物事を推し進めている科学者もいて、人間と動物の交配種や、生きている人間の遺伝子上の複製を産み出そうとしている。裕福な親は、「秀いでた」人間からなる特権階級を作り出すのだろうか？　失敗した遺伝子改良の試みにより、病気になったり、好ましくない特徴を残されたりした子どもたちは、愛され、大事にされるのだろうか？　人間と動物の交配種には、人権があるのだろうか？　核科学、人工知能、そしてその他の新たな技術同様、遺伝子技術は、難しい道徳上のジレンマをもって、私たちの人間性を試している。私たちひとりひとりが、共にこの技術が意味することについて考え、倫理原則に基づいて決断していかなければならない。

（29）　解答　2

選択肢

**1** 世襲の肩書きを正当化した　　　　**2** これらの限界の多くを取り除いた

**3** 育種の技を守った　　　　　　**4** 子どもたちにワクチンを注射した

│解説│ 遺伝子科学が発展する以前について、動植物を改変することはできていたが、①the progress had been slow（その変化のスピードはゆっくりしたものであった）、②alterations（had been）only incremental（変化も少しずつだった）、③the primitive technology being used（使われていた原始的な技術）とある。一方、現代の遺伝子科学については、①identify the complete set of genetic material present in a cell or organism（細胞や生物に存在する遺伝物質全体を特定する）、②manipulate the content of genes（遺伝子の中身を操作する）ことが可能と述べられていることから、2のremoved many of these limitations（［原始的な技術で、変化もゆっくり、少しずつだったといった］多くの限界を取り除いた）を選ぶ。

-------------------------------------------------

## (30)　■解答■ 4

│選択肢│

**1** 貧困との因果関係　　　　　**2** 研究の財政的費用
**3** それが生み出す地域差　　　**4** その潜在能力の不穏な危険性

│解説│ 手にすることができる素晴らしい力について、ウイルスにimpart therapeutic value（治癒的価値を付ける、手を加えて病気の治癒に使えるようにする）、病気の原因となる遺伝子を、properly functioning genes（正常に機能する遺伝子）に取り換える、cancer, Alzheimer's disease and other diseases（がん、アルツハイマーやその他の病）の治療に応用する、enhanced ability to solve intractable crimes（解決が困難な犯罪を解決する能力の強化）、increase crop yields（作物収量の増加）、さらにはrestore extinct species（絶滅種を復活させる）などが挙げられた後、しかしながら、と続いているので、素晴らしい力からマイナスの事柄へと展開すると予測できる。最終段落の内容も踏まえて、4の「その潜在能力の不穏な危険性」を選ぶ。

-------------------------------------------------

## (31)　■解答■ 3

│選択肢│

**1** 一層の緊急性を持ち進歩を求める　　**2** 犯罪活動をやめさせる
**3** 倫理原則に基づいて決断する　　　　**4** 病気を早期に発見し、治療する

│解説│ 親が好む特徴を持つdesigner baby（デザイナー・ベビー）、human-animal hybrids（人間と動物の交配種）、genetic replicas（［人間の］遺伝子上の複製）、privileged class of superior humans（秀いでた人間からなる特権階級）、children sickened or left with undesired traits（病気になったり、好ましくない特徴を残されたりした子どもたち）の可能性を挙げて、新しい人権問題の可能性を示唆し、私たちの人間性が試されることになるとあることから、3のbase decisions on ethical principles（［関係するいろいろなことを決断するときには］倫理原則に基づいて決断する）が適切と思われる。

指示文 各パッセージを読んで、それぞれの質問の4つの選択肢から最適な答えを選択してくださいさい。その上で、解答用紙上に問題番号を見つけ、解答をマークしてください。

**パッセージの訳**

## 人口減少と優遇税制：ハンガリーの例

近年先進国で見られる出生率の低下と長寿化の傾向は、人口の減少と高齢化という結果につながっている。例えば欧州連合では、ひとりの女性が一生の間に生むことが見込まれる子どもの数の平均、と定義される合計特殊出生率が、2017年にはおよそ1.6人だった。EU諸国の中には、合計特殊出生率がおよそ1.3にまで低下した国もあった。それによってもたらされる結果は、深刻となり得る。ある母集団が内部で人口を維持するためには、少なくとも2.1の値が必要だ。縮小する出生率と長寿化が組み合わさると、困窮する高齢者人口の介護のためにより一層財源が必要となるちょうどその時期に、労働力不足と、社会保障制度を維持するための税収が不足する原因となる可能性がある。今日の社会保障制度は、より多くの若者が働いて税金を払い、比較的少ない高齢者の世話をするという、人口統計学的に安定した母集団用に計画されたものだ。若いカップルは、結果として生じる高い税金や他の経済的圧力に対し、大抵は生む子どもの数を減らすという形で反応をすることが多い。

この傾向を助長するいくつかの要因としては、避妊法への意識の高まり、乳児が無事成人できるという自信が増していること、子育て費用の増加、そして結婚や出産を見送る、もしくは先送りする傾向などが挙げられる。しかしながら、特定の根本原因を突き止めたり、それに対処したりするのは、困難となっている。例えば、女性が結婚を先送りする、もしくは見送ることや、生む子どもの数を少なくする傾向は、出生率の低下と関連付けられるとはいえ、後者（生む子供の数を少なくすること）を単純に、女性の教育の進歩のせいにするわけにはいかない。教育はキャリアへとつながり、そして韓国や日本での研究結果からわかるとおり、働く女性に対する現実的な社会保障支援と文化としての精神的支援は、大抵の場合、女性が職場で昇進する速度に遅れをとっているものだ。多くのキャリア志向の若い男性や女性は、伝統的な結婚や家庭生活を後回しにする、もしくは諦める、という形で反応している。したがって、根本原因に対処するには、伝統的な考え方、企業文化、そして個人の期待を、大幅に変えることが必要になってくる。

そのような複雑な事情にも関わらず、ロシア、セルビア、イタリア、ドイツ、日本、韓国やその他の国でも、若い家族にもっと子どもを生んでもらうために、様々なインセンティブを提供することで、出生率の低下に対処しようとしている。こうした制度の中で最も積極的なものが、およそ1.5まで出生率が下がったハンガリーで実行されている。同政府は2019年、若いカップルに対して、3人以上子どもを生めば返済の必要のない、およそ3万6000ドル相当の無利子ローンを提供すると発表した。さらに、4人以上子どもを産んだ全ての女性は、生涯所得税を免除される。批評家たちは、そのような制度は、貧しい人より多く所得税を払っている、裕福な上流から中流階級を過度に優遇するものであると言う。中には、2030年までに合計特殊出生率を、少なくとも2.1に押し上げることを目的とするこれらの計画は、移民を取り締まる一方で、結局は自国の労働者人口を拡大しようとする、過度に国家主義的な試みに過ぎない、という意見もある。批評家も支持者も同様に、ハンガリーを事例研究として見ており、次の10年が終わる頃には、その結果が明らかになっていることだろう。

（32）　**解答**　1

**質問と選択肢の訳**

このパッセージの作者によると、現代の社会保障制度が危機にあるのはなぜか。

1 社会保障制度が、そのサービスの対象となる人口は、長寿化することなく、健全な労働人口を保っていく、という前提の下で設計されたものであるため。

2 無償教育をはじめ、高齢者人口にあまり関係のないサービスを提供する一方で、低下し続ける出生率を食い止める助成金が拡大されたため。

3 所得税に加えて、新たな課税の形にまつわる不確実性が現れる中で、若いカップルが、縮小する労働市場という経済的圧力にさらされているため。

4 国家の人口における高齢者の割合が増える中で、行政は民間部門の高齢者介護業界が、それに比例する成長を遂げるよう奨励することに苦労しているため。

**解説**　社会保障制度の現状に関する記述の要点をまとめると「人口を維持するためには、少なくとも2.1の値が必要」と言われているが、「欧州連合での合計特殊出生率が、2017年にはおよそ1.6人だった」「今日の社会保障制度は、より多くの若者が働いて税金を払い、比較的少ない高齢者の世話をする（という）安定した（労働力人口が多くて、高齢者の人口の割合が低い、という）人口構造」を想定して設計されたが、このままだと「若いカップルは高い税金や他の経済的圧力に対し、大抵は生む子どもの数を減らす」ことになり、さらに事態は悪化する、となる。こうしたことから、modern social welfare systems は、大変な危機に頻している、と言える。今の危機的状況について本文中に書かれていることを適切にまとめているのは、選択肢1だ。

........................................................................................................

（33）　**解答**　3

**質問と選択肢の訳**

出生率低下を引き起こす最も基本的な要因は、

1 何十年にもわたる社会変化を経て進展してきたもので、立法の要素を含む解決策を必要とする。

2 学究的に切り離され、分析されたが、金銭的なインセンティブのような単純な解決策では、対処が難しいことが証明された。

3 多数あり、複雑であり、文化、ビジネス、そして私生活を含めた全面的な変化なくしては、解決されることは考えにくい。

4 キャリアを確立する前に子どもを持つべきだというプレッシャーを家族から受けている、と感じている若い成人が、近年増加していることと関連がある。

**解説**　まず、この傾向を助長するいくつかの要因としてとして、①避妊法への意識の高まり、②乳児が無事成人できるという自信の増大、③子育て費用の増加、④結婚や出産を見送る、もしくは先送りする傾向が挙げられている。しかし、Identifying and addressing specific root causes is proving difficult（特定の根本原因を突き止めたり、対処することは困難）と続く。the latter（the tendency among women to have fewer children correlates with lower birthrates、つまり、少子化、低い出生率）は、単純に女性の教育の進歩のせいにするわけにはいかないと続き、女性が職場で昇進する速度に、働く女性に対する現実的な社会保障支援と文化としての精神的支援が、遅れをとっていると言う。さらに addressing root causes require（根本的な原因に対処するのに必要なこととして）、① comprehensive changes in traditional attitudes、② comprehensive changes in corporate culture、③ comprehensive changes in personal expectations を挙げている。まとめると、「出生率低下を引き起こす基本的な要因は、いろいろあって、女性に対する教育の進歩だけでは片付けられず、文化、ビジネス、そして私生活を含めた全面的な変化なくしては、解決されることはないだろう」ということが書かれている。したがって選択肢3を選ぶのが良い。

## (34) ■解答■ 2

■質問と選択肢の訳■
このパッセージで述べられている、税制優遇制度への一般的な批判のひとつにどのようなものがあるか。
1 税制優遇制度は、学校管理者や郵便局員など、公共部門に職を持つ親に、不公平な利益をもたらす。
2 税制優遇制度は、経済的な必要性がさほど差し迫っていない人口の区分に、より大きな経済的利益をもたらす。
3 税制優遇制度は、先住民と移民少数派の間で、恨みを引き起こす傾向がある。
4 税制優遇制度は、欧州連合各国でまだ標準化されておらず、したがって、有効な評価はできない。

■解説■ 34の質問文にある the tax incentive programs noted in the passage は、ハンガリーで実行されている制度を指す。その制度に対する批判は、Critics say such programs 〜 clamping down on immigration. に書かれている。ここには、①貧しい人より多く所得税を払っている、裕福な上流から中流階級を過度に優遇する、②移民を取り締まる一方で、自国の労働者人口を拡大しようとする、過度な国家主義となってしまう、とあることから、選択肢2を選ぶ。

■パッセージの訳■
### 世界的な貧困に朗報
　有史以来ずっと人類を苦しめてきた極度の貧困が、消滅しつつあるかもしれない。世界銀行の見積もりによると、一日あたり1ドル90セント以下で何とか生活をしている、極貧の中で暮らす人々の数が、史上初めて世界の人口の10パーセントを下回ったと推定されている。これがどれほど驚くべき成果であるかを理解するためには、過去を振り返るだけでいい。1990年という直近であっても、世界人口のおよそ37パーセントが、極貧の中で暮らしていたと推測されており、およそ2世紀前の1820年には、ごくわずかの裕福な少数派を除くと、世界中の人々全員が、現在の1ドル90セント以下に相当する額の、個人の経済的購買力で、もがきながらなんとか生活していたのだ。2017年に、ワールド・ポバティー・クロック（世界貧困時計）という団体が、今や毎日毎秒ごとに、誰か一人が極貧を脱していると見積もった。より軽度な困難に直面する人々の間でも、貧困は減少している。毎年、世界人口において、それぞれ一日あたり3ドル以下、5ドル以下、10ドル以下で生活している人々の割合が減少している。
　過去25年間で貧困を減少させてきた主要な要因のひとつに、国連ミレニアム開発目標（MDGs）を達成するための後押しの一環として実施された、貧困減少努力がある。極度の貧困の減少に加えて、MDGsには、疾病と乳幼児死亡率の削減、さらには普遍的教育、女性の社会的地位向上、妊産婦の健康、環境の持続可能性、そして経済発展における世界規模での改善が含まれていた。世界銀行グループのジム・ヨン・キム総裁によると、この全面的、包括的な取り組みが、貧困が減少している理由の一部だという。「我々は人類史上初め

て、極度の貧困を終わらせることができる世代となるのです」。同総裁は2015年、MDGsに代わる、より野心的な一連の持続可能な開発目標（SDGs）を準備していた際に、こう話している。目標年度2030年までの達成を目指す、SDGsのリストの筆頭にあるのは、大きいものだ。それは、「あらゆる場所で、あらゆる形態の貧困に終止符を打つ」である。

SDGsがMDGsに置き換わる理由は、今回は発展途上国だけではなく、世界中の国に適用される、17の目標に向かって進むためだ。SDGsの広範囲に及ぶ、野心的性質は、貧困撲滅に限定されるものではない。他に掲げられている目標には、飢餓に終止符を打ち、全世界のすべての人々に健康、平等、きれいな水、経済的持続性、そして正義を約束する、というものがある。批評家たちはSDGsを、野心的すぎると評している。現実的な一連の目標というよりは、夢想家の願い事リストのようなものだと言うのである。しかしながら、17のSDGsには、進捗を測ることができる、具体的なターゲットが含まれている。大小の新興企業を通した経済発展、そして乳幼児の健康と教育という観点からの進歩は、治安や経済的安定が慢性的に脆弱だった、サハラ以南アフリカのような地域ですでに見られている。批評家でさえも、今後十年に渡って、SDGsが掲げる高い基準に向かって世界が努力する中で、これらSDGsの個別目標を達成することが、全ての人々の生活をより良いものにし続けると願っている。

......

## （35） ■解答■ 2
**■質問と選択肢の訳■**
極度の貧困が継続的に減少しているという証拠は、
**1** 世界銀行のような機関が、研究プロジェクトに出資する能力を持っているおかげで、初めて入手可能になっている。
**2** より細かい基準額によって規定されるそれほど極端ではない貧困の状態において、同じく減少していることによって、裏付けられている。
**3** 一部の学者からは、19世紀以前の系統的な世界規模のデータと分析がないことから、信頼性に欠くと見なされている。
**4** 200年前は裕福だと考えられていた人は、現代の生活を楽なものにする、多くのハイテクの機器を持っていなかったという事実によって、否定されている。
**■解説■** 第1段階最後の4行、Poverty is also declining ～ less per day.（より軽度な困難に直面する人々の間でも、貧困は減少している。毎年、世界人口において、一日あたり3ドル以下、5ドル以下、10ドル以下で生活している人々の割合が減少している）から、さらなる極貧状態にある人たちが減少しているということを裏付けていると読み取れる。2を選ぶのが妥当。

......

## （36） ■解答■ 1
**■質問と選択肢の訳■**
世界銀行グループのジム・ヨン・キム総裁によれば、
**1** 貧困撲滅に向けて継続して進歩している理由の中に、MDGsが行った包括的な取り組みが挙げられる。
**2** 2030年がSDGsの達成目標年度に設定されたものの、SDGsが達成されたか否かに関わらず、新たな一連の目標が設定されることになっている。
**3** MDGsからSDGsへの移行に伴い、目標範囲が拡大したことは論議を引き起こしたが、目標年度までには有益だと証明されるだろう。

**4** 2030年より早期に自国のSDGsを達成できた先進工業国は、開発途上国が自国の目標を達成する手助けをするために、組織化される。

**解説** 第2段落に貧困を減少させてきた主要な要因として、「国連ミレニアム開発目標（MDGs）を達成するための後押しとして実施された努力があり、そこには、①疾病と乳幼児死亡率の削減、②普遍的教育、③女性の社会的地位向上、④妊産婦の健康、⑤環境の持続可能性、⑥経済発展における世界規模での改善、といったものが含まれる」とあり、続いて、According to World Bank Group president Jim Yong Kim, this sweeping, comprehensive approach is part of the reason poverty is declining. と述べられていることから、comprehensive を exhaustive と表現している選択肢1を選ぶのが妥当。

---

## （37）　**解答**　**4**

**質問と選択肢の訳**

一部の批評家が主張するには、SDGsは、

**1** その広範囲、かつ包括的な性質と、求めている文化的変化を考えれば、2030年より長期の期限が与えられるべきだ。

**2** すでに目標を達成している多くの先進工業国と、結局は願い事リストになってしまう最貧国に、適用されている。

**3** 治安や経済的安定の維持が難しい、サハラ以南アフリカにあるような国にとっては、達成することがより難しい。

**4** 進歩が数量化できる、確固たる副次的なターゲットが含まれているものの、現実的というよりは、野心的なものだ。

**解説** 第3段落中盤に、Critics have called ... than a set of realistic objectives. The 17 SDGs do, however ... can be measured.（批評家たちは SDGs を、野心的すぎると評した。現実的な一連の目標というよりは、夢想家の願い事リストのようなものであるとして。しかしながら、17の SDGs には、進捗を測ることができる具体的なターゲットが含まれている）と書かれていることから、選択肢4を選ぶ。選択肢4の aspirational は、「熱望する、憧れる」を意味する aspire が形容詞になったもの。

**パッセージの訳**

### 私たちの平らな地球

　ピタゴラスやエラトステネスといった古代ギリシャの哲学者たちの思索から、彼らが地球の形が球状であると理解していたことわかる。科学的実験、測量と観察、発見の旅、宇宙旅行、そして、写真の全てがそのことを裏付けた。我々が、その自転の遠心力によって赤道で少し膨らんでいる、大きな玉の上で暮らしているということを。ところが、この科学的理解が発展するにつれ、ある根強い平行した非主流派の動向もまた、地球は平らだ、という強い信念を頑なに守る信奉者と共に発展してきた。彼らは、球状の地球という考えは、騙されやすい大衆を欺くために仕組まれた、作り話であると確信している。

　主な地球平面説は一般的に、地球の形は、我々が普段この惑星を直接知覚している経験に即していて、この直の経験こそが、他の全ての証拠よりも優先されるべきだ、と主張する。したがって、地球は平らな円盤であるはずだ。彼らが言うには、それを確かめるには、自分の足元にある平らな地面と、地平線の巨大な円を見るだけでいい。

　この単純な結論を超えて、本説を広げようとする試みは、結果として、科学的証拠の否定に留まらず、突拍子もない正当化の理由の、ばかげた継ぎはぎ細工にもつながる。例えば、北

極は大きい平らな円盤の中心にあることになる。すると南極は、好奇心旺盛な探検家の行く手を阻み、海が宇宙に流れ出すことを防いでいる、地球の外縁を囲む「氷の壁」であるはずだ。太陽と月は球体で、それぞれの直径は32マイルであり、3000マイル地上で円を描いて移動している。どちらも星の下を動いていて、その星はさらに100マイル上空にある。太陽と月はスポットライトのように働き、我々の24時間の昼と夜の周期を演出するべく、光を照らしたり、影を落としたりしている。重力など錯覚に過ぎない。実際、彼らいわく、地球は「暗黒エネルギー」に突き動かされて、32フィート毎秒毎秒、上方に加速しているのだという。

　本説の提唱者はしばしば頭脳明晰で、教養があり、話し方も上品だ。彼らは、このモデルがどのように機能するのかを、込み入った細部に渡って解説することを楽しむ。ところが、心の底からの信奉者にとっては、科学的、あるいは写真の証拠を突きつけられることは、地球平面思考の、ほぼ妄想症に等しい、より暗い、陰謀論的側面をさらけ出すことになる。例えば本説によれば、米国航空宇宙局（NASA）の職員が、南の「氷の壁」をパトロールしていて、恐ろしい力を使って、通ろうとする者を遮っているという。彼らが言うには南極大陸内陸部や、宇宙から撮った地球の写真は全てフェイクであり、月や宇宙探査もそうだ。信奉者たちは、南極大陸上空の旅はウソで、パイロットや乗客、その他関係者は全員、陰謀にだまされやすい、もしくは、一役買っている人たちのどちらかだと、断言する。このような地球平面論者の間で見られる、陰謀論者的思考の傾向は、時に無関係の、他の陰謀論を信じることを伴い、例えばアメリカのジョン・F・ケネディ大統領の暗殺の裏に、深い謎があると想像したり、2001年9月11日のテロ攻撃は、アメリカ政府により仕組まれたものだったと考えたりする。しかし、多くの地球平面論者にとっては、そのような目に見えない、不思議な力は、球状の地球を信じるように大衆を騙す努力に限られたものである。

　どれぐらいの人が、地球が平らだと真剣に信じているのか、正確にはわかっていない。20世紀末期以降、地球の形状に関する「真実」の拡散に専念していることを自称する、多数の組織が出現した。こうした集団の一部は、パロディーと見られ、地球平面協会のような真面目な組織でさえ、会員の一部は、完全に洒落として提示できる会員証を持つ物珍しさ目的で入会していることを認めている。その科学的価値に疑問が残る調査は、しばしば事態を混乱させるため、地球平面論者が何千人いるのか、確定することを難しくしている。本説がどれほど重要なのかを最も端的に示すのは、その存在し続ける力だったり、近年国際的な地球平面説会議に出席している何千人という人々だったり、積極的に発言をする信者の多くの、知性、教育程度の高さ、そして理路整然としているところだったりするのかもしれない。

　完璧に準備を整えた、雄弁で説得力のある地球平面論者との出会いは、信者でない者にとっては衝撃的な経験になり得るが、それは信者が本説を支える、ばかげていながらも洗練された論拠を展開するために、時間、エネルギー、そしてお金という、多大なる個人の資源を費やすことになるからだ。圧倒的多数の人が、地球は球状で、南極大陸は存在し、月への着陸は本物だったと見なしているのは、当然のことである。しかし、私たちは敵対する聴衆に対して、説得力のある申し立てを強いられることは、ほとんどない。したがって、こうしたよく知られている事実の確固たる証拠を、とっさに示すことは、難しい場合がある。心理学者によれば、説得力のある地球平面論者は、「少数者の影響」と呼ばれる現象の恩恵を受けていると言う。どんな非主流派の視点であっても、力強く、そして学者ぶった、魅力的な、さらには粘り強い方法で提示されれば、事実が値する以上の影響力を発揮するということを、数々の実験が証明している。ただし中には、地球平面論信奉者を確実に困惑させる質問もあるようだ。科学者と偽科学者との違いを指摘するためには、「この理論が間違っていることを最終的に証明す

るためには、どのような証拠が必要ですか?」と聞けばいい。真の科学者であれば、反証可能な仮説を用意しているはずなので、即答できる。一方、地球平面論者は、大抵の場合、話題を変えることだろう。

················································································

## (38)　解答　3

■ 質問と選択肢の訳 ■

この記事の筆者によると、地球平面論の信奉者は
1 中世の錬金術の慣行と哲学に根ざした、代替の疑似科学的理論を発展させた。
2 最古の発見の旅は確かにあったものの、初期の海洋旅行の目撃談は喪失してしまったと信じている。
3 一般的に考えられている球状の地球という考えは、実は故意に奨励されている、大衆向けの妄想だと断言する。
4 ピタゴラスとエラトステネスの文書が普及されるまで、古代ギリシャの哲学者の間で、影響力があった。

■ 解説 ■ 第1段落の最後で、They（adherents steadfast in their conviction that the earth is flat）are convinced that the idea ... the gullible masses.（地球は平らだ、という強い信念を頑なに守る信奉者は、球状の地球という考えは、騙されやすい大衆を欺くために仕組まれた、作り話であると確信している）と述べられていることから、選択肢3を選ぶ。選択肢3にあるdelusion は、「欺く、事実ではないことを信じ込ませる」という意味の動詞 delude の名詞形である。第4段落中盤では同じ意味で dupe という動詞が使われている。

················································································

## (39)　解答　4

■ 質問と選択肢の訳 ■

「氷の壁」の例によって示されることは何か。
1 国際的な共同体が、徘徊する旅行者が真実を発見することを防ぐために、複数の物的障害物を建築した。
2 地球平面論を推進する者による地理学上の主張は、反証が最もたやすいと同時に、擁護者の信念の中で、最も根強いものだ。
3 重力が単なる錯覚である以上、海が枯渇することを防ぐ壁は、実は必要ない。
4 地球平面論は、まずは直接的な知覚の観察に始まり、それから一見したところばかばかしい結論から成る、枠組みを提示する。

■ 解説 ■ 第3段落に「本説（地球平面論）を広げようとする試みは、科学的証拠の否定に留まらず、突拍子もない正当化の理由の、ばかげた継ぎはぎ細工にもつながる。例えば、……」という書き出しがあって、その例として「氷の壁」が取り上げられている。つまり「氷の壁」は、地球平面論者の「突拍子もない正当化の理由、ばかげた継ぎはぎ細工」の例として挙げられている。したがって、選択肢4を選ぶのが妥当である。

················································································

## (40)　解答　1

■ 質問と選択肢の訳 ■

地球平面論信者に見られる陰謀論的思考について、筆者は何と言っているか。
1 地球平面論を信じていることは、時として他の有名な陰謀説を信じることも伴うが、全ての事例がそうだというわけではない。

**2** アメリカのジョン・F・ケネディ大統領の暗殺にまつわる陰謀説は、地球平面論の中では接点のない役割を果たす。

**3** NASA が南極の「氷の壁」をパトロールしていないと報じられたとき、メディアによるもみ消しが、本説に加えられた。

**4** 地球平面論信者は、自分たちの会合や活動を政府や法執行機関から隠すためにはどんな苦労も惜しまない。

**解説** 陰謀説については、第4段落中盤から始まる This tendency toward conspiratorial thinking ... September 11, 2001. の文に書かれているように、地球平面論者が無関係の他の説も信じる場合もある。しかし、続く文で「多くの地球平面論者は、こうした目に見えない力は、地球が丸いと一般に信じさせるものに限られる」、つまり、陰謀説なら何でもかんでも地球平面論に関係あるというわけではないと書かれているので、その部分を not in all cases と表した選択肢1が適切。coincide は本文の accompany の言い換えである。

······································································································

## (41) ■解答■ **2**

■質問と選択肢の訳■

「少数者の影響」という現象は、どのようにして地球平面論の役に立っているのか。

**1** 地球平面論信者が、自分たちの理論の反証可能性に関する質問に対して、効果的に返答することを可能にする。

**2** 準備万端で自信に満ちた信者が、事実だけが示す根拠以上に、影響力を発揮することを可能にする。

**3** 実際の南極探検が、改ざんされた証拠が示す以上に高額であることを示すことで、非主流派である本論の性質を隠す。

**4** 少数の権威ある航空専門家が、さほど権力を持っていない、多数の同僚を威圧することができることを示唆する。

**解説** 第6段落に、minority influence（少数者の影響）についての説明が any fringe view point presented ... the facts merit.（どんな非主流派の視点であっても、力強く、そして学者ぶった、魅力的な、さらには粘り強い方法で提示されれば、事実が値する以上の影響力を発揮する）とある。また、この段落の最初から第4文まで An encounter ... on the spur of the moment.（地球平面論者は、完璧に準備を整え、雄弁で説得力がある。自分たちの地球は平らだと論じるために、ばかげているが洗練された論拠を展開するために莫大な時間、エネルギー、お金を費やしているからだ。一方、地球は球状で、南極大陸は存在し、月への着陸は本物だったと、正しく見なしている圧倒的多数の人は、説得力のある申し立てを強いられることがほとんどないため、地球が丸いという事実の確固たる証拠を、とっさに示すことが難しい）とあり、この部分は、minority influence を具体的に説明している例として捉えることができる。正解は選択肢2である。

# 大問4 英作文

● 所定の「トピック」についてエッセーを書きなさい。
● 「3つの」理由を挙げて、あなたの解答を裏付けなさい。
● 文章の構成：導入、本文、結論
● 推奨される長さ：200〜240 語
● 197ページにある所定の場所にエッセーを書きなさい。

● トピック
親は10代の子供のインターネット利用を監視してもよいか?

解答と解説

　Of course, it is okay for parents to monitor teens' Internet use. I think parents should monitor their children's Internet use as a part of their parental duty of educating their children. The Internet is a great tool. It has brought us countless benefits. However, users can become unhappy if they misuse it. I have three reasons to support the idea that it is okay for parents to monitor teens' Internet use.

　First, many people have become victims of cyber crimes. Their identities and money are stolen and in many cases it takes time for them to find that they have become victims of crimes. Visiting some sites and exchanging some information on certain sites are very risky. Parents should monitor their children's use and prevent them from getting involved in the crimes.

　Second, the use of SNS poses some risks for children. Parents should be careful who their children are communicating with and tell them the risk of communicating with unknown people. Also, parents should monitor their use of SNSs and tell them what they can say and what they should not say. In the worst case, children may get involved in bullying of others.

　The third reason is preventing children from spending too much time playing online games. Even adults sometimes can't stop playing games and spend too much time. Children should be advised by adults who are closest to them and learn the wise use of the Internet.

　So, parents should monitor teens' Internet use.

　　訳　もちろん、保護者が10代のインターネット利用を監視しても構いません。親は子どもを教育する親の義務の一環として、子どものインターネット利用を監視すべきだと思います。インターネットは素晴らしいツールです。私たちに数え切れないほどの利益をもたらしました。しかし、ユーザーはそれを誤用すると不幸になる可能性があります。保護者が10代のインターネット利用を監視してもよいという考えを支持する理由は3つあります。

　第一に、多くの人々がサイバー犯罪の被害者になっているということです。身元の情報やお金が盗まれ、被害者になったことに気づくまでに時間がかかるケースが多くあります。ある種のサイトを訪れ、情報を交換することは非常に危険です。親は子どもの利用を監視し、そうした犯罪に巻き込まれないようにしなければなりません。

第二に、SNS の利用は子どもたちにリスクをもたらします。親は子どもが誰とコミュニケーションを取っているかに注意し、知らない人とコミュニケーションを取る危険性を教えるべきです。また、親は SNS の利用を監視し、自分が何を言ってもよいか、何を言うべきではないのかを教えるべきです。最悪の場合、他人へのいじめに巻き込まれることもあります。

　第三の理由は、子どもたちがオンラインゲームに時間をかけすぎないようにできます。大人でもゲームをやめられず、時間を使いすぎることがあります。子どもたちは、自分に最も近い大人からアドバイスを受け、インターネットの賢明な使い方を学ぶべきです。

　つまり、保護者は 10 代のインターネット利用を監視すべきです。

**解説**　解答例は、「合格者の平均を十分上回る」「これなら自分でも届く」例として挙げた。磨けば、まだまだ高得点にはなるだろうが、これぐらい書ければ優秀な方だろう、という答案例である。概論に挙げた、3 つのポイントを守って書かれている。

① トピックから外れないこと：終始、外れてはいない。

② introduction, main body, conclusion と大きく 3 つの部分で構成すること：第 1 段落が introduction 、第 2 ～第 4 段落が main body、第 5 段落（最後の 1 行）が conclusion となっている。

③ introduction の中で肯定か否定かを明確に示す：Of course, it is okay for parents to monitor teens' Internet use. と自分の考えが明確に示されている。

　main body の中に、自分の考えに対する理由を 3 つ含める：第 2 段落から第 4 段落で、理由 1：サイバー犯罪などの被害にあわないように指導する必要がある、理由 2：SNS 上でのコミュニケーションについて指導する必要がある、理由 3：オンラインゲームにはまらないように指導する必要があると、3 つの理由が述べられている。

　conclusion の中で、もう一度自分の考え（結論）を繰り返す：1 行になってしまってはいるが、もう一度自分の考え（結論）を繰り返している。

　答案を書く際は、「トピックに関連した事柄を、記憶の中から引き出すこと、引き出した事柄をまとめること、そして、それを英語で表現すること」が求められる。トピックを見て、何も思いつかないということがないように、日頃から気になる話題に触れたら、「自分の中で反芻し、自分なりの整理をつけておく」ことが大切だ。

　なお、答案例として、最低これくらい書ければ合格だろう、という例も挙げておこう。まずは、これくらいの英文が書けるとよい。

　Yes, it is okay for parents to monitor teens' Internet use. Some people may say that parents should not monitor their children's Internet use because even children have their privacy. However, I don't think so. It is very important for parents to monitor teens' Internet use.

　The reasons are as follows.

　First, even many adults become victims of crimes on the Internet. Many people have been stolen their identity such as credit card number and other private information. In serious cases, their money is drawn from their bank accounts while they don't notice. Children should know the risks of some websites, and exchanging information on the Internet.

　Second, children should learn how and what they can say on the Internet. In the worst case, some children may get involved in a serious bullying case or commit some crime.

Third, effective and wise use of the Internet should be taught by parents and other adults who are close to children. There are many games that children are tempted to play spending many hours, for example. Parents should talk to them when they find their children are spending too much time playing games.

The Internet is a very useful tool. Children should learn how to make good use of it. Parents are the closest to them. Parents should actively monitor children's Internet use and teach them how to make good use of the Internet.

はい、保護者が10代のインターネット利用を監視して構わない。子どもにもプライバシーがあるから、親が監視してはいけないという意見もあるでしょう。しかし、私はそう思わない。保護者が10代のインターネット利用を監視することは非常に重要だ。

その理由は次のとおりである。

まず、大人でもインターネット上で犯罪の被害に遭う人が多いということ。多くの人々がクレジットカード番号やその他の個人情報などの身元に関する情報を盗まれている。深刻な場合、気づかないうちに、銀行口座からお金が引き出される。子どもたちは一部のウェブサイトとインターネットでの情報交換の危険性を知るべきだ。

第二に、子どもたちはインターネットで何をどう言えばいいかを学ぶべきだ。最悪の場合、重大ないじめに巻き込まれたり、犯罪を犯したりすることもある。

第三に、インターネットの効果的かつ賢明な利用法は、親や子どもに近い他の大人から教えられるべきであるということ。例えば、何時間も費やしたくなるようなゲームが多い。親は、子どもがゲームをしすぎていると感じたときには、彼らに話すべきだ。

インターネットはとても便利なツールである。子どもたちはそれを上手に使う方法を学ぶべきだ。親が彼らに一番近い存在なのだ。親は子どものインターネット利用を積極的に監視し、インターネットの上手な活用方法を教えるべきだ。

さらに、ネイティブスピーカーが本気を出し、字数制限をはみ出してまで書いてしまった例も参考までに見ておこう。

There has been a lot of debate since the advent of the Internet among parents about how much or how little access children should have to it. The news is full of stories about people both young and old falling victim to any number of crimes, exploitation, bullying or wasted time. Parents are rightly concerned that their children may fall victim to any of these. Yet is spying on children's Internet activities really the best way to protect them? I disagree.

First, a parents' responsibility is to prepare their children for life on their own, not to overly protect them. Yes, cybercrime is a constant threat to anyone who uses the Internet. So, it is important to educate everyone in ways to protect themselves. At some point everyone will need to use the Internet and not letting children learn how to take care of themselves is foolhardy. Knowledge is power after all.

Secondly, friends and family are important and staying in touch with them is also important. SNSs meet this need but it is more difficult on the Internet where it is easy to hide one's identity and to forget that a casual comment is forever on line. Parents can talk about being careful about what children write, thinking about the feelings of others, not trusting strangers, and thinking skeptically about offers and promises from people we don't know.

Lastly, games. Games nowadays can be very involved and require many hours to finish but it is important to balance one's studies with more enjoyable pursuits. Children should learn time management or how to set a study schedule that includes breaks and snacks. This is much more conducive to productive long-term learning.

In conclusion, rather than spying on one's children and creating an atmosphere of mistrust between children and parents, we should be taking the time to talk with our children and help them to learn important 21st century skills like how to navigate the Internet.

インターネットが登場して以来、親たちの間では、子どもたちがインターネットにどの程度多く、あるいはどの程度少なく、アクセスすべきかについて、多くの議論がなされてきた。ニュースには、若者も老人も、さまざまな犯罪、搾取、いじめ、時間の無駄などの犠牲になったという話があふれている。親は、自分の子供がこれらのいずれかの犠牲になるかもしれないことを当然心配している。しかし、子どもたちのインターネット活動を監視することが、本当に子どもたちを守る最善の方法なの？ 私はそうは思わない。

第一に、保護者の責任は、子どもを過剰に保護することではなく、子どもたちに自分自身の人生に備えさせることである。確かに、サイバー犯罪はインターネットを利用するすべての人にとって常に脅威だ。だから、自分を守るための教育が大切なのだ。いつの日か、誰もがインターネットを使わなければならなくなるわけで、子どもたちに自分を大切にする方法を学ばせないのは無謀なことだ。結局知識は力なのだから。

第二に、友人や家族は大切で、彼らと連絡を取り合うことも大切だ。SNSはこのニーズに応えているが、インターネット上では、自分の身元を隠しやすく、不用意なコメントがいつまでもオンライン上にあることを忘れがちだ。親は、子どもたちが書くことに注意を払い、他人の気持ちを考え、見知らぬ人を信用せず、知らない人からの申し出や約束に懐疑的に考えることについて話すことができる。

最後にゲーム。最近のゲームは複雑で終了するまで時間もかかるが、勉強と楽しい気晴らしとのバランスが重要だ。子どもたちは、時間管理や、休憩や間食を含む学習スケジュールの設定方法を学ぶべきである。これは生産的な長期学習により一層役立つ。

結論として、子どもをスパイしたり、子どもと親の間に不信感を醸し出すのではなく、時間をかけて子どもたちと話し合い、インターネットのナビゲート方法のような21世紀の重要なスキルを学ぶ手助けをすべきである。

このリスニングテストには4つのパートがあります。
**Part 1** 会話：1題につき1問　多岐択一
**Part 2** パッセージ：1題につき2問　多岐択一
**Part 3** 実生活：1題につき1問　多岐択一
**Part 4** インタビュー：1題につき2問　多岐択一
※ 指示文を注意深く聞いてください。

---

### Directions:

　ALC press presents the Grade 1 examination. Listen carefully to the directions. You are allowed to take notes for every part of this listening test.

　The listening test consists of four parts. All questions are multiple-choice questions. Choose the best answer from among the four choices. Then, on your answer sheet, find the number of the question and mark your answer.

　Now, here are the directions for Part 1. In this part, you will listen to 10 dialogues. Each dialogue will be followed by one question. For each question, you have 10 seconds to choose your answer and mark it on the answer sheet. You will hear the dialogue and the question only once. Now, let's start.

| 指示文の訳 |

　アルクによる1級の試験です。指示をよく聞いてください。このリスニングテストのどのパートでも、メモを取ってかまいません。

　このリスニングテストは4つのパートで構成されています。すべての質問が多岐択一問題です。最適な答えを4つの選択肢から選んでください。その後で、解答用紙上の問題番号に解答をマークしてください。

　それでは、Part 1 の指示です。このパートでは、10個の会話を聞きます。それぞれの会話の後に1つの設問が続きます。各設問につき、10秒間で解答を選択し、解答用紙にマークします。会話も設問も聞く機会は1回だけです。では、始めましょう。

## Part 1

### No. 1

M: Hello. May I help you?

W: Yes. I'm here to see Margaret Tanner. She's one of the consultants at the firm here.

M: And who may I say is here to see her?

W: I'm Bethany Reese, her accountant from Donner and Rogers Associates. We'll be going to a working lunch together.

M: Please have a seat, Ms. Reese, and I'll let her know that you're here to see her.

W: Actually, our appointment was for noon — I'm 15 minutes early — so tell her not to rush.

**Question:** Approximately when does the conversation take place?

**1** Around 10:15 a.m.
**2** Shortly before 12:00 p.m.
**3** Between 3:00 and 4:00 p.m.
**4** A quarter past noon.

▎**解答** 2

▎**解説** 15 minutes からa quarter を連想して思わず選択肢4を選んでしまったかもしれないが、Bethany Reese と名乗るこの女性は「約束の時間は正午で、15分早く着いた」(Actually, our appointment was for noon—I'm 15 minutes early ...)と、言っているので、この会話が行われているのは午前11時45分ごろと考えられる。

▎**質問と選択肢の訳**

男：こんにちは。ご用件を伺います。
女：はい。マーガレット・タナーさんにお目にかかりに参りました。こちらの会社のコンサルタントの方です。
男：どなたがお見えと伝えましょうか？
女：ベサニー・リースと申しまして、ドナー・アンド・ロジャース・アソシエイツ担当会計士です。ワーキングランチをご一緒する予定になっています。
男：どうぞお掛けになってください、リース様。お見えになっていることをタナーに申し伝えますので。
女：実は、約束の時間は正午で、15分早く着いてしまいました。ですから、急がなくていいと、お伝えください。
Q この会話は、だいたい何時頃行われていますか？
**1** 午前10時15分頃。　　**2** 午後12時より少し前。
**3** 午後3時と4時の間。　　**4** 午後12時15分。

---

## No. 2

W: I think something might be wrong with the car, honey.
M: Really? I just had it looked at a week ago. What's the problem?
W: It's been making an odd squeaking sound lately.
M: Did you hear it when you turned on the air conditioner?
W: As a matter of fact, yes. Shouldn't we get that fixed?
M: I talked to the mechanic about that. It's nothing serious or unsafe, and fixing it would cost a few hundred dollars.
W: Oh. Well, I guess I can put up with a little squeaking until the summer heat ends.

**Question:** What does the woman decide?
**1** They should stop bickering about the air conditioner.
**2** The repair she proposed is not worth the cost.
**3** Summer heat can put stress on a car's engine.
**4** Safety is more important than saving money.

▎**解答** 2

▎**解説** キーキーという音（squeaking sound）について、整備士によれば「深刻でも危険でもないが、直すには数百ドルかかる」（nothing serious or unsafe, and fixing it would cost a few hundred dollars）だと聞いて、女性は、そういうことなら「少しぐらいのキーキー音は我慢できるかな」（I guess I can put up with a little squeaking）と言っている。修理するのは費用に見合わないと判断したことがわかる。

質問と選択肢の訳

**女**：車がなんだか調子悪いみたいよ、あなた。

**男**：本当に？　1週間前に見てもらったところなんだけど。何が問題なの？

**女**：最近おかしなキーキーという音がするのよ。

**男**：エアコンをつけたときに聞こえたの？

**女**：実は、そうなのよ。直してもらった方が良くない？

**男**：そのことを整備士に言ったんだ。深刻でも危険でもないんだけど、直すには数百ドルかかるって。

**女**：あら。まあ、夏の暑さが終わるまで、少しぐらいのキーキーという音は我慢できるかしら。

**Q** 女性は何を決断しますか？

**1** エアコンのことで口論するのをやめるべきだ。

**2** 彼女が提案した修理は、費用に見合わない。

**3** 夏の暑さは車のエンジンにストレスを与えかねない。

**4** 安全はお金の節約より大事だ。

## No. 3

W: I spoke to the travel agent today. Our trip to Italy and Greece is all set.

M: I can tell you're in vacation mode, even though the trip is five weeks away.

W: I really am. I haven't been overseas since my youthful backpacking days 20 years ago. I'm going to show you some of the places I loved back then.

M: By the way, your passport looks like it's about to expire.

W: Uh-oh. I'll have to renew it.

M: You'll probably have to pay extra to have it expedited. But five weeks should be enough time.

**Question:** What does the man think?

**1** Five weeks is a long time to be traveling.

**2** He should show her his hometown in Italy.

**3** They should try to save money on airfare.

**4** She can get a valid passport before traveling.

**解答** **4**

**解説**　男性は女性のパスポートが失効しそう（looks like it's about to expire）と指摘しつつ、「特別に早く更新してもらうには、多分、余分なお金を払う必要があるが、5週間もあれば十分だろう」（You'll probably have to pay extra to have it expedited. But five weeks should be enough time.）と言っているので正解は4。expedite は「促進する、手早く片付ける」の意味。

質問と選択肢の訳

**女**：今日、旅行会社の人と話したの。イタリアとギリシャへの旅行は全て準備が整ったわよ。

**男**：休暇モードになっているのがわかるよ、旅行は5週間先なのに。

**女**：本当にそうなの。20年前の若かりしバックパッキング旅行のとき以来、海外に行っていな

いんだもの。当時大好きだった場所を、いくつか案内してあげるわ。

**男**：ところで、君のパスポートは、どうやら間もなく失効しそうだよ。

**女**：あら、いけない。更新しなくちゃ。

**男**：特別に早く更新してもらうには、多分、余分にお金を払わないといけないよ。でも、5週間もあれば十分時間があると思うけど。

**Q** 男性はどのようなことを考えていますか？

**1** 旅をするのに5週間は長い期間だ。

**2** 彼はイタリアの故郷を彼女に見せるべきだ。

**3** ふたりは飛行機代を節約するべきだ。

**4** 彼女は旅行の前に、有効なパスポートを入手できる。

---

## No. 4

**M:** Are you finding everything you're looking for, ma'am?

**W:** Well, I'm trying to find some disposable tea and coffee cups for a party.

**M:** Yes, they're all right here on this aisle. Is there any particular type you need?

**W:** I'm trying not to throw away so much plastic these days.

**M:** I see. All of the disposable plates, cups and cutlery on the right here are natural, biodegradable paper products — very kind to the environment.

**W:** I see. They cost a bit more. But I think I'll get these cups here.

**Question:** What is one of the woman's goals?

**1** To use cups that keep hot drinks hot.

**2** To encourage more people to attend her party.

**3** To serve drinks in recyclable cups.

**4** To reduce the amount of plastic trash.

**■解答■** 4

**■解説■** 女性が「パーティーのために、使い捨ての紅茶用とコーヒー用のカップがほしい」(I'm trying to find some disposable tea and coffee cups for a party) と言っていることから、選択肢3の recyclable cups は合わない。また単なる使い捨ての食器類ではなく、「最近、あまりプラスチックを捨てないように心がけている」(I'm trying not to throw away so much plastic these days.) とのこと。「自然の、生物分解性のある紙製品」(natural, biodegradable paper products) を勧められ、少し値が張るとしつつも、結局「ここにある、このカップを買うことにします」(I think I'll get these cups here.) と言う。正解は4。1、2は会話の内容と合わない。

**■質問と選択肢の訳■**

**男**：お探しの物はすべて見つかっていますか、奥様？

**女**：その、パーティーのために、使い捨ての紅茶用とコーヒー用のカップがほしいんです。

**男**：はい、ちょうどこの通路に全部ありますよ。特にご入用の種類はありますか？

**女**：最近、あまりプラスチックを捨てないように心がけているんです。

**男**：なるほど。この右手にある使い捨ての皿、カップとナイフ、フォーク類はすべて自然のもので、生物分解性のある紙製品です。とても環境に優しいですよ。

**女**：なるほどね。少し値段が高いわ。でも、ここにある、このカップを買うことにします。

**Q** この女性の目的の一つは何ですか？

**1** 熱い飲み物を保温するカップを使用すること。
**2** 彼女のパーティーにより多くの人が参加するよう促すこと。
**3** リサイクル可能なカップで飲み物を出すこと。
**4** プラスチックゴミの量を減らすこと。

## No. 5

W: Hello, Mr. Michaels. The dental hygienist will come for you in a moment.

M: Do you know how long today's appointment will take?

W: It's a regular tooth-cleaning, which usually takes a little less than an hour.

M: So, I should be all finished by 2:00 p.m., right?

W: Yes, I think so. We can reschedule if you like.

M: No, that's all right. It'll be fine.

W: OK. I'll tell the hygienist that you need to be finished by 2 o'clock.

**Question:** What will the woman do?

**1** Consult with Mr. Michaels about dental treatment.

**2** Introduce him to a colleague of the dental hygienist.

**3** Tell the hygienist about Mr. Michaels' time constraint.

**4** Ask the dentist to come to the front desk.

**■解答■** 3

**解説** 「今日の予約が、どれぐらい時間がかかるかわかりますか?」(Do you know how long today's appointment will take?)、「では、午後2時までには全部終わっていますよね?」(So, I should be all finished by 2:00 p.m., right?)と聞いているので、この男性が時間を気にしていることがわかる。それに対して女性は「衛生士に、2時までに終わっている必要があると伝えておきますね」(I'll tell the hygienist that you need to be finished by 2 o'clock.)と対応している。選択肢3の time constraint は「時間的制約」の意味。

女：こんにちは、マイケルズさん。歯科衛生士がすぐまいりますからね。

男：今日の予約が、どれぐらい時間がかかるかわかりますか?

女：通常の歯面清掃ですから、普通は1時間弱ぐらいかかります。

男：では、午後2時までには全部終わっていますよね?

女：ええ、そう思いますよ。ご希望でしたら、日程を変更できますよ。

男：いいえ、それは結構です。大丈夫です。

女：わかりました。衛生士に、2時までに終わっている必要があると伝えておきますね。

Q この女性はこれからどうしますか?

**1** マイケルズ氏に歯の治療について相談をする。

**2** 歯科衛生士の同僚に、彼を紹介する。

**3** マイケルズ氏に時間の制約があることを、衛生士に伝える。

**4** 歯科医に受付まで来るよう頼む。

## No. 6

W: Do you have any plans for spring vacation, Mark?

M: No. I like traveling, but I hate the crowds and expense of peak travel season, so I try to travel when nobody else does.

W: I can tell that you definitely don't have kids. If you're ever a dad, you'll learn to plan all your own vacations around school vacations, which are always at peak travel seasons.

M: That day will come, I'm sure. But not for a while.

**Question:** What does the man imply about himself?

**1** He already went on a vacation this year.

**2** He will travel at peak times with kids someday.

**3** He would rather work than go on vacation.

**4** His wife prefers traveling at off-peak times.

**解説** 最後に男性が、「その日は来るよ、きっとね」（That day will come, I'm sure.）と言っているが、「その日」（That day）とは、会話の流れから、「自分が子どもを持つ父親になり、学校の休みに合わせて休暇の計画するような日」のことだとわかる。従って2が適切。

**質問と選択肢の訳**

女：春休みの予定はあるの、マーク？

男：ないよ。旅行は好きだけど、旅行繁忙期の人混みも料金も嫌いだから、他の誰も行かない時期に旅行するようにしてるんだ。

女：間違いなくお子さんがいないことがわかるわ。いつかお父さんになることがあれば、自分の休暇を学校の休暇に合わせて計画することを学ぶようになるんだけど、それはいつだって旅行の繁忙期なのよ。

男：その日は来るよ、きっとね。でもしばらくはないな。

Q この男性は自分について何を示唆していますか？

**1** 彼は今年、すでに休暇に行った。

**2** 彼はいつか、子どもたちと一緒に繁忙期に旅行をするだろう。

**3** 彼は休暇に出かけるより、仕事がしたい。

**4** 彼の妻は、閑散期に旅行をしたがっている。

## No. 7

M: I think we did well in today's negotiations. What do you think?

W: It's too early in the game to tell. We've only met once and talked for an hour. Wait until the fifth or sixth meeting, when things get really dicey.

M: Dicey?

W: Yeah. I was in a negotiating session once where we spent a full three minutes staring at each other in silence.

M: I suppose three minutes can be a very long time when there's tension in the room, and a lot at stake.

W: Absolutely. Another time, we tussled for six hours before reaching an agreement at midnight.

M: I guess I've got a lot to learn.

**Question:** What is one thing we learn about the woman?

**1** She is an experienced negotiator.

**2** She had a work shift that ended at midnight.

**3** She wants a lower price than the man will offer.

**4** She expected the man to wrap up the negotiations today.

**解答** 1

**解説** 女性は「駆け引きの序盤だし、判断するには早すぎる」(It's too early in the game to tell.) とたしなめ、「丸3分黙ってにらみ合ったままの交渉の場にいたことがある」(I was in a negotiating session once where we spent a full three minutes staring at each other in silence.)、「真夜中に合意に至るまで、6時間格闘したこともある」(tussled for six hours before reaching an agreement at midnight) と、これまでの交渉経験を語っている。

**質問と選択肢の訳**

**男**：今日の交渉は、僕たち、うまくやれたと思います。どう思いますか？

**女**：駆け引きの序盤だし、判断するには早すぎるんじゃないかしら。まだ1回会って、1時間話しただけだから。いろんなことが本当にきわどくなってくる、5、6回目の会合まで待たないと。

**男**：きわどい？

**女**：そう。私なんて一度、丸3分黙ってにらみ合ったままの交渉の場にいたことがあるわ。

**男**：3分は長く感じられるかもしれませんね、部屋に緊張が走っていて、しかも多くのことが掛かっている時には。

**女**：その通り。別のときには、真夜中に合意に至るまで、6時間格闘したこともあるわ。

**男**：僕にはまだまだ学ぶことがあるようですね。

**Q** この女性について、一つわかることは何ですか？

**1** 彼女は経験豊富な交渉人だ。

**2** 彼女は午前0時に終わる、仕事のシフトで働いていた。

**3** 彼女は男性が提示するものより低い価格を望んでいる。

**4** 彼女は男性が今日交渉をまとめることを望んでいた。

## No. 8

M: Brenda, you've worked with pharmaceutical companies before, haven't you?

W: I helped design outdoor ads for Brentways Pharma last year.

M: How would you like to handle an account of your own? It's for Elixeron Medical Products. It's a small local billboard ad project. It's just the right scale of job for someone who's gaining experience.

W: That would be fantastic!

M: I'll be there if you need any advice, but otherwise it'll be all your project. I meet with them next Monday. You can come along and I'll introduce you.

**Question**: What does the man suggest that they do?

**1** Produce a TV advertisement for a drug company.

**2** Meet with the client early the following week.

**3** Analyze past business results in the billboard advertising field.

**4** Attend a meeting with Brentways Pharma on Monday.

**解答** 2

**解説** 男性は「次の月曜日に先方と会います。一緒に来てもらって、先方に紹介しましょう」

(I meet with them next Monday. You can come along and I'll introduce you.) と女性に伝えていることから、次週早々 (early the following week) に二人でクライアントに会うことを提案しているとわかる。

▎質問と選択肢の訳

男：ブレンダ、以前、製薬会社と仕事をしたことがありましたよね？

女：昨年、ブレントウェイズ・ファーマ社の屋外広告物のデザインのお手伝いををしました。

男：一人で顧客を担当してみるのはどうですか？ エリクセロン・メディカル・プロダクツ社の仕事です。小さな地元の看板広告企画です。経験を積んでいる最中の人に、ちょうどいい規模の仕事なので。

女：それは素晴らしいお話です！

男：何か助言が必要なときには、私もついてますが、それ以外は、あなたひとりのプロジェクトです。次の月曜日に先方と会います。一緒に来てもらって、先方に紹介しましょう。

Q 男性は、二人で何をしようと提案していますか？

1 製薬会社のために、テレビ広告を製作する。

2 次週早々に顧客と会う。

3 看板広告分野の、過去の業績を分析する。

4 月曜日にブレントウェイズ・ファーマ社との会議に出席する。

---

## No. 9

W: ABZ Cable TV and Internet Service. How may I help you?

M: Hello. I've been a subscriber to your service for about two years now, paying just short of $60 a month. I got a notice in the mail that says my monthly bill is going up to almost $100.

W: I believe you have subscribed to our special introductory offer with basic cable TV and internet service for $40 off the normal monthly fee for two years.

M: So, you're saying I've actually been getting a discount all this time, and now the discount is expiring?

W: In effect, yes. Would you like to upgrade your service? We have a Super Live Sports subscription package, a Movie & Drama Special subscription package and a Jumbo Universal subscription package with over 700 channels of entertainment options.

M: Actually, I only need an Internet connection. I don't even own a TV set. Can't I cut out the cable TV and just keep the cable internet connection?

W: We do have an Internet-only plan for $58 per month.

M: That sounds like what I need. I wish it were cheaper, but ... OK.

Question: What will the man do?

1 Continue paying about the same amount each month.

2 Subscribe to a special sports programming package.

3 Cancel his subscription to the special introductory offer.

4 Take advantage of a two-year special promotional offer.

▎解答 1

▎解説 この男性は、ABZ Cable TV and Internet Service という会社に「毎月60ドル弱

72

支払っている」(paying just short of $60 a month)が、支払いが100ドル近くになるという通知に驚いて、問い合わせたところ、月額40ドル割引期間の2年が終わろうとしているとわかった。インターネットしか使わないことを言ったところ、「毎月58ドルのインターネットのみのプラン」(an Internet-only plan for $58 per month)を案内され、「それでいいです」(That sounds like what I need....OK.)と58ドルの契約に更新することにした。これまでとほぼ同額を毎月払い続けるという1が正解。

■ 質問と選択肢の訳

女：ABZケーブルテレビ・インターネットサービス社です。ご用件は何ですか？

男：こんにちは。そちらのサービスに、かれこれ2年ほど加入している者で、毎月60ドル弱を支払っています。郵便で、月々の支払いが100ドル近くまで上がると書いてある通告が来たのですが。

女：たぶんお客様は、私どもの基本のケーブルテレビとインターネットサービスの特別提供価格に契約していただいていたのだと思います。これは2年間、通常の月額料金から40ドル割引が続くものです。

男：つまり実のところ、この間ずっと割り引いてもらっていて、今割り引きが切れようとしている、ということですか？

女：事実上、そういうことになります。サービスをアップグレードなさいませんか？　スーパー・ライブ・スポーツ契約パッケージ、映画とドラマの特別契約パッケージ、そして700チャンネルを超えるエンターテインメントのオプションがある、ジャンボ・ユニバーサル契約パッケージがございます。

男：実は、インターネット接続だけが必要なんです。テレビ自体持っていなくて。ケーブルテレビを外して、インターネット接続だけ継続できませんか？

女：毎月58ドルの、インターネットのみのプランがございます。

男：私が必要なのはそれだと思います。もう少し安かったらいいのですが……それでいいです。

Q 男性はどうしますか？

1 毎月、今までとほぼ同額を払い続ける。

2 特別なスポーツ番組パッケージに加入する。

3 特別提供価格の契約をキャンセルする。

4 2年間の特別販売促進キャンペーンを利用する。

## No. 10

W: You look tired, Dave. What's going on?

M1: Too much is going on. I've taken on a lot of volunteer work lately in addition to my regular job.

M2: You're talking about the volunteer work you do at the public library, right?

M1: It's not just that. I've also committed to helping out at the city animal shelter. I've been doing that for a few years now. Then just last week, I agreed to help organize a festival at my daughter's school. I didn't think it would be that hard. But I had no idea how much work that would involve.

W: All that and a full-time job, too. It sounds to me like you're definitely overextending yourself.

M1: I know. But what am I supposed to do when people come to me and ask me to help out?

M2: If you don't have the time or energy, you're supposed to say "No." You ought to learn how much you can and can't handle. People will understand.

W: He's right, Dave. After all, what use will you be to anybody if you're too exhausted to help?

M1: You're right. Maybe I'll take a break from the animal shelter.

**Question:** What does Dave decide to do?

**1** Ask for help in organizing the school festival.

**2** Apply for a paid job at the public library.

**3** Reduce his overtime hours at their company.

**4** Cut out one of his unpaid jobs.

**■解答■** 4

**■解説■** Dave は、通常の仕事以外に、公立図書館のボランティアや動物保護施設も何年も助けていると述べている。さらにもう一つ「娘の学校でフェスティバルの準備の手伝いをすることに同意した」(I agreed to help organize a festival at my daughter's school.) が、思ったより大変で、「限度を超えている」(overextending yourself) などと忠告を受け、「動物保護施設はひと休みしようかな」(Maybe I'll take a break from the animal shelter.) と言っている。これを「無給の仕事の一つを辞める」と表している4が正解。文中の volunnteer、help (out) と4の unpaid は同意。

**■質問と選択肢の訳■**

女：疲れているようね、デーブ。どうしたの？

男1：あまりにもいろんなことが起こっていてね。通常の仕事に加えて、最近ボランティアの仕事をたくさん引き受けているんだ。

男2：公立図書館でのボランティアの仕事のことだよね？

男1：それだけじゃないんだ。市の動物保護施設での手伝いにもかかわっているんだ。それはもう何年もやってることでね。そしてつい先週、娘の学校でフェスティバルの準備の手伝いをすることに同意した。そんなに大変じゃないと思ったんだ。でも、それがどれぐらい手が掛かることなのか、全くわかっていなかった。

女：それだけ全部に加えて、フルタイムの仕事まで。私には、間違いなく自分の限度を超えているように聞こえるわ。

男1：わかってるよ。でも誰かが僕のところに来て助けを求めてきたら、どうすればいいの？

男2：時間や元気がないなら、「ノー」と言うべきだよ。どれだけできて、どれだけできないのかを学ぶべきだ。みんなわかってくれるよ。

女：彼の言う通りよ、デーブ。結局のところ、疲れ果てて手伝えなくなったら、どんな役に立つというの？

男1：その通りだね。動物保護施設はひと休みしようかな。

Q デーブはどうすることに決めますか？

1 学校のフェスティバルの準備について助けを求める。

2 公立図書館で有償の仕事に応募する。

3 彼らの会社での残業を減らす。

4 無報酬の仕事を一つ辞める。

## Part 2

**Directions:**

Now, here are the directions for Part 2. In this part, you will listen to five passages from (A) to (E). After each passage, you will hear two questions, from No. 11 to No. 20. For each question, you have 10 seconds to choose your answer and mark it on the answer sheet. You will hear the passage and questions only once. Now, let's start.

指示文の訳

それでは、Part 2 の指示です。このパートでは、(A) から (E) の5つのパッセージを聞きます。それぞれのパッセージの後に、2つの設問を聞きます。設問は11番から20番です。各設問につき、10秒間で解答を選択し、解答用紙にマークします。パッセージも設問も聞く機会は1回だけです。では、始めましょう。

### No. 11&12 　(A) Brushing twice a day may save your smile

Gingivitis is a mild and reversible form of disease around the teeth. It only affects gums, though untreated gingivitis may lead to a more serious, destructive form of periodontal disease called periodontitis, which is the inflammation of the tissue supporting the teeth.

Some studies suggest that severe gum disease may be associated with several other health conditions such as diabetes and stroke. Meanwhile, new research from Finland has pointed to a surprising link between gum disease and the development of pancreatic cancers and even worse, cancer-related death.

Brushing your teeth twice a day with fluoride toothpaste and using floss or an interdental cleaner daily is one of the most inexpensive and easiest things anybody can do to maintain their oral health. It is also worth noting that using mouthwash is not a suitable alternative. A recent television commercial for mouthwash stated that the product was "as effective as floss at fighting plaque." A federal judge ruled that the commercial was "false and misleading" and ordered the company to change its advertising because this message could lead to a public health risk.

It is possible to have gum disease and have no warning signs. That is one reason why regular dental checkups are very important. In addition to that, eat a balanced diet and limit sugary or carbohydrate-loaded snacks if you want to have a lifetime of healthy smiles.

....................................................................................................

**Question:** What is true about gum disease?

**1** Gingivitis is a serious illness that happens around the teeth.

**2** It is preventable by using mouthwash.

**3** It may have related to all types of cancers.

**4** Serious gum disease may have something to do with diabetes.

(11) 　■解答■　4

解説 選択肢3には、「全てのタイプのがん」（all types of cancers）とあるが、問題文では、「すい臓がん（pancreatic cancer）とがんに関連した死亡（cancer-related death）」と特定されている。問題文の内容と確実に合致するのは「重度の歯周病は、糖尿病や脳卒中など……と関連しているかもしれない」（severe gum disease may be associated with ... such as diabetes and stroke）から、選択肢4のみ。

................................................................

**Question:** What is true about mouthwash?
**1** It may be not good enough to prevent oral problems.
**2** It is recommended to be used especially after eating snacks.
**3** Most dentists are doubtful about its effectiveness.
**4** There are too many commercials for it these days.

（12） ■ 解答 ■ **1**

解説 マウスウォッシュの使用は not a suitable alternative（適切な代替法ではない）とある。選択肢1の not good enough が同意となる。3もあり得そうだが、most dentists については文中に述べられていない。

■ 質問と選択肢の訳 ■

### （A）1日2回の歯磨きで笑顔を保とう

　歯肉炎は軽度で、可逆性の（元に戻る可能性がある）歯の周りの病気である。歯肉炎は歯茎に影響を及ぼすだけであるが、未治療の歯肉炎は、歯周炎と呼ばれる、より重篤で破壊的な病気を引き起こすことがある。この歯周炎という病気は歯を支える組織の炎症である。

　重度の歯周病は、糖尿病や脳卒中など、他のいくつかの健康状態と関連していることを示唆する研究もある。また、フィンランドの新しい研究では、歯周病とすい臓がんの発症、さらに悪いことにはがんに関連した死亡との間に驚くべき関係があることが示された。

　フッ素入りの歯磨き粉で1日2回歯を磨き、フロスや歯間クリーナーを毎日使うことは、口腔衛生を維持するために誰もができる最も安価で簡単な方法の一つだ。マウスウォッシュの使用は適切な代替法ではないことも注目に値する。最近のマウスウォッシュのテレビコマーシャルでは、製品は「歯垢（しこう）との闘いにおいて、フロスと同等の効果があります」と述べた。連邦判事はそのコマーシャルは「虚偽で誤解を招く」と判断し、このメッセージが公衆衛生上のリスクにつながる可能性があるとして、広告を変更するようこの会社に命じた。

　歯周病にかかっていても、警戒すべき徴候がない可能性がある。これが、定期的な歯科検診が大切な理由の一つである。それに加えて、健康的な笑顔を生涯続けたいのであれば、バランスの取れた食事を摂り、糖分や炭水化物の多いおやつは控えよう。
Q 歯周病について正しいのはどれか。
1 歯肉炎は歯の周りに起こる重い病気である。
2 マウスウォッシュで予防できる。
3 全てのタイプのがんに関係している可能性がある。
4 重度の歯周病は糖尿病と関係があるかもしれない。
Q マウスウォッシュについて正しいのはどれか。
1 口腔トラブルを防ぐには不十分かもしれない。
2 特におやつを食べた後は使用が薦められる。
3 ほとんどの歯科医はその有効性に疑問を持っている。
4 最近 CM が多すぎる。

## No. 13&14　(B) The Gig Economy

One of the most prominent economic developments in recent decades has been the emergence of a large segment of the workforce that is mobile, independent and impermanent. According to some estimates, the proportion of American workers who operate as independent contractors is approaching 50 percent. This growing freelance sector of the economy has come to be known as the "gig economy," based on the slang term that musicians use to refer to a temporary job.

The internet is a major factor behind the gig economy, since many kinds of work can be done online from anywhere at any time. Separating the job from the office can give workers enormous freedom and an improved quality of life. The internet also gives employers flexible access to a vast and worldwide pool of talent. An employer who cannot afford to permanently hire high-priced experts can affordably access their know-how through the gig economy for just the amount of time it is needed. This flexibility reduces job benefits and stability for the worker, but many workers commit to the gig economy anyway. They love the freedom it affords, while employers benefit from its efficiency.

................................................................................

**Question:** What do we learn about the size of the American gig economy?
**1** It may soon encompass 50 percent of freelance workers.
**2** It is larger in more economically powerful countries.
**3** It has depleted locally available talent pools.
**4** It occupies less than half of the national workforce.

### (13)　解答　4

解説　パッセージには「独立契約者として働くアメリカの労働者の割合は、50パーセントに近づいている」(the proportion of American workers who operate as independent contractors is approaching 50 percent)とあることから、現在は50パーセント以下だと判断できる。選択肢1に惑わされたかもしれないが、労働人口 (workforce) の50パーセントではなく「フリーランスの働き手の50パーセント」とあるので、パッセージの内容とは合致しない。

................................................................................

**Question:** What advantage does the gig economy provide to employers?
**1** Subsidies in the form of reduced payroll taxes.
**2** A stable source of funding for employee benefits.
**3** Economical access to sophisticated expertise.
**4** Training programs shared between companies.

### (14)　解答　3

解説　高い報酬の専門家を永続的に雇用する資金がない雇用者は、「ギグエコノミーを通じて、ちょうど必要な時間分だけ、手頃な価格で彼らのノウハウを活用できる」(can affordably access their know-how through the gig economy for just the amount of time it is needed)とパッセージは述べている。この内容を言い換えると、選択肢3のEconomical access to sophisticated expertise. となる。

## （B）ギグエコノミー

　ここ数十年間で、最も顕著な経済的発展のひとつに、流動的で、独立した、非永続的な労働人口の大きな区分の出現がある。一部試算によると、独立契約者として働くアメリカの労働者の割合は、50パーセントに近づいてると言う。経済におけるこのフリーランス区分は、ミュージシャンが一時的な仕事を指す俗語から、「ギグエコノミー」として知られるようになってきた。

　様々な仕事がインターネット上で、いつでもどこでも行えることからわかるように、インターネットがギグエコノミーの背景にある大きな要因だ。仕事をオフィスから切り離すことで、労働者に膨大な自由と、より高い生活の質を与えられる。インターネットはさらに、雇用者が広大で世界規模の人材プールに、柔軟に接触することを可能にする。高い報酬の専門家を永続的に雇用する資金がない雇用者は、ギグエコノミーを通じて、ちょうど必要な時間分だけ、手頃な価格で彼らのノウハウを活用できる。この柔軟性は、労働者にとって、仕事の報酬や安定性を減少させるものの、多くの労働者はそれでもなお、ギグエコノミーに傾倒する。彼らはそれによって得られる自由を大変気に入っており、雇用者はその効率性の恩恵を受ける。

**Q**　アメリカのギグエコノミーの規模について、何がわかりますか？
**1** それはもうすぐフリーランスの働き手の50パーセントに渡るかもしれない。
**2** それは経済的に強い国において、より大きい。
**3** それは地元で利用できる人材プールを使い果たした。
**4** それは国の労働人口の、半分未満を占める。

**Q**　ギグエコノミーは雇用者にどのような利点をもたらしますか？
**1** 給与税の減少という形での助成金。
**2** 従業員給付のための安定した財政源。
**3** 高度な専門知識の効率的な利用。
**4** 企業間で共有する研修プログラム

## No. 15&16　（C）Caffeine

Over millions of years, several plant species have evolved the ability to produce caffeine. When tea, coffee, cacao or other plants drop leaves containing caffeine, it seeps into the surrounding soil. This makes it difficult for competing plants to begin growing nearby. High concentrations of caffeine are also poisonous and repellent to insects that harm plants. In lower concentrations, caffeine attracts rather than repels beneficial insects. For example, flowering plants produce nectar to attract helpful pollinating bees. When nectar includes small amounts of caffeine, it stimulates the bee's brains, making it more likely for them to remember and return to the flower.

In the brain, caffeine blocks the effects of other chemicals that produce feelings of fatigue or sleepiness. For the billions of people who consume caffeine every day, the result is a feeling of alertness, mental focus and improved short-term memory. Caffeine is addictive but healthy in small amounts. Since the earliest evidence of brewed tea in the third millennium B.C., caffeine-producing plants have come to be protected and cultivated by humans. In that sense, tea, coffee and cacao plants have used this ingenious evolutionary strategy to enlist the work of humans to help them thrive.

**Question:** What does the passage say about caffeine?
1 It seeps into the soil, nourishing friendly plants.
2 Its use correlates with famous inventions and art.
3 It was first synthesized in ancient times.
4 It can be toxic, but only when it's highly concentrated.

## (15) ■解答■ 4
■解説■ パッセージは、「高濃度のカフェインには毒性もあり、植物に害を及ぼす虫を寄せ付けない」(High concentrations of caffeine are also poisonous and repellent to insects that harm plants.)と述べている。poisonusをtoxic、high concentrationsをhighly concentratedと言い換えている選択肢4が正解。

**Question:** How does the passage indicate the popularity of caffeine?
1 By noting the amounts of money paid for coffee and tea.
2 By indicating the numbers of people who consume it.
3 By recounting problems that have arisen from tea shortages.
4 By explaining the biochemical mechanisms of addiction.

## (16) ■解答■ 2
■解説■ カフェインの人気を示唆する内容は、①「毎日カフェインを摂取する何十億人」(the billions of people who consume caffeine every day)と②「カフェインを作り出す植物は人間によって守られ、栽培されるようになった」(caffeine-producing plants have come to be protected and cultivated by humans)である。①と内容が一致する選択肢2が正解。

■質問と選択肢の訳■

### (C) カフェイン

　数百万年もの間に、いくつかの植物種がカフェインを作り出す能力を進化させた。茶、コーヒー、カカオやその他の植物がカフェインを含む葉を落とすと、周囲の土壌に染み込む。これによって、競合する植物が近くで育ち始めることを難しくする。高濃度のカフェインには毒性もあり、植物に害を及ぼす虫を寄せ付けない。濃度が低いと、カフェインは益虫を寄せ付けないどころか引き寄せる。例えば、花を咲かせる植物は、授粉に役立つハチを引き寄せるために花蜜を作り出す。花蜜が少量のカフェインを含んでいると、ハチの脳を刺激して、花にまた戻ってくるようハチが記憶する確率を上げる。

　脳の中で、カフェインは、疲労感や眠気などの感覚を生む、他の化学物質の効果を阻む。毎日カフェインを摂取する何十億人にとって、それは覚醒、精神集中、そして短期記憶の向上という結果につながる。カフェインは中毒性があるものの、少量なら健康に良い。煎じられた茶の、最古の証拠が見つかっている紀元前3世紀以来、カフェインを作り出す植物は人間によって守られ、栽培されるようになった。その意味では、茶、コーヒーとカカオの木は、発育のために人間の手を導入するという、巧妙な進化の戦略を用いたのだ。

Q　このパッセージはカフェインについて何と言っていますか?
1 土壌に染み込み、友好的な植物に栄養分を与える。

**2** その使用は、有名な発明品や芸術と相関する。
**3** 古代に初めて合成された。
**4** 有毒となり得るが、高濃度の場合に限る。
**Q** このパッセージはカフェインの人気を、どのように述べていますか？
**1** コーヒーと紅茶に支払われた金額に言及することで。
**2** 摂取する人数を示すことで。
**3** 茶の不足が引き起こす問題について詳しく述べることで。
**4** 中毒の生化学的メカニズムを説明することで。

## No. 17&18　（D）Iridium Flares

In 1997, a company called Iridium SSC began launching a constellation of 66 satellites that would provide worldwide mobile phone service. These satellites had an unexpected effect. Each one was equipped with an antenna featuring a smooth, flat mirror-like surface always facing the earth. When they reflect sunlight to the earth, the satellites produce brief "flares" that can be quite spectacular at night. Like a slow-motion shooting star, an Iridium flare seems to appear out of nowhere, grow brighter than the brightest star and then disappear, all in a few seconds.

Amateur astronomers discovered that these Iridium flares could be predicted. Over the past 20 years, many made a hobby of gathering in expectation to watch the dramatic appearance of an Iridium flare. Unfortunately, these bright displays are becoming fewer and farther between as the original Iridium satellites are replaced by upgraded models that do not generate flares. The popularity of these flares has given other entrepreneurs yet another fresh idea. Satellites are now being developed that can drop objects that will burn up in the atmosphere to create dazzling displays across the sky. Thanks to this idea, it may soon be possible to place an order for a shooting star.

**Question:** How is an Iridium flare described?
**1** An accidental byproduct of satellite design.
**2** The result of orbits that have become unstable.
**3** The burning of outdated satellites in the earth's atmosphere.
**4** The reflection of the sun from solar power generating panels.

## （17）　解答　**1**

解説 「その衛星は短い『フレア』を引き起こし」（the satellites produce brief "flares"）、「イリジウムフレアはどこからともなく現れ」（an Iridium flare seems to appear out of nowhere）から、フレアは選択肢1の「偶然の副産物」であったことがわかる。

**Question:** How are Iridium flares changing?
**1** They are becoming dimmer as mirrored surfaces age.
**2** They are being scheduled to provide a "shooting star" service.
**3** They are decreasing in number and frequency.

**4** They are becoming brighter as old satellites are updated.

**(18)** ■解答■ **3**

■解説■ 「こうした輝く光（＝イリジウムフレア）は、以前と比べてかなりまれになった」（these bright displays［＝ Iridium flares］are becoming fewer and farther between）と問題文は述べている。few and far between（とてもまれな）が比較級で使われているので、数も頻度も減っているということ。したがって3が正解。

■質問と選択肢の訳■

### （D）イリジウムフレア

　1997年に、イリジウムSSCという名の企業が、世界規模の携帯電話サービスを提供することになる、66機の衛星の一群を打ち上げ始めた。これらの衛星には、思いがけない効果があった。各衛星には、常に地球のほうを向いている、滑らかで平らな、鏡のような表面のアンテナが装備されていた。それらが太陽光を地球に反射させると、衛星は短い「フレア（閃光）」を生じ、夜ともなればかなり壮観なのだ。まるでスローモーションの流れ星のように、イリジウムフレアはどこからともなく現れ、一番明るい星よりも明るくなったかと思うと、消滅するのだが、その全てが数秒の間に起こる。

　アマチュア天文学者は、こうしたイリジウムフレアは、予測できることを発見した。過去20年間、大勢の人がイリジウムフレアの劇的な出現を目撃することを期待して集まることを趣味にしていた。残念ながら、初代イリジウム衛星が、フレアを発生させないより高性能のモデルに置き換えられていることから、こうした輝く光は、以前と比べてかなりまれになった。こうしたフレアの人気は、他の企業家に、また別の新たなアイデアを思い付かせた。大気圏で燃え尽きて空一面にまばゆい光を発する物体を落下させるような衛星が、現在、開発されている。このアイデアのおかげで、近いうちに流れ星を注文することができるようになるかもしれない。

**Q** 　イリジウムフレアはどのように説明されていますか？
**1** 衛星の設計上の偶然の副産物。
**2** 不安定になった軌道の結果。
**3** 旧式の衛星が、地球の大気圏で燃えること。
**4** 太陽光発電パネルからの、太陽の反射。
**Q** 　イリジウムフレアはどのように変化していますか？
**1** 鏡面が古くなるにつれて、輝きが鈍くなっている。
**2** 「流れ星」サービスを提供する予定になっている。
**3** 回数と頻度が減少している。
**4** 古い衛星が更新されるにつれて、より明るくなっている。

## No. 19&20 　(E) Unexplained Aerial Phenomena

　The recent public release of three videos taken by U.S. Navy fighter jets during training missions off the California coast has reinvigorated the debate over what unidentified flying objects (UFOs) might be. The videos, confirmed by the Navy to be genuine radar footage taken during actual training flights, appear to show flying objects performing maneuvers that seem impossible with conventional jet or rocket aviation technology. Titled "FLIR1," "Gimbal" and "GoFast," the recently declassified videos cover two encounters with the UFOs, and the exclamations and excited debates among air crews about what the mystery objects might be.

The flying objects, sighted in the two encounters in 2004 and 2015, have continued to defy explanation and identification for years. This makes them, literally, UFOs. Due to the fanciful, cosmic and even occult popular associations with the term "UFO," however, the Navy prefers to call them "unexplained aerial phenomena." Believers in visitors from other worlds have seized on the videos as proof positive that space aliens are among us. Skeptics note that trials of various cutting-edge propulsion or weapons systems might explain these UFOs.

**Question:** What has attracted public interest?
**1** Videos of top-secret U.S. Navy aviation technology.
**2** Three videos of two encounters with apparent flying objects.
**3** Maneuvers by American fighter jets that defy explanation.
**4** The controversial tracking of civilian jets with Navy radar.

## (19) ■解答■ 2

　■解説■ 「3本の映像が最近一般公開されたことで、未確認飛行物体（UFO）が一体何なのかについての議論が、再び活気付いている」（The recent public release of three videos … has reinvigorated the debate over what unidentified flying objects [UFOs] might be.）と「最近機密解除となった映像には、2度にわたるUFOとの遭遇が収められている（the recently declassified videos cover two encounters with the UFOs）」から、答えは選択肢2だとわかる。

**Question:** What possible explanations do skeptics offer?
**1** Fanciful interpretation of unclear images.
**2** Optical illusions occurring over water.
**3** Testing of advanced military technology.
**4** Defects in video imaging systems.

## (20) ■解答■ 3

　■解説■ パッセージの最後に、「懐疑派は、様々な最先端の推進システム、もしくは兵器システムの実験であるというのが、これらのUFOの説明となるかもしれないと指摘している」（Skeptics note that trials of various cutting-edge propulsion or weapons systems might explain these UFOs.）とある。cutting-edgeは「最先端の」という意味で、選択肢ではadvancedと言い換えられている。

■質問と選択肢の訳■

### （E）未確認航空現象

　カリフォルニアの海岸沖での訓練中に、アメリカ海軍の戦闘機から撮影された3本の映像が最近一般公開されたことで、未確認飛行物体（UFO）が一体何なのかについての議論が、再び活気付いている。実際の訓練飛行中に撮影された、レーダーが捉えた本物のビデオだと海軍が認めたこの映像は、飛行物体が従来のジェットやロケット飛行技術では、不可能と思われる動きをしているところを映しているように見える。「FLIR1」、「ジンバル」、「ゴー・ファスト」という題名が付けられた、最近機密解除となった映像には、2度にわたるUFOとの遭遇と、航空機乗組員の間で起きた驚きの声、そして興奮しながら謎の物体が何なのか言い合ってい

る様子が収められている。

　2004年と2015年に、2度の遭遇で目撃された飛行物体は、何年間もずっと説明および識別が不能だった。そのためこれらは、文字通り、UFO（未確認飛行物体）である。しかし、「UFO」という言葉には一般的に、空想的、宇宙的、さらにはオカルト的な連想がついて回ることから、海軍はこれらを「未確認航空現象」と呼ぶことを望んでいる。別の世界からの来訪者の存在を信じる人々は、宇宙人が我々と共にいる確固たる証拠として、この映像に飛び付いた。懐疑派は、様々な最先端の推進システム、もしくは兵器システムの実験であるということが、これらのUFOの説明となるかもしれないと指摘している。

**Q**　大衆の興味を引いたものは何ですか？
**1** 極秘のアメリカ海軍の航空技術に関する映像。
**2** 飛行物体と見られるものとの2度の遭遇を捉えた3本の映像。
**3** 説明できないアメリカ製軍用機による機動飛行。
**4** 物議をかもした、海軍のレーダーによる民間航空機の追跡。

**Q**　懐疑派はどのような説明が可能だとしていますか？
**1** 非鮮明な画像の、空想的な解釈。
**2** 水上で起こる視覚的な錯覚。
**3** 高度な軍事技術の実験。
**4** ビデオ撮影装置の故障。

## Part3

### Directions:

Here are the directions for Part 3. In this part, you will listen to five passages from (F) to (J). Each passage represents a real-life situation and has one quetion. Before each passage, you will have 10 seconds to read the situation and the question. After you hear the passage, you'll have 10 seconds to choose your answer and mark it on the answer sheet. You will hear the passage and question only once. Now, let's start.

指示文の訳

　Part 3 の指示です。このパートでは（F）から（J）の5つのパッセージを聞きます。それぞれのパッセージは実生活の場面を表したもので1つの設問があります。それぞれのパッセージの前に状況と設問を10秒で読みます。パッセージを聞いたら10秒間で解答を選択し、解答用紙にマークします。パッセージも設問も聞く機会は1回だけです。では始めましょう。

## No. 21

**(F)** You have 10 seconds to read the situation and Question 21.
**Situation:** During March, you will be hosting a tour of the facilities on the 16th floor of your company's office complex. Several of the visitors use wheelchairs. Today you are attending a staff meeting.

　Before we wrap up the meeting, I should tell you that I just received a memo from building management. I'll email it to you all, but basically it says our office complex elevators will be undergoing extensive inspection and maintenance during the month of March. During the first and second weeks of the month, the elevators in the West Wing of the complex will be out of service. During that week, use the West Wing stairs, or take the East Wing elevators to the 14th Floor East-West Walkway Bridge, then use the stairs to arrive at higher floors. If you or any visitors are unable to use the stairs, get in touch with the lobby reception desk — a day in advance if you can — for a security pass to use the service elevator at the building's south entrance.

**Question:** What should you do to accommodate your visitors?

**1** Contact the receptionist at the building entrance.

**2** Send an email to the Security Department.

**3** Guide the visitors to the East Wing elevators.

**4** Reschedule the visit for the first week of March.

---

**(21)** ■解答■ **1**

■解説■ 車椅子の来訪者が16階までエレベーターを使う必要があるが、東ウイングのエレベーターは14階までしか行かない。「もし自分、もしくは来訪者が階段を使えない場合は、ロビーの受付に、できることなら前日までに連絡を取って、ビルの南口にある、業務用エレベーターを使用するための許可証を入手してください」(If you or any visitors are unable to use the stairs, get in touch with the lobby reception desk — a day in advance if you can — for a security pass to use the service elevator at the building's south entrance.)と述べている。パッセージのlobby reception desk がreceptionist at the building entranceと表現されている選択肢1を選ぶ。

■質問と選択肢の訳■

**(F)** 状況と質問21を、10秒で読んでください。

**状況：**3月中に、あなたは自社オフィスビルの16階にある設備のツアーを主催します。来訪者の数名が、車椅子を使用しています。今日あなたはスタッフの会議に出席します。

　ミーティングを切り上げる前に、ビル管理からちょうどメモを受けとったことをお伝えしなければなりません。皆さん全員にEメールでお送りしますが、基本的に何と書いてあるのかというと、私たちのオフィスビルのエレベーターは、3月中に大規模な点検整備が行われます。月の第1週、第2週は、ビルの西ウイングにあるエレベーターが、運転休止となります。その週の間は、西ウイングの階段を使うか、14階の東西連絡橋まで、東ウイングのエレベーターを使ってください。そこからさらに上層階に行くには、階段を使ってください。もしご自分、もしくは来訪者が階段を使えない場合は、ロビーの受付に、できることなら前日までに連絡を取って、ビルの南口にある、業務用エレベーターを使用するための許可証を入手してください。

**Q** あなたの来訪者をお迎えするために、何をするべきですか？

**1** ビル入口の受付係に連絡を取る。

**2** 警備部にEメールを送る。

**3** 来訪者を東ウイングのエレベーターに案内する。

**4** 3月第1週に訪問を延期する。

---

# No. 22

**(G)** You have 10 seconds to read the situation and Question No. 22.

**Situation:** You are visiting the doctor for a follow-up visit after a recent check-up and blood test. You have felt unusually tired during the winter months.

I've received your blood tests from the lab, and let's start with the good news. There's nothing seriously abnormal here. Your cholesterol is at the high end of the normal range, but not enough to warrant any drastic lifestyle changes. We did find, however, that your Vitamin D level is quite low. This could explain the fatigue that you said you'd been feeling during the winter months. The body synthesizes Vitamin D in response to exposure to sunlight. Since we have notoriously cloudy, dark winters here, I see a lot of patients whose Vitamin D levels get low in the winter months. I'm going to prescribe a two-month series of concentrated Vitamin D supplements. These are pills that you'll get from the pharmacy, and will take once a week, starting today. After that, I think you'll be able to switch to less potent over-the-counter Vitamin D supplements.

**Question:** What should you do first?
**1** Visit the nurse's station for a blood test.
**2** Get prescribed pills from a pharmacy.
**3** Buy over-the-counter vitamin supplements.
**4** Follow an eight-week low-cholesterol diet.

### （22）　解答　2

**解説**　パッセージの中盤までは検査結果の説明が続き、あなたがまず取るべき行動については、I'm going to prescribe ... Vitamin D supplements.（ビタミンＤのサプリメントを処方します）とThese are pills that you'll get from the pharmacy（この錠剤はあなたが薬局でもらってくるもの）と述べられているので、選択肢2が正解。

**質問と選択肢の訳**

**(G)** 状況と質問22を、10秒で読んでください。

**状況：** あなたは、最近行った検診と血液検査後の通院のために、医者を訪れています。あなたは冬の数カ月間、いつも以上に疲れを感じていました。

　血液検査の結果を研究所から受け取ったので、まずは良いニュースから始めましょう。深刻な異常は何もありません。コレステロールは基準値の上の方にあるものの、抜本的な生活習慣の変化を必要とするほどではありません。しかし、あなたのビタミンＤの値が、かなり低いことがわかりました。これで、冬の数カ月間に疲労を感じていたとおっしゃっていたことの説明がつくかもしれません。身体は日光を浴びた反応で、ビタミンＤを合成します。ここは悪名高い、曇りがちで暗い冬になりますから、私が見たところでは多くの患者さんのビタミンＤのレベルが、冬の数カ月の間に低くなるんです。2カ月間連続して飲む、高濃度のビタミンＤサプリメントを処方します。こちらはあなたが薬局でもらってきて、今日から1週間に1度飲む錠剤です。それが終わったら、ここまで強力ではない、店頭で買えるビタミンＤのサプリメントに切り替えることができると思いますよ。

**Q** あなたはまず何をするべきですか？
**1** 看護師室に行って、血液検査をしてもらう。
**2** 薬局で、処方された錠剤を手に入れる。
**3** 店頭でビタミンのサプリメントを買う。

**4** 8週間の低コレステロール食事療法に従う。

---

# No. 23

**(H)** You have 10 seconds to read the situation and Question No. 23.

**Situation:** Your company is exhibiting its products at a trade show that begins tomorrow. Your team leader leaves you a voice message.

Thanks for helping me rehearse our presentation for tomorrow's trade show. You did really well handling unexpected questions. We really have a good chance to get some media exposure for our new product models tomorrow. Speaking of which, I just learned that our exhibit booth is going to be visited by two TV crews tomorrow: one from Germany, and one from South Korea. They're both from major network news broadcasters, so let's make a good impression. Could you check your email? I've sent you phone numbers for both crews' contact people. I'd like you to contact them both immediately to arrange times for their visits. Any times are OK, but space them out so they don't come at the same time. Sorry to dump this on you at the last minute.

········································································································

**Question:** What should you do next?

**1** Practice responding to unexpected questions.

**2** Go to the exhibit venue to set up the booth.

**3** Contact the TV crews to schedule their visits.

**4** Get contact information from your email.

## （23） ■解答■ 4

■解説■ 最終的には選択肢3にあることをしなくてはいけないのだが、その前に、「Eメールを確認してもらえますか？ 両取材班の窓口の電話番号を送りました」（Could you check your e-mail? I've sent you phone numbers for both crews' contact people.）とパッセージは述べていることから、まずは自分のEメールを確認し、連絡先を調べる必要があるので4が正解。

■質問と選択肢の訳■

**(H)** 状況と質問23を、10秒で読んでください。

**状況：** あなたの会社は、明日から始まる展示会で、自社の商品を展示します。あなたのチームリーダーが音声メッセージを残しています。

明日の展示会のプレゼンテーションのリハーサルを手伝ってくれてありがとう。予想外の質問にあなたはとてもうまく対処したと思います。明日は我が社の新しい製品モデルを、メディアに取り上げてもらう可能性が大いにあると思っています。それに関してですが、私たちの展示会ブースに、ふたつのテレビ局から取材班が来ることを、ついさっき知りました。ひとつはドイツから、そしてもうひとつは韓国からです。両方とも、主要なネットワークのニューステレビ局から来るので、ぜひ好印象を残しましょう。Eメールを確認してもらえますか？ 両取材班の窓口の電話番号を送りました。すぐに両方の窓口に連絡を取って、来訪の時間を調整してもらいたいのです。時間はいつでも大丈夫ですが、両方が一緒に来ることがないように時間を空けてください。ギリギリになってこんなことを押し付けて、すみません。

**Q** あなたは次に何をするべきですか？

1 予想外の質問に答える練習をする。
2 ブースの設営をするために展示会場に行く。
3 テレビの取材班に連絡を取り、来訪の予定を決める。
4 自分のＥメールから連絡先を調べる。

## No. 24

(I) You have 10 seconds to read the situation and Question No. 24.

**Situation:** After a long flight, you have just arrived at your destination and boarded a shuttle bus. As you seat yourself, the guide begins giving instructions.

Hello everyone, welcome to the Copas Tours Shuttle Bus. I hope everyone had a nice flight, and now that we're all on board, our trusty driver Misha will be taking us directly to the hotel. Our bus ride to the hotel will take about ten minutes — just long enough for me to familiarize you with a few things about local currency, local culture, local laws and local fun that I hope will make your tour more enjoyable. Before we start, I'd like you all to check your bags and belongings. On almost every tour, someone leaves a purse, passport, wallet, backpack or suitcase at the airport. After a long, tiring flight, it's easy to drop something or forget something. So let's make sure nothing is left behind. When you're sure you have everything with you, can you give me a thumbs-up sign? When Misha sees everybody's thumbs, he'll start the bus.

**Question**: What should you do?
1 Make sure you didn't leave anything behind on the bus.
2 Exchange your cash for local currency.
3 Check to make sure you haven't lost anything.
4 Place your handbag under the seat.

### (24) 解答 3

解説 「出発前に、皆さまカバンと持ち物をご確認ください」（Before we start, I'd like you all to check your bags and belongings.）、また、「忘れ物がないことを確認しましょう」（let's make sure nothing is left behind.）と、ガイドは注意を促している。

質問と選択肢の訳

(I) 状況と質問24を、10秒で読んでください。

**状況**：あなたは長時間のフライトの後、たった今目的地に到着して、シャトルバスに乗車しました。席に着くと、ガイドの人が指示を出し始めます。

皆さまこんにちは、コパス・ツアー・シャトルバスへ、ようこそ。皆さんの空の旅が快適だったことを願いつつ、全員が乗車されましたので、私たちの頼れる運転手のミーシャさんが、直接ホテルにお連れします。ホテルはバスで10分ほどです。皆さんのツアーをより楽しいものにしてくれる、地元の通貨、文化、法律と地元の娯楽について、いくつかのことを皆さんに良く知っていただけるように、私からご説明するのに十分な時間かと思います。出発前に、皆さまカバンと持ち物をご確認ください。ほぼすべてのツアーで、どなたかがハンドバッグ、パスポート、財布、バックパックやスーツケースを空港に忘れていかれます。長い、疲れるフライトの後は、何かを落としたり、忘れたりしがちです。ですから、忘れ物がないことを確認しましょう。

間違いなく全部持っていることが確認できましたら、親指を立てる仕草をしていただけますか? ミーシャさんが全員の親指を見たら、バスを出発させます。
**Q** あなたは何をするべきですか?
**1** バスに何も忘れていないことを確認する。
**2** 現金を現地の通貨に両替する。
**3** 何もなくしていないことを確認する。
**4** ハンドバッグを座席の下に入れる。

## No. 25

**(J)** You have 10 seconds to read the situation and Question No. 25.
**Situation:** You have been placed in charge of a repair project in the parking facility of your office building. A contractor leaves you a voice-mail message.

Hello. This is Ted Thomas calling from Beaker and Dale General Contractors about the concrete repair project we're doing on your company's parking facility. We've submitted two project plans, A and B, to the county inspection office. Both have been approved. Plan A is the standard plan using concrete reinforced with a conventional pattern of steel bar. Plan B includes 10% more steel. It provides a stronger, safer structure, and can be expected to add thousands of dollars to the resale value of the property. It also meets the higher earthquake safety standards consistent with the whole structure. We can do Plan B for an additional $800, which is only about 4% of the total job cost. I'll need your approval first, though. I'll bring all the papers ready for your signature to our scheduled meeting at the worksite tomorrow.

**Question:** What should you do tomorrow?
**1** Decide whether to pay extra for Plan B.
**2** Submit Plans A and B to the inspector's office.
**3** Offer the property for sale at a 4% discount.
**4** Meet the county inspectors at the worksite.

**(25)** ▐解答▐ **1**

▐解説▐ 施工業者は2つの案を用意していて、標準的なA案に(Plan A is the standard plan)対し、「鉄筋量が10パーセント多く」(includes 10% more steel)、「より強靭で安全な構造物」(a stronger, safer structure)で、「再販価値が何千ドルも高い」(add thousands of dollars to the resale value)B案が、「施工費全体のわずか4%ほどしか高くない800ドルの追加で」(for an additional $800, which is only about 4% of the total job cost)提供できると述べている。その上で、業者は「すべての書類を署名すればいい状態に準備して明日予定されている現場ミーティングに持ってくる」(bring all the papers ready for your signature to our scheduled meeting at the worksite tomorrow)ので、明日、B案にするかどうか決断することになる。

▐設問と選択肢の訳▐
**(J)** 状況と質問25を、10秒で読んでください。
**状況:** あなたは自社オフィスビル駐車場の、補修プロジェクトの責任者に任命されました。建

設業者が音声メッセージをあなたに残しています。

　こんにちは。ビーカー・アンド・デール総合建設会社のテッド・トーマスと申しまして、この度私どもがとりかからせていただく御社駐車場のコンクリート補修プロジェクトについてお電話しています。弊社ではAとB、ふたつのプロジェクト案を、郡検査事務所に提出しました。両方とも承認されました。A案は、従来の組み方の棒鋼によって補強された、コンクリートを用いたものです。B案には、鋼鉄が10パーセント多く含まれます。それがより強靭で安全な構造になり、物件の再販価値が何千ドルも上がるでしょう。さらには構造全体にマッチする、より高い耐震安全基準を満たします。弊社はB案をプラス800ドル承われまして、これは作業全体の費用の、わずか4パーセントほどに過ぎません。しかし、まずはご承認をいただく必要があります。明日予定されている現場ミーティングに、ご署名をいただく準備が整った、すべての書類をお持ちします。

**Q** あなたは明日、何をするべきですか？

**1** B案のために追加料金を支払うかどうかを決断する。

**2** 検査事務所にA案とB案を提出する。

**3** 物件を4パーセント値引いた価格で売りに出す。

**4** 現場で郡検査員と会う。

## Part 4

### Directions:

Finally, here are the directions for Part 4. In this part, you will listen to an interview. After the interview, you will hear two questions, No. 26 and No. 27. For each question, you have 10 seconds to choose your answer and mark it on the answer sheet. You will hear the interview and questions only once. Now, let's start.

指示文の訳

最後に、Part 4の指示です。このパートではインタビューを聞きます。インタビューの後に2つの設問、26番と27番を聞きます。各設問につき、10秒間で解答を選択し、解答用紙にマークします。インタビューも設問も聞く機会は1回だけです。では始めましょう。

### No. 26 & 27

This is an interview with Tamara Silva, a member of the human resources department at a manufacturing company.

**Interviewer (I):** Hello, Tamara. Thanks for coming to the studio today.

**Tamara Silva (T):** Thanks for having me. It's good to be here.

**(I):** Tell us a little bit about your job, Tamara.

**(T):** OK. Well, I work at Covey Aerospace Company as a—I mean, my official title is Human Resources Development Coordinator.

**(I):** So, you coordinate—you arrange—ways of finding good employees and training them. Right?

**(T):** Basically, yes. For example, I'm involved in a project that partners with high school and community college administrations to, uh, design and fund educational programs where teenage students can develop the skills that will be required by future high-tech manufacturing industries.

(I) : "Industries?" Industries generally, or your company specifically?

(T) : We fund programs that generally, sort of, prepare young people for success in high-tech manufacturing, and we naturally recruit employees directly from the programs we fund.

(I) : I've heard about the work you're doing at Mount Gabriel Community College, somehow overlapping high school and vocational training?

(T) : I was just going to mention that. Yes, for 12 years now I've been running a very exciting project called the High School Associate Transfer Program at Mount Gabriel C.C., which, um, offers two-year Associate of Science degrees. The program enables students to transfer from public high schools to Mount Gabriel Community College after their first year of high school—or, uh, 10th grade—so they can spend their final two years of high school on a community college campus.

(I) : I can imagine that's quite exciting for an 11th grader—attending a college?

(T) : Absolutely. Once they are accepted into the program, they attend the college, where they can earn a high school diploma and an Associate of Sciences Degree, um, concurrently.

(I) : Killing two birds with one stone, I guess you could call it?

(T) : Sure, because they're also receiving highly sophisticated, specialized training at the Covey Aerodynamics Tech Center—we're talking about a world-class training facility that my company funded and, sort of, built or created on the college campus. So it's quite exciting for the students, at that age, to learn about some of the most advanced equipment in the world, like 3D printing technology, laser cutting devices, precision machining equipment, and, well, lots more.

(I) : Right. And the reason your company is willing to pour so much money into this project is access to highly skilled graduates?

(T) : Yes. Almost 100% of the students who graduate this program get multiple job offers—from us and other firms, usually at age 18 or 19. These are jobs that pay salaries you can buy a home and raise a family on.

(I) : Your CEO was in the news recently for pledging to bring more women into the, let's say, male-dominated aerospace engineering field. How has this been reflected in your work?

(T) : Actually, Just last week I visited about, oh, 11 or 12 elementary schools to talk to young people—to talk to young girls especially—about how exciting it is to design and build airplanes and rocket ships. The latest buzzword we use is "STEM," which stands for "science, technology, engineering and math—er, mathematics." As you can imagine, Covey Aerospace is very STEM-centered, and we are particularly keen on welcoming more women into jobs where STEM literacy is useful.

(I) : But this male-dominated aspect is not just in manufacturing jobs. Isn't the lack of female representation particularly acute at the executive level?

（T）: Oh, sure. In my own work, I love to see a young girl's eyes light up when she learns about exciting high-tech career possibilities that she never considered before. And I'm also proud when I see more women in senior management, although, of course, high-level executive recruiting isn't part of my own work.

（I）: Fair enough. Well, thank you for talking to us today.

- - - - - - - - - - - - - - - - - - - - - - - - - - - - - - - - - - - - - - - - - - - - - - - - - - - - - - - - - - - - - - -

**Question:** What is one way in which Tamara's program benefits Covey Aerospace?
**1** It provides women with corporate administrative skills.
**2** It enables disadvantaged students to pursue post-graduate education.
**3** It provides a highly-skilled pool of potential manufacturing employees.
**4** It enables Covey Aerospace to receive certification under international standards.

## （26）　解答　3

解説　タマラさんは「未来のハイテク製造業界で必要になってくる技能を、十代の学生たちが身に付けられるような教育プログラムを考案し、資金供給をする」（design and fund educational programs where teenage students can develop the skills that will be required by future high-tech manufacturing industries）と述べている。さらに、「若い人たちが、ハイテク製造業での成功に向けて備えるプログラムに資金を提供していて、必然的に自社が資金提供しているプログラムから、直接従業員を採用している」（We fund programs ... prepare young people for success in high-tech manufacturing, and we naturally recruit employees directly from the programs we fund.）と言うので、タマラさんのプロジェクトは、優秀な人材を供給することで自社（Covey Aerospace）のためになっていることがわかる。

- - - - - - - - - - - - - - - - - - - - - - - - - - - - - - - - - - - - - - - - - - - - - - - - - - - - - - - - - - - - - - -

**Question:** What is one thing Tamara enjoys about her own job?
**1** It enables her to inspire female students to pursue high-tech careers.
**2** It is similar to that of an elementary and secondary school administrator.
**3** It requires extensive travel and experience with advanced aircraft.
**4** it involves re-training older employees for STEM-centered job skills.

## （27）　解答　1

解説　タマラさんはインタビューの最後のあたりで、「それまでは考えたこともなかった、面白いハイテク分野でのキャリアの可能性について知った若い女の子の目が、パッと輝くのを見るのが大好きです」（I love to see a young girl's eyes light up when she learns about exciting high-tech career possibilities that she never considered before.）と述べている。ここから、女子生徒がハイテク業界に進む後押しができることが彼女にとっての仕事上の楽しみだとわかるので、選択肢1が正解。

　設問と選択肢の訳

　これはある製造会社の人事部に所属する、タマラ・シルバさんとのインタビューです。
**インタビュアー：**こんにちは、タマラさん。今日はスタジオに来てくださって、ありがとうございます。

**タマラ・シルバ**：お招きいただき、ありがとうございます。ここに来られて光栄です。

**イ**：あなたのお仕事について、少し教えていただけますか、タマラさん。

**タ**：はい。そうですね、私はコヴィー航空宇宙会社で働いていて、その、私の正式な肩書きは、人材開発コーディネーターです。

**イ**：では、あなたはコーディネートを、手配をするわけですね、優秀な従業員を見いだして、訓練する方法を。そうですか？

**タ**：基本的には、そうです。例えば、高校やコミュニティ・カレッジの経営陣と提携して、その、未来のハイテク製造業界で必要になってくる技能を、ティーンの学生たちが身に付けられるような教育プログラムを考案し、資金供給をするプロジェクトに関わっています。

**イ**：「業界」？　それは業界全般ですか、それとも、貴社に特化したものなのですか？

**タ**：私たちは、広く、その、若い人たちが、ハイテク製造業での成功に向けて備えさせるプログラムに資金を提供していて、必然的に弊社が資金提供しているプログラムから、直接従業員を採用しています。

**イ**：マウント・ガブリエル・コミュニティ・カレッジでのお仕事について伺ったのですが、それが高校と職業訓練とに何らかの形で重なっているとか？

**タ**：今それについてお話ししようと思っていたところです。はい、もう12年にわたって、マウント・ガブリエルC.C.で、ハイスクール準学士編入プログラムという、非常に面白いプロジェクトを運営していまして、その、そこでは、2年間で科学準学士号を取得できます。このプログラムでは、生徒たちが高校1年次——つまり、えっと、10年生ですね——を終えると、公立の高校からマウント・ガブリエル・コミュニティ・カレッジに編入することができますので、生徒たちは、高校生活の最後の2年間を、コミュニティ・カレッジのキャンパスで過ごすことができるのです。

**イ**：それは11年生にとっては、かなりワクワクすることでしょうね、大学に通うなんてことは？

**タ**：その通りです。プログラムに入学が認められれば、生徒たちは大学に通い、そこで高校の卒業証書と、科学準学士号を、その、同時に取得することができます。

**イ**：一石二鳥、と呼ぶことができるでしょうか？

**タ**：そうですね、と言うのも、彼らはさらに、コヴィー航空力学技術センターで、非常に高度で専門的な訓練も受けているからです。これは、当社が資金提供をして、大学のキャンパス内に建てた、と言いますか、創設した、世界に誇る訓練施設なのです。ですから、学生にとっては、あの年齢で、世界最先端の機器について学ぶことができるのは、かなり刺激的です、3D印刷技術、レーザー切断機器、精密機械加工設備、そして、まあ、ほかにもたくさんあります。

**イ**：なるほど。そして、貴社が進んでそれだけ多額の資金をこのプロジェクトに注ぎ込むのは、高い技術を持つ卒業生と接する機会を得るためなのですか？

**タ**：はい。このプログラムを卒業する学生のほぼ100パーセントが、複数の就職先の申し入れを受けるんですよ、弊社や他の企業からも、通常は18か19歳で。ここで言う仕事とは、家を購入できたり、家族を養えたりするような給与が支払われるもののことです。

**イ**：貴社のCEO（最高経営責任者）は最近、より多くの女性を、言ってみれば、男性優位の航空宇宙工学分野に参加させると約束したことで、ニュースに取り上げられました。この一件は、あなたのお仕事に、どう反映されていますか？

**タ**：実は、つい先週、そう、11か12校の小学校を訪れて若者たち、特に若い女の子に、飛行機や宇宙船をデザインし、製造することが、どれほど面白いことかを話してきたばかりで

す。私たちが用いる最新の流行語は「STEM（ステム）」で、それは「科学・技術・工学・数、……数学」の頭文字をとった言葉です。ご想像のとおり、コヴィー航空宇宙会社は、極めて STEM 中心ですので、私たちは、STEM 能力が役立つ仕事へと、より多くの女性を迎えることに、特に力を入れています。

**イ：** ですが、この男性優位の側面は、製造業の職種に限ったことではありません。女性の登用が十分でないのは、特に重役レベルで顕著なのではないですか？

**タ：** それは、そのとおりです。私自身の仕事の中では、それまでは考えたこともなかった、面白いハイテク分野でのキャリアの可能性について知った若い女の子の目が、パッと輝くのを見るのが大好きです。私はまた、経営陣に女性が増えるのを見るのは誇らしく思います、たとえ、当然ながら、上級管理職の採用は、私自身の仕事とは関係ないにしても。

**イ：** それはもっともです。えー、今日は私たちと話して頂いて、ありがとうございます。

**Q** タマラさんのプログラムはどのような観点から、コヴィー航空宇宙会社の利益となっていますか？
**1** 女性に企業の管理経営の手腕を与えている。
**2** 恵まれない学生が、大学院教育に進むことを可能にしている。
**3** 高度な技能を有する、製造業の従業員候補要員を供給している。
**4** コヴィー航空宇宙会社が、国際基準に基づく認証を受けることを可能にしている。

**Q** タマラさんは、自分の仕事で楽しいと思うことのひとつは、何だと言っていますか？
**1** 女子生徒たちを、ハイテク分野の職業を志そうという気持ちにさせられるところ。
**2** 小中学校の学校経営者と似通っているところ。
**3** 広く旅をすること、そして高度な航空機にまつわる経験が求められるところ。
**4** 年配の従業員が STEM 中心の職業技能を身につけるための、再研修に関わるところ。

## 執 筆 者

**中西哲彦**（なかにしてつひこ）
愛知教育大学教育学部外国語教室卒。大手英語学校、三重県立高校で教鞭を執り、日本福祉大学国際福祉開発学部国際福祉開発学科にて准教授。現在はアルファ英語会、茅ヶ崎方式英語会顧問として幅広い層に英語を教える傍ら、金城学院大学、岐阜県立中津高校講師も務める。過去には、英検セミナー派遣講師として各地の特別授業や英語教育セミナーにて活躍し、日本英語検定協会の学習サイト「めざせ1級！英語上級者への道〜 Listen and Speak III」http://www.eiken.or.jp/eikentimes/listen3/ にも登場。

# 完全攻略！ 英検®1級　［別冊］解答・解説

発行日：2020年4月20日（初版）

著者：中西哲彦

編集：株式会社アルク　出版編集部
英文作成協力：Braven Smillie ／Owen Schaefer
編集協力：春日聡子／霜村和久
　　　　　Margaret Stalker ／Peter Branscombe ／Randy Grace
カバーデザイン：大村麻紀子
本文、オビデザイン、イラスト：伊東岳美
ナレーション：Jack Merluzzi ／Rachel Walzer ／Marcus Pittman
音声録音・編集：株式会社メディアスタイリスト
DTP：伊東岳美
印刷・製本：日経印刷株式会社

発行者：田中伸明
発行所：株式会社アルク
　　　　〒102-0073 東京都千代田区九段北4-2-6 市ヶ谷ビル
Website：https://www.alc.co.jp/

- 落丁本、乱丁本は弊社にてお取り替えいたしております。
  Web お問い合わせフォームにてご連絡ください。
  https://www.alc.co.jp/inquiry/
- 本書の全部または一部の無断転載を禁じます。著作権法上で認められた場合を除いて、本書からのコピーを禁じます。定価はカバーに表示してあります。
- 製品サポート：https://www.alc.co.jp/usersupport/

※特に断りのない限り、本書の内容は2020年3月現在のものです。

地球人ネットワークを創る

アルクのシンボル
「地球人マーク」です。